STUDY ON THE CONTROL OF DEATH
PENALTY IN JAPAN

日本死刑控制研究

陈海平　著

法律出版社 LAW PRESS·CHINA
北京

图书在版编目(CIP)数据

日本死刑控制研究 / 陈海平著. -- 北京 : 法律出版社, 2022

ISBN 978-7-5197-7076-1

Ⅰ. ①日… Ⅱ. ①陈… Ⅲ. ①死刑-司法制度-研究-日本 Ⅳ. ①D931.34

中国版本图书馆 CIP 数据核字(2022)第 166888 号

日本死刑控制研究
RIBEN SIXING KONGZHI YANJIU

陈海平 著

责任编辑 李 群 陈 熙
装帧设计 贾丹丹

出版发行 法律出版社
编辑统筹 法规出版分社
责任校对 张红蕊
责任印制 耿润瑜
经　　销 新华书店

开本 710 毫米×1000 毫米 1/16
印张 19.5 **字数** 295 千
版本 2022 年 10 月第 1 版
印次 2022 年 10 月第 1 次印刷
印刷 北京虎彩文化传播有限公司

地址:北京市丰台区莲花池西里 7 号(100073)
网址:www.lawpress.com.cn
投稿邮箱:info@lawpress.com.cn
举报盗版邮箱:jbwq@lawpress.com.cn

销售电话:010-83938349
客服电话:010-83938350
咨询电话:010-63939796

书号:ISBN 978-7-5197-7076-1
定价:62.00 元

凡购买本社图书,如有印装错误,我社负责退换。电话:010-83938349

序言一

考察国际死刑立法动向可知,世界上已有一百多个国家废除或事实上废除了死刑。死刑的限制与废除已被越来越多的国际法律文件确认,废除死刑的呼声也日渐高涨。

联合国高度关注死刑问题,对死刑问题的态度经历了从放任到限制再到废除的重大转变。1948年《世界人权宣言》虽然只强调了应当尊重生命权,未明示其对死刑的态度,但是为死刑的限制和废除奠定了法理基础;1966年《公民权利和政治权利国际公约》第6条首次在国际公约中明确了反对死刑、限制死刑的态度;1989年联合国《旨在废除死刑的〈公民权利和政治权利国际公约〉第二项任择议定书》主张废除死刑,要求保留死刑的国家严格控制死刑适用;1989年通过的《儿童权利公约》第37条(a)项规定"对未满18岁的人所犯罪行不得判以死刑或无释放可能的无期徒刑";2007年联合国大会通过了具有里程碑意义的《暂停使用死刑的决议》,呼吁全面暂停执行死刑,直至最终废除死刑。

总体来看,国际社会高度关注死刑问题,并在死刑问题上形成了两大共识:一是积极推动从立法上废止死刑、在实践中停止执行死刑;二是暂时无法废止死刑的国家,不断限缩死刑适用范围,不断加强死刑的司法控制,严格限制死刑适用。

作为世界前三大经济体的美国、中国、日本,都保留并执行死刑。美国、日本是保留并执行死刑的发达国家的代表,中国是保留并执行死刑的发展中国家的代表。中国、日本是东方文化的代表,美国是西方文化的代表;中国是东方发展中国家,美国、日本是西方发达国家。

中国自古以来就有"慎刑"的传统,中国政府一贯坚持"少杀、慎杀"的死刑政策,一直在为将来最终废除死刑准备条件,尤其是2006年10月31日第十届全国人大常委会第24次会议通过的《关于修改〈中华人民共和国人民法院组织法〉的决定》，将《人民法院组织法》第13条修改为："死刑除依法由最高人民法院判决的以外，应当报请最高人民法院核准。"2006年12月28日最高人民法院发布了《关于统一行使死刑案件核准权有关问题的决定》，即明确规定，自2007年1月1日起最高人民法院废止分别于1983年、1997年所发布的授权地方高级人民法院行使死刑案件核准权的各种规定。自2007年死刑核准权收归最高人民法院行使以来，中国死刑制度在罪名削减、程序控制方面均取得了重大进展。1979年颁布的首部《刑法》中共规定有68个死刑罪名，经2011年《刑法修正案(八)》、2015年《刑法修正案(九)》的修改，已删减为46个死刑罪名。2012年以来，《刑事诉讼法》历经两次修改，在明确死刑案件核准方式的基础上又增加了死刑复核处理的方式、讯问被告人、听取辩护人意见以及最高人民检察院对死刑核准程序的监督等规定，使死刑复核程序趋于完善。即便如此，中国死刑控制依然与国际公约的要求存在一定差距，还需在立法限制、司法控制上继续努力。

习近平总书记指出："对世界上的优秀法治文明成果，我们要积极吸收借鉴，但也要加以甄别，有选择地吸收和转化，不能囫囵吞枣、照搬照抄，否则必然水土不服。"①中国刑事法学界历来高度重视比较法学研究，注重中国问题、世界眼光，通过比较法学研究为中国法治建设提供智力支持。对于域外的刑事司法尤其是死刑司法的研究，国内刑事法学界呈现出较为明显的"西热东冷"现象，即对欧美关注多、研究深，对近邻日本关注较少、研究不足。

相对欧美而言，同处东亚的中国和日本，都具有深厚的儒家文化传统，同是中华法系的重要组成部分，近代法治都深受大陆法系传统的影响。20世纪末以来，日本在治安压力增大、民众支持死刑、刑事政策"严罚化"的背景下，推动了一系列刑事司法改革，死刑控制虽然遇到小幅波动，但很快化解了"日本死刑的危机"，死刑控制模式更加稳健，赢得了更广泛的社会认同。从这个角度来说，日本死刑司法控制的实践和经验，对中国死刑司法控制具有重要的参考价值。

陈海平博士多年来一直专注于死刑控制问题的研究，他是国内较早以实证研究方法开展中国死刑控制研究，且以比较法研究方法进行日本死刑司法控制研究的青年学者。本书是陈海平博士华东政法大学博士后研究成果，也是其公派留学

① 习近平：《论坚持全面依法治国》，中央文献出版社2020年版，第177页。

日本一桥大学期间的研究课题的深化成果。本书基于拓展域外死刑控制研究的预期,以日本死刑适用及其司法控制实践为主题,审视日本死刑控制模式,回望日本死刑控制的过往,思考中国死刑立法、司法控制的未来。在研究内容上,本书回顾了日本死刑的发展演变历程,梳理了日本死刑的民意走向,考察了日本死刑的适用情况,介绍了日本死刑适用基准的确立与运行,总结了日本死刑的司法控制模式,分析了"严罚化"政策、裁判员制度、国选辩护制度等司法改革举措对死刑控制的影响。

总体而言,本书立足中国死刑控制的实践难题与理论需求,以强烈的问题意识,结合日本同行的最新研究成果,大量运用日本司法统计资料,以较为翔实的司法统计数据和案例,全面介绍了日本死刑控制的发展历程与研究动向,深入挖掘了日本死刑控制的模式及经验,填补了国内刑事法学界在日本死刑研究领域的学术空白,为死刑控制相关研究提供了丰富、可靠的研究资料。当然,本书未涉及日本死刑存废论争、日本死刑司法中的证据认定等问题,算是一个缺憾,希望陈海平博士在今后的研究中予以关注。

作为陈海平博士的博士后合作导师,欣闻其潜心努力多年的研究成果出版在即,深感欣慰,也希望他继续潜心科研,为学界贡献更多、更有分量、更有价值的研究成果。

是为序。

华东政法大学校长、教授、博士后合作导师

中国刑事诉讼法学研究会副会长

叶　青

2022年6月18日于上海华政园

序言二

当今世界，虽然中国、美国、日本仍保留着死刑，但各国有关死刑的判决方式却完全不同，其中，日本的死刑具有独特性或矛盾性。一方面，日本长期以来极少适用死刑；另一方面，日本至今不曾出现过足以废除死刑的契机，民众对死刑的容忍度（或者说消极支持率）一直居高不下。日本死刑的这种“独特性”或“矛盾性”并非偶然。日本形式上为“法治国家”，实为以“大和精神”为内容，以民众的习惯、常识、氛围为社会原点的“文化社会”，法律往往只是对其“文化”的确认及强化。在这种“文化”中，有关国家与其国民的关系可用一种称为“国亲思想”的原则来理解和对待，国民同为天皇之民，具有“一体性”或“同胞性”，“国家”作为国民的“家长”与国民形成一种“你服从我，我保护你”的舰长监护式“家族关系”。在这种关系中，一方面，作为“家长”或“父母”的国家不能够动辄就对作为自己的“孩子”或监护对象的国民判处死刑，过多的死刑意味着作为“家长”的国家实施监护的失败，会伤及自身的权威和声誉，损伤国民间的“一体性”或“同胞性”。另一方面，国家作为“家长”又不能完全放弃死刑，为了维持作为“家长”的最终权威，对那些影响“大家庭”的少数极恶之徒也不得不“破门”，在“不得已”的情况下只得例外地适用死刑。也就是说，日本死刑的“独特性”或“矛盾性”正是源自日本死刑（以及法律制度全体）的这种文化特性。同样，日本执行刑罚时坚持“行刑密行主义”，尽量隐蔽式执法，不公开有关信息，死刑执行前进行一系列宗教仪式，等等，也都与此有关。本书书名虽为《日本死刑控制研究》，但其内容丰富全面，论证论述极为准确，阅读本书不仅能够详细了解日本的死刑控制状况，还可以理解日本死刑制度整体的“独特性”或“矛盾性”，尤其可以透过死刑制度去深刻认识日本社会。

“战争”与“死刑”曾经被一些学者作为同一研究题目予以研究，“战争”与“死刑”在很多方面虽然不可相提并论，但在“强制使人死亡”这一点上基本相同，把两者放在一起予以研究有其合理性。纵观主要国家的“战争”与“死刑”的历史，大体可以得出如下结论：尽管战争和死刑都以“强制使人死亡”为前提，但一个国家、一个社会对待两者的态度却往往截然不同，对外慎于战争者对内却往往嗜好死刑；相反，对外嗜好战争者对内却往往慎于死刑，日本尤其为甚。明治维新之后的日本对外嗜好战争，对战争方式无所忌讳，但对内即使在战争时期却也慎于死刑，死刑执行仍奉行“密行主义”，延续执行前的宗教仪式，等等。其原因在于，“战争”的对象往往是外国人/外敌，而“死刑”的对象主要是本国人/同胞，“内外”需“有别”。2017年日本东京曾发生一位中国留学生杀死另外一位中国留学生的案件，当东京地方法院审理此案时，日本检察机关只“求刑”20年，法院也只判了20年，听到这一消息的一部分中国网友及媒体义愤填膺，发出了一片“杀、杀、杀”的抗议之声。对此，日本的一些媒体及法律人士不以为然，问道：“为什么那么多中国人要求外国法院判处同为中国人的被告人死刑？”死刑制度归根结底是一种国家统治方法或社会治理方式，是否适用死刑及如何适用死刑反映着采取何种国家统治方法或社会治理方式，折射着一个国家或一个社会的人与人的关系及国家与其公民的关系。避免死刑等极端方式而以协调和解的方式去解决犯罪问题有助于克服国家的内部冲突和“内卷”，有助于提高民众间的“一体感”或“同胞感”，最终有助于提高和加强民族集聚力和感召力，并提高政府的威信及权威。本书不仅对第二次世界大战后的日本控制死刑的各种做法予以精密研究，而且还对日本死刑的历史进行了简明阐述，从而使读者可以结合近代日本历史对日本的死刑予以认识，使读者能够领悟到以“一体性”或“同胞性”这一新的视角看待死刑的必要性。

当今世界进入了一个“高度信息化、大众化的社会”，通过社交网络任何人都可以对任何问题随时表达意见，“民意”比任何时候都形成得快，“舆论”比任何时候都具有影响力。但是，“民意”“舆论”形成得越快越迅速，就越具有荒谬和鲁莽的危险，包括犯罪及死刑问题在内，如果毫无保留地完全受“民意”或“舆论”的影响，虽然一时能满足大众的冲动和激愤，但会对宪法及法治造成长期的负面影响。近代社会有两个基本原则，即“民主主义”与“法治主义”，两者的性质截然不同，前者是“多数决定”原理，少数服从多数，本质上是一种“力量支配”或“多数支配”；而后者是“合法合理”原理，只要“合法合理”即使少数也必须服从，本质上是一种“理性支配”。“法治主义”的践行者首先是法律专业人员及学者，法律专业人员及学者必须先于社会理性行事，不一味地、无原则地迎合所谓“民意”或“舆论”是作为一个法律专业人员或学者应具备的基本素质，尤其在当今的“高度信息化、大众化的社会”，既需要对合法合理的“民意”“舆论”予以支持，更需要对不合法不合理的“民意”“舆论”予以坚决抵制甚至进行不懈斗争。通过阅读本书可以发现，日本对死刑的“控制”的主要推手或践行者是法律专业人员及学者，对死刑的“控制”是法律专业人员及学者共同追求的结果。本书最后以“中国死刑控制的学者使命”为结语，凸显了作者的“深谋远虑”，可谓“深得要谛”。

本书作者陈海平博士曾作为访问学者在日本一桥大学从事研究活动，其间主要时间和精力都集中在了收集资料、分析研究有关课题、与有关人员进行学术交流中，展现了一个中国学者的使命感和担当精神，受到了多方好评，本书正是作者在日本期间孜孜不倦的研究的成果之一。在日本将死刑存废问题推向社会的是1991年团藤重光博士的《死刑废止论》，之后也出现了众多的研究死刑的书籍，但像本书这样以死刑控制为视角展开全面系统的研究，并把传统的状况和最新发展融为一体而展示给读者的书籍仍然少见，本书不仅对中国的读者来讲确实值得一读，对日本的死刑研究也具有启示意义。

日本一桥大学法学院教授

王云海

2022年6月20日

于东京都国立市一桥大学研究室

目　录

表目录

图目录

引言　死刑研究"东拓"

世界上已有 145 个国家废除或事实上废除了死刑,其中 110 个国家废除了所有犯罪的死刑,8 个国家废除了普通犯罪的死刑,27 个国家事实上废除了死刑,还有 54 个国家保留死刑。[①] 白俄罗斯成为欧洲唯一的死刑国,非洲、美洲废除死刑的国家均已超过半数。在亚洲,菲律宾、蒙古等国已废除死刑,韩国已停止执行死刑 25 年,但过半数国家依然保留并执行死刑。2020 年,美国联邦政府时隔 17 年再启死刑执行,前任总统特朗普卸任前连续执行死刑 13 次,超越了此前 56 年之和。现任总统拜登在竞选中、宣誓就职时曾多次承诺废除联邦死刑。2021 年 7 月 1 日,美国现任司法部部长梅里克・加兰宣布暂停执行联邦死刑,拜登表态支持,拜登成为首位反对死刑的美国总统。至此,美国的 53 个司法系统中,已有联邦、华盛顿特区、23 个州共计 25 个司法系统废除或停止了死刑执行。

美国、中国、日本是世界前三大经济体,都保留并执行死刑。从文化视角来看,中国、日本是东方文化的代表,美国是西方文化的代表;从政治经济视角来看,中国是东方发展中国家,美国、日本是西方发达国家。日本作为成功的法治国家的代表,其司法控制死刑的历程和动向,对我国有重要参考价值。死刑控制的比较法研究,虽然备受我国学界关注,但存在明显的冷热不均,存在较为明显的"西热东冷",美国模式更受关注,日本模式则相对冷清。如果将关注、研究美国死刑控制模式喻为学术上的"西进",对日本死刑控制模式的关注、研究则可谓"东拓"。

1989 年,在"泡沫经济"崩溃前夕,日本进入"平成"时代;2019 年,日本改元,

---

① Abolitionist and Retentionist Countries. 资料来源:美国死刑信息中心网站,http://www.deathpenaltyinfo.org,最后访问时间:2022 年 9 月 25 日。

“平成”时代落幕，“令和”时代开启；2020 年，超长执政的“安倍政权”谢幕。平成伊始的十年，被称为“失落的十年”，“泡沫经济”崩溃，长达十多年的持续经济不景气开始，就业进入“冰河期”，很多富豪一夜返贫，自杀率高居世界之巅，犯罪率一路飙升。平成时代在昭和时代司法改革的基础上，结合时代面临的社会需求，对刑事司法进行了多角度、全方位的改革，推出“严罚化”的刑事政策，创设和推行裁判员制度，扩展国选辩护范围，各项制度协同推进，对死刑控制产生了一系列影响。

时代的更迭也是回顾与展望的契机，本书将超越片段时间框架，站在长周期视角，审视日本死刑控制，回望日本死刑控制的过往，思考中国死刑控制的未来。

一、选题价值

有学者认为，死刑问题在各国不尽相同，死刑在美国“可能是最具争议的社会问题”，在日本“根本不是一个社会问题”，在中国则是一个“敏感问题”，并通过实证研究发现：中国和日本的受访者比美国受访者更相信死刑的威慑价值，在多变量相关性分析中，威慑、报应与中国、日本受访者死刑观的关联最强。① 笔者认为，日本司法对死刑的控制，经过几十年的摸索发展，别成一派、独具特色，开辟了死刑控制的另一路径。日本和中国同属儒家文化圈，儒家文化都深植于社会运行的方方面面，观察几十年间日本死刑控制的实践，可以为我们认识和理解中国的死刑控制现状，探索未来的死刑控制方案提供有益镜鉴。

（一）理论价值

1. 依托新资料，推动日本死刑问题研究体系化

考察我国法学界有关死刑制度的研究成果可知，相比美国、韩国、我国台湾地区等法域的死刑制度，国内学界研究成果相对丰富。长期以来，日本司法以其“精密”享誉世界，国内学界对颇具特色的日本死刑制度关注不多，研究也较为零碎，既有研究成果更为关注具体制度，尤其缺乏对死刑控制制度体系的全面介绍和系统分析。本书将依托日文资料，梳理日文研究成果，挖掘日本实证资料，全面介绍

---

① Shanhe Jiang & Eric G. Lambert, et al. *Death penalty views in China, Japan and the U. S.: An empirical comparison*, Journal of Criminal Justice, Vol. 38:5, p. 862(2010).

日本死刑适用情况,系统阐释日本死刑司法控制,深度分析重点制度的生成机理及其对死刑控制的作用,努力填补我国在该领域的学术空白。

2. 立足新进展,推进中国死刑制度改革再深入

严控死刑、慎用死刑、渐进式减少死刑是中国当下死刑控制策略的合理选择。2005年以来,我国在死刑司法领域启动了一系列改革,死刑控制进展巨大,也衍生出了一些亟待理论回应、制度创新的新需求。无独有偶,日本平成时代伊始即面临了治安形势恶化、不得不重启死刑执行等时代课题,平成时代的刑事司法改革也对死刑问题有诸多应对。本书将运用比较研究、实证研究的方法,参酌日本经验、立足中国实践,为廓清中国死刑控制面临的理论障碍、优化中国死刑控制方案寻找理论资源。

(二)实践价值

1. 挖掘死刑控制的日本经验

日本作为成功的法治国家之一,中日同属儒家文化圈,都有深厚的“和合”文化传统,且同源于欧陆的大陆法传统。本书将全方位考察日本死刑制度、梳理日本死刑制度的变革历程、深度分析日本死刑控制的经验和教训,为我国死刑政策的调整、死刑制度的完善、死刑控制的强化、死刑废止的推进寻求可鉴经验。

2. 优化死刑控制的中国方案

严控死刑是国际共识,日本在死刑基准、死刑辩护保障、死刑案件被害方保障等方面的成功经验,颇值我国借鉴。本书将以日本死刑制度为鉴,为思考我国死刑控制进一步优化的方案,提供比较法资源,以探讨最严格、最完备的死刑适用程序的构建与优化,确保死刑适用的严格和慎重,以逐步减少死刑适用,从“慎杀”走向“少杀”,趋近“不杀”。

二、研究现状

(一)国内研究现状

梳理国内学界现有研究成果可知,研究日本死刑控制问题,既是必要的,也是紧迫的。

1. 其他国家和地区死刑研究冷热不均，美国死刑受关注、日本死刑遭冷遇

我国法学界已习惯了全球视野、多法域的比较研究。在死刑领域，司法动向、制度特色、可鉴经验等都是研究热点。以中国知网（CNKI）学术期刊为数据来源进行“高级检索”，“文献分类”不做限定，不选定“中英文扩展”，两次检索的“来源类别”分别限定为“全部期刊”和“北大核心”、“CSSCI”期刊［简称（C 刊）］，检索篇名含“死刑”的论文，再以国名（或地区名）为篇名关键词进行“结果中检索”，统计检索数据①，所得结果详见表 1：

表 1　中国知网检索的其他国家和地区死刑制度相关学术论文统计

单位：篇

	美国 + 死刑	日本 + 死刑	台湾地区 + 死刑	欧洲 + 死刑	韩国 + 死刑	俄罗斯 + 死刑	英国 + 死刑
全部期刊论文	151	28	28	9	9	11	7
北大核心 + C 刊论文	45	7	5	2	1	4	2

与其他国家和地区死刑制度相关的中文著作中（详见表 2），美国死刑研究方面，王秀梅、林维、吴宏耀、张栋、李立丰等学者出版的学术专（译）著共计 13 部；法国、韩国死刑研究方面，也有赵海峰、郭金灿、郭健等学者出版的学术专（译）著；日本死刑研究方面，目前尚无学术专（译）著出版。

表 2　国内出版的域外死刑制度相关学术专著

责任者	著作名称	出版社	出版时间
［德］彼得・舒斯特著，朱谅谅译	欧洲死刑史（1200—1700）圣徒、罪犯、受害者	中信出版集团股份有限公司	2018 年
［法］罗贝尔・巴丹戴尔著，罗结珍、赵海峰译	为废除死刑而战	法律出版社	2003 年
［法］罗贝尔・巴丹德著，郭金灿译	为什么要废除死刑	新星出版社	2017 年

① 检索时间 2021 年 11 月 28 日，为保证检索的全面，国名（或地区名）以全称、简称分别检索，如“美国”“美”“日本”“日”“韩国”“韩”等，检索结果去重后进行合计。

续表

责任者	著作名称	出版社	出版时间
[美]富兰克林·E. 齐姆林著，高维俭等译	美国死刑悖论	上海三联书店	2008 年
[美]欧内斯特·范·登·哈格、[美]约翰·P. 康拉德著，方鹏、吕亚萍译	死刑论辩	中国政法大学出版社	2005 年
[美]柯恩、唐哲、高进仁著，刘超等译	当代美国死刑法律之困境与探索：问题与案例	北京大学出版社	2013 年
[美]琳达·E. 卡特、[美]埃伦·S. 克赖斯伯格、[美]斯科特·W. 豪尔著，王秀梅、邱陵、曾赛刚译	美国死刑法精解	北京大学出版社	2009 年
郭健	韩国死刑制度改革及其对中国的启示	中国人民公安大学出版社	2009 年
李立丰	民意与司法：多元维度下的美国死刑及其适用程序	中国政法大学出版社	2013 年
林维主编	最高法院如何掌控死刑——美国联邦最高法院死刑判例经典选编	北京大学出版社	2014 年
刘仁文	死刑的全球视野与中国语境	中国社会科学出版社	2013 年
王晓辉	死刑的终结——英国废除死刑问题的历史考察	中央民族大学出版社	2016 年
王秀梅	美国死刑制度与经典案例解析	北京大学出版社	2018 年
吴宏耀、周媛媛	美国死刑案件的无效辩护标准	中国政法大学出版社	2014 年
张栋	中国死刑错案的发生与治理——与美国死刑程序比较	上海人民出版社	2011 年
喻贵英	美国死刑制度研究	宁夏人民出版社	2006 年
张栋	美国死刑程序研究	中国人民公安大学出版社	2007 年
郑延谱	中美死刑制度比较研究	中国人民公安大学出版社	2010 年

2. 日本死刑制度的学术关注严重不足,研究非常薄弱,亟待深化

梳理日本死刑制度相关研究成果①可知,日本死刑问题在国内学界的关注度比较低,即便在"日本法"研究领域,关注度也不高。笔者检索中国知网(文献范围限法学二级学科,篇名含"日本")发现:与"日本法"相关的北大核心、C 刊论文多达 1414 篇,而与死刑相关的仅 6 篇。② 关注度低,成果自然少,研究必然相对薄弱。既有研究成果较集中的主题有日本司法改革、日本裁判员制度等,影响死刑适用的日本国选辩护制度国内学界缺乏关注。即便如此,既有成果敏锐的学术嗅觉、准确的学术判断、深厚的学术功底、宽广的学术情怀均颇值称道,尤其在对日本死刑制度关注不足的情况下,显得格外重要、格外耀眼。总体而言,"遥远而陌生"的日本死刑制度,亟待国内学界同行的关注。

考察与本书研究内容相关的既有研究成果,最具代表性的研究成果当属北京师范大学周振杰教授的专题研究③。该研究主要从实体法展开,总结了日本死刑司法控制的三项经验:以"永山基准"为代表的相对确定的死刑适用基准,程式化(检方求刑、初步判断、初步结论、验证结论)逐步深入的死刑适用过程,裁判员制度构建的民意表达路径。提出了可供中国死刑司法控制借鉴的三条建议:重视检

---

① 代表性成果有:[德]约阿希姆·赫尔曼:《日本死刑若干问题思考》,颜九红译,载《中国刑事法杂志》2003 年第 5 期;[美]大卫·约翰逊:《在国家秘密处决之处:日本的死刑》,江溯译,载《刑事法评论》2006 年第 2 期;[日]内田幸隆:《日本死刑适用中公共舆论的影响》,郑军男译,载《吉林大学社会科学学报》2012 年第 5 期;曾尔恕、赵立新:《面向 21 世纪的日本司法制度改革》,载《比较法研究》2009 年第 3 期;丁相顺:《日本"裁判员"制度建立的背景、过程及其特征》,载《法学家》2007 年第 3 期;高一飞、张金霞:《日本的死刑执行公开制度——兼论死刑执行信息公开的限度》,载《日本问题研究》2013 年第 1 期;胡云红:《日本裁判员法的立法过程及其实施效果评析》,载《河北法学》2012 年第 9 期;贾秀芬:《日本死刑制度探析》,载《日本研究》2008 年第 4 期;李贵鑫、于文沛:《论日本的死刑制度》,载《学术交流》2010 年第 6 期;李贵鑫:《文化视角下的日本死刑问题研究》,载《黑龙江社会科学》2013 年第 2 期;李立丰:《青少年保护主义的刑事司法实现路径——以日本裁判员制度下青少年死刑适用经验为视角》,载《青少年犯罪问题》2015 年第 4 期;刘明祥:《日本死刑制度的现状与我国死刑制度的展望》,载《江海学刊》2004 年第 5 期;鲁冰婉:《日本终身刑替代死刑制度研究》,载《中国应用法学》2019 年第 3 期;宋英辉、刘兰秋:《日本 1999 至 2005 年刑事诉讼改革介评》,载《比较法研究》2007 年第 4 期;王云海:《日本司法改革的深层》,载《环球法律评论》2002 年第 1 期;张继文:《试论日本死刑制度废除与存续的争点》,载《云南大学学报(法学版)》2004 年第 4 期;张晶:《日本死刑基准及其逻辑构造——"永山事件"的展开》,载《法律适用(司法案例)》2018 年第 24 期;赵刚:《平成时代日本死刑制度的变化——以奥姆真理教罪犯死刑处决为例》,载《东北亚学刊》2020 年第 5 期。

② 检索时间 2021 年 11 月 28 日,以全称"日本"、简称"日"分别检索,去重后合计。

③ 周振杰:《日本死刑司法控制的经验及其借鉴》,载《法学》2017 年第 6 期。

察机关在死刑案件中的量刑建议权,确定相对稳定且易于理解的适用标准与判断过程,开辟民意进入死刑案件的制度途径。

(二)国外研究现状

注目日本,死刑问题一直是备受学界关注的学术热点、学术兴奋点,研究成果丰硕。检索国立国会图书馆(NDL)、国立情报研究所(CiNii)可得死刑相关的法学类专著316部、论文2800余篇(检索时间2021年12月5日)。梳理这些研究成果可见,日本学者关注度相对高的研究主题包括:死刑存废与死刑案件的信息公开①、终身刑与死刑替代刑②、死刑基准③、刑事政策与死刑适用④、死刑的误判防止⑤、裁判员制度与死刑⑥、死刑冤罪与再审⑦、死刑案件的辩护保障⑧、死刑案件的被害保障⑨、死刑执行⑩、死刑执行人⑪、死刑囚的权益保护⑫、域外(美国、中国、韩国)死刑动向⑬等。相关的研究成果在此不作赘述,将在后文相应部分充分展示。

死刑问题历来是日本的社会热点,受到全社会的关注,也一直是新闻报道、侦探故事、推理小说和影视作品长盛不衰的素材。在亚马逊(日本)网站上检索,书名含有"死刑"的"文学、评论""纪实文学""人文、思想""社会、政治"类在售图书超过2000种;高野和明、东野圭吾、佐木隆三、佐藤友之、镰田慧、大塚公子、门田隆将等作家的"死刑文学"小说畅销日本。死刑个案往往成为日本刑事司法变革的重要推手,以"光市母子杀害案"为例,日本最高法院撤销一、二审的无期惩役判决,将该案发回重审,广岛高院重审宣判前,4000余名日本民众围在法庭外,为被

① 代表性学者有:正木亮、植松正、中野进、佐伯千仭、团藤重光、向江璋悦、三原宪三、菊田幸一、辻本义男、森炎、藤本哲也等。

② 代表性学者有:菊田幸一、井上薰、坂本敏夫等。

③ 代表性学者有:永田宪史、岩井宜子、井上薰等。

④ 代表性学者有:村井敏邦、加藤久雄、井田良等。

⑤ 代表性学者有:三原宪三、福井厚、前坂俊之等。

⑥ 代表性学者有:福井厚、小早川义则、青木孝之、小浜逸郎等。

⑦ 代表性学者有:庭山英雄、麦の会、内田博文、笹仓香奈等。

⑧ 代表性学者有:葛野寻之、安田好弘、大谷恭子等。

⑨ 代表性学者有:菊田幸一、太田达也、石塚伸一等。

⑩ 代表性学者有:福田雅章、土本武司、村野薰等。

⑪ 代表性学者有:樱井悟史、坂本敏夫、戸谷喜一等。

⑫ 代表性学者有:平野龙一、布施勇如、王云海等。

⑬ 代表性学者有:铃木敬夫、王云海、冨谷至、岩田太、朴秉植等。

害方加油打气。该案引起了全社会对忽视被害者、重视被告人的“量刑基准主义”的批判和反思，最终推动了《犯罪被害者保护法》的出台，推动了重大刑案被害者参审制度的确立；该案甚至引发了日本刑事法学界围绕“永山基准”的激烈论争，至今余波未平，尚无定论；该案还引发了支持死刑的广泛民意与反死刑的“世纪辩护团”之间的激烈冲突。

放眼世界，日本死刑问题也受到美国、韩国、我国台湾地区法学界的普遍学术关注，罗吉尔·胡德（Roger Hood）、埃里克·兰伯特（Eric G. Lambert）、莉亚·安布勒（Leah Ambler）、戴维·T. 约翰逊（David T. Johnson）、赵炳宣（Byung - Sun Cho）、苏永钦、王兆鹏、陈凯琳、赖文荣、林慈伟、张娟芬、林裕顺、王正嘉等学者均有相关研究成果发表。如美国学者对日本人死刑观的判断是①：相对来说，日本社会中坚持废除死刑的人往往具有更高的社会信任度，对公众参与刑事司法程序的支持程度更高；对日本裁判员制度的评价是②：使刑事程序发生了相当大的积极变化，在量刑中，尤其是死刑等重大影响案件的量刑中，能够更好地吸纳公众意见，公众对刑事司法系统的看法有所改善。

三、研究目标

（一）全面深入

本书以强烈的问题意识、翔实的研究资料，系统研究日本死刑制度，力求全面、深入。本书立足中国当下司法改革、严控死刑实践，全方位考察、体系化介绍日本死刑制度。本书将深度研究日本死刑控制的历程与动向，总结经验教训，为中国死刑控制建言献策。本书将进行系统化研究，丰富资料，创新观点，贡献“知识增量”，推动“知识升质”。

（二）突出重点

本书力求全面而准确地介绍日本死刑制度。我国学界既有研究薄弱、成果不

---

① Andreescu Viviana & Hughes Tom “Tad”, *Public Opinion and the Death Penalty in Japan*, Punishment & Society, Vol. 38:5, p. 1 - 23(2020).

② Philip L. Reichel & Yumi E. Suzuki, *Japan's Lay Judge System*, International Criminal Justice Review, Vol. 25:3, p. 247 - 262(2015).

多,实证类成果更少。客观、准确、全面、系统地介绍日本死刑制度,是本书研究的重点所在。笔者将依托日本学缘之有利条件,全面梳理日文资料、努力开展实证调研,扩大信息量、提高信息质。

(三)破解难点

本书将挖掘中国死刑控制可鉴的日本经验。立足我国死刑控制的实践难题与理论需求,寻求中国死刑控制的优化思路,是开展本书研究的逻辑起点,也是本书研究的难点所在。笔者将立足中国死刑控制进展,深度挖掘值得借鉴、能服水土、易于操作的日本经验。

四、研究思路与方法

(一)研究思路

1. 宏观把握与微观深入并重

本书既要全面介绍日本死刑制度,在宏观层面对日本死刑制度进行系统阐析;又要深度研究重点内容,从微观层面对日本死刑之特色制度进行深度挖掘。

2. 学术创新与智库研究兼顾

既要确保研究结论的严谨、准确,追求研究成果的学术性;也要立足中国死刑控制实践深化实证研究,为深谙世情、国情并且能服水土的建设性方案提供经验支持;还要尽力传递更大信息量,让研究成果经得起同行的长期检验,助力同类研究。

(二)研究方法

1. 文献研究方法

笔者多年铢累寸积、积沙成塔,收集了与本书研究相关的大量文献资料,在研究过程中将进一步整合相关资料,深度研读日、英文学术文献,“站在前人的肩膀上”形成分析框架、完善提纲脉络,进一步修正、优化研究思路。

2. 比较研究方法

笔者受过严格的学术训练,具有外文文献阅读、运用能力。本研究依托大量外文文献和实证资料,全面考察日本死刑制度的发展历程、制度设计和最新动向,与我国死刑控制实践横向比较,挖掘可鉴经验,积极建言献策。

3. 实证研究方法

笔者关注中国死刑问题多年,长期努力,收集不辍,已经积累了数量可观、质量可靠的一手实证资料。本研究还努力从日本相关司法实务机构官网[①]采集实证数据,进一步丰富日本死刑研究的实证资料。此外,笔者也曾作为公诉人、辩护人参与多起死刑案件的办理,具有司法实践沉淀的死刑观感,也曾在庭审现场体验生死抗争,以此为基础,既可以准确认识日本死刑制度,也能确保立足中国死刑控制实践。

① 日本裁判所、法务省、检察厅、司法支援中心、律师协会(日辩联)、反死刑组织(如死刑廃止フォーラム90、死刑廃止を推進する議員連盟),均收集、公开大量与死刑研究相关的统计信息;死刑废止编辑委员会自1996年起出版《年报・死刑废止》已成惯例。

第一章　日本死刑之前世今生

一、日本死刑极简史

日本的历史时代划分，在具体的时间、事件节点上一直存在争议，没有定论。基于历史发展阶段史观，将日本的历史时代从宏观上划分为“原始—古代—中世—近世—近代—现代”，是被日本历史学界普遍接受的历史时代划分方法。根据《日本大百科全书》的解释①：“原始”，即史前时代，指没有文献史料记载的时代；“古代”，指原始时代后公元3世纪至12世纪末的奴隶制社会时期，包括大和、飞鸟、奈良、平安时代；“中世”，指11世纪下半叶到16世纪下半叶的封建前期时代，从镰仓幕府建立到战国时代末期，可细分为镰仓、南北朝、室町、战国、安土桃山时代②；“近世”，指从江户幕府建立（1603年）到“明治维新”迁都东京（1869年）的封建后期时代，也有从“关元之战”（1600年）到“大政奉还”（1869年）的划分方法；“近代”，指废除封建制后从明治维新到现代之前的时期，其起止点也存在诸多争议。

---

① 日本大百科全書（ニッポニカ）「時代区分」の解説（https://kotobank.jp/word/時代区分-73705）による。

② 又称“织丰时代”，是织田信长与丰臣秀吉称霸日本的时代，以织田信长的安土城和丰臣秀吉的伏见城（又称桃山城）为名。

基于上述的历史时代划分，立足日本法学相关研究文献[①]，对日本死刑史简要梳理如下。

（一）古代日本的死刑

1. 作为刑罚之死刑的出现

日本古代社会中出现作为刑罚制度的死刑，最早可上溯到仁德天皇时代（313—399 年）。见诸于文字记录的“死刑”，最早出现于日本第一部文字典籍、第一部古代史文献《古事记》中。该书下卷的“仁德天皇记”部分，就有大楯连被处以死刑的记载[②]。中国唐代魏征编纂的《隋书》对日本死刑亦有记载：“其俗杀人强盗及奸皆死，盗者计赃酬物，无财者没身为奴。”[③]

在日本早期的死刑制度中，执行方法体现出明显的肉刑特征，除了常规的绞刑、斩刑、火刑等处死方式外，还有针对特殊死刑犯的死后枭首的行刑方式。

2. 律令制时代的死刑

7 世纪初，受中国隋唐繁荣文化的影响，孝德天皇时代（645—654 年）开启了一系列的政治改革，开始全面仿效隋唐政治和经济制度，日本从此进入律令制时代，国名也从“倭国”正式更名为“日本”。文武天皇时代（697—707 年），日本效仿唐朝法律体系，于 701 年（大宝元年）颁行了日本第一部成文法典，即以唐朝《永徽律》《永徽律疏》为蓝本的《大宝律令》。此后，为了使《大宝律令》的规定更加符合

---

① 布施弥平治『日本死刑史』（修訂）（巌南堂書店，1983 年）、池田浩士『死刑の「昭和」史』（インパクト出版会，1992 年）、森川哲郎著，平沢武彦編『日本残酷死刑史：生埋め・火あぶり・磔・獄門・絞首刑』（日本文芸社，2001 年）、坂本敏夫『死刑執行人の記録：知られざる現代刑務所史』（光人社，2006 年）、櫻井悟史『死刑執行人の日本史——歴史社会学からの接近』（青弓社，2011 年）、櫻井悟史『死刑の戦後史』（中央公論新社，2018 年）、水野正男「日本死刑史夜話」法律のひろば8 巻 9 号（1955）、大野真義「死刑制度の歴史」阪大法学 52 巻（1964 年）、藤岡一郎「日本行刑史の中の死刑廃止の思想と闘い」法学セミナ-増刊 総合特集シリ-ズ46 巻（1990 年）、衆議院調査局法務調査室「死刑制度に関する資料」（2008 年 6 月）衆議院ウエブサイトによる、新井勉「明治日本における絞首刑の選択——日本死刑史の最終幕の開幕」日本法學 75 巻 2 号（2009）；梅田康夫「平安期の死刑停止について」法制史研究：法制史學會年報 66 巻（2016 年）、永田憲史「明治初期の死刑宣告の動向：京都府史登載の全死刑宣告事件を素材に（1）」關西大學法學論集 71 巻 1 号（2021）。

② 榎本福寿「「古事記」と風猷・典教：序文・本文のかかわりと唐律」文学部論集 78 号（1994）62 頁。

③ 《隋书・东夷传・倭国》。

日本实际，日本一直持续推进着对其的修改工作。元正天皇[①]在位期间的718年（养老二年），以《大宝律令》为基础的《养老律令》基本修成，后因主持修订的藤原不比等的去世而暂停修订。孝谦天皇[②]时代的757年，《养老律令》正式颁行，直到明治维新时废止，施行1100余年，系日本史上施行时间最长的律令。

律令制时代的死刑，由两种演变为三种。《大宝律令》《养老律令》设置了两种死刑，即绞刑、斩刑。斩刑即砍头，绞刑与近现代的绞刑不同，不是施加下向力的吊颈死，而是施加横向力的勒颈死。执行死刑必须奏报天皇批准，类似于中国古代的死刑复奏制度。执行死刑奉行公开主义，在广场上公开行刑，供人围观。773年制定的《类聚三代格》，对放火、盗贼犯罪增设了新的死刑执行方式，即"格杀（殴杀）"[③]。至此，死刑演变成了绞刑、斩刑、格杀。

3. 停止适用死刑的时代

随着佛教的传入和广泛传播，以戒杀生、慈悲为本的佛教对日本社会产生了广泛的影响。自奈良时代（710—793年）开始，在犯罪处罚上就有减轻刑罚的倾向，很少执行死刑。725年，圣武天皇曾下诏对在押囚犯减刑，将死刑改为流刑。到了平安时代（794—1192年），嵯峨天皇[④]在810年处死主谋"药子之变"的藤原仲成，成为其执政时期的最后一例死刑。嵯峨天皇于818年下旨废除贼盗罪的死刑，并于823年以"太政官符"将死刑减为15年以下的徒刑。直到白河天皇[⑤]在1156年处死主谋"保元之乱"的平忠正、源为义等，死刑才被重启。其间历经26代天皇、长达346年的漫长时期，日本均未有过死刑执行[⑥]，日本社会进入了事实上废除死刑的时期。

对于停止执行死刑346年的原因，有学者认为是佛教的生死观、报应观等造

---

① 日本第44代天皇，715—724年在位，年号灵龟（715—717年）、养老（717—724年），也是第4位女天皇。

② 日本第46、48代天皇，749—758年、764—770年在位，也是第6位女天皇。

③ 下向井龍彦『捕亡令「臨時発兵」規定の適用からみた国衙軍制の形成過程：戦術革命と「武勇輩」の形成』内海文化研究紀要22号（1994年）199頁。

④ 日本第52代天皇，809—823年在位，年号大同（809—809年）、弘仁（810—823年）。

⑤ 日本第72代天皇，1073—1087年在位，年号延久（1073—1074年）、承保（1074—1077年）、承历（1077—1081年）、永保（1081—1084年）、应德（1084—1087年）。

⑥ 孫璐＝吉中信人「死刑存廃に関する一考察—唐と日本における法制史的検討—」広島法学43巻2号（2019年）88－93頁。

成了日本死刑在很长一段时期的名存实亡。[①] 日本文化厅对佛教的影响力也有类似判断。[②] 平安时代也被称为“怨灵的时代”，人们非常害怕死者的怨灵降祸。因此，也有历史学者认为，除了佛教的影响外，对“怨灵”的恐慌也是停止执行死刑的原因之一，人们认为如果执行死刑，怨灵就会作祟。[③]

（二）中世日本的死刑

1. 镰仓、室町时代

镰仓幕府建立之初，刑罚制度除继续沿袭以生命刑、自由刑为主的五刑（笞、杖、徒、流、死）外，财产刑、荣誉刑、肉刑等开始出现，死刑在制度上只保留了绞刑，其他死刑均被废除。“在封建时代，被认为有接近100种的死刑罪名。”[④]1232年制定的武家法典《御成败式目》中设有“死罪”（非“死刑”之义，实为砍头），1241年对杀人罪追加了“斩刑”[⑤]。室町时代基本沿袭了镰仓旧制，刑罚时代变迁的标志，就是死刑逐渐开始采取切腹（剖腹）的方式。

事实上，镰仓、室町时代并未能确立起全国统一的绝对司法权，地方藩主、大名等拥有独立的司法权和刑罚权。在幕府权威很强的近畿地区，死刑适用很少。但在地方上，开始出现磔刑、锯挽等残酷的死刑行刑方式，甚至很多被处流刑的罪犯，在到达流放地后往往会被处死。[⑥]

2. 战国、安土桃山时代

战国时代是战乱频仍、治安不彰的时代，反映在刑罚上就是死刑越来越残酷，刑罚在目的上以一般预防为基调，基于连坐、缘坐等株连制度奉行严刑主义。可以说，在刑罚制度上，充分体现了战国时代的社会特征。

在这样的时代背景下，死刑发展可谓登峰造极，出现了磔、拟磔、串刺、锯挽、牛裂、车裂、火刑、锅煮、卷席等残酷死刑。此“磔”并非中国古代肢解身体的酷刑，而是源于西方的“十字架刑”，指将犯人钉于十字架上任其慢慢死去；串刺，是适用

---

① 温金柯编著：《佛教反对死刑：经证汇编》，新北，辅仁大学出版社2006年版，导论。

② 文化庁編「宗教年鑑 令和2年版」（株式会社ブルーホップ，2020年）11－12頁。

③ 戸川点「平安時代の死刑と現代」本郷119号（2015年）32－34頁。

④ 法務省「犯罪白書」（1960年版）の「我が国における犯罪とその対策」による。

⑤ 法務省『「死刑の在り方についての勉強会」取りまとめ報告書』（2012年3月）による。

⑥ 清水克行『喧嘩両成敗の誕生』（講談社，2006年）第四章参照。

于叛徒、谋反等犯罪人的死刑，是磔刑之一种，指将尖木从肛门刺入再从口腔穿出，或者从口腔刺入再从肛门穿出（逆磔）；锯挽，是将犯人活埋在土中，使头伸出地面，再用竹锯锯掉脖子致其死亡；牛裂，指用绳子将犯人的双手、双脚和两头（或四头）牛的牛角绑在一起，然后点燃牛背上的柴火，使牛两向（或四向）奔跑，撕裂犯人的身体致死；车裂，与中国古代的车裂类似，是将犯人的双脚绑于两辆车上，使车反方向移动，将犯人的身体撕成两半致死；火刑，也叫烤刑、焚刑，主要适用于放火犯罪，有死前火刑和死后火刑之分，前者将犯人捆绑于木桩上放火焚烧，犯人多因吸入烟雾窒息而死，后者有“侮辱刑”（对绞刑后的犯人尸体进行焚烧）、“温情刑”（对处火刑者，先勒死再焚烧，避免行刑过于残酷）之别；锅煮，即在大锅里烧开油或水，将犯人放进锅里煮死；卷席，指将犯人扒光衣服，卷入草席后丢入水中淹死。

（三）近世日本的死刑

江户幕府建立之初，日本并没有专门制定与犯罪、刑罚相关的法律，死刑制度基本沿袭了前朝旧例，磔、拟磔、牛裂等是适用较多的酷刑，对天主教徒则适用了大量的火刑。1612 年 3 月 21 日，江户幕府用火刑处死天主教徒冈本大八后，发布了“伴天连追放令”，将“禁教令”（驱逐外国传教士）推及全国，第二代将军德川秀忠继续强化了对天主教的镇压活动。据日本学者研究，1619—1640 年先后有 300 余名天主教徒（受火刑）和 13000 余名非参战人员被处死。[①]

日本在江户时代初期一直奉行酷刑主义，保留的死刑主要有适用于武士阶层的切腹（名誉死）、斩首（不名誉死），以及适用于非武士阶层的磔、锯挽、火刑、斩首（“死罪”）、狱门（相当于枭首，砍头后刑场悬首示众）等，其他过于残酷的死刑都被废止。

1742 年制定的《公事方御定书》是刑法和刑事诉讼法的汇编，也是江户幕府刑事法的基础，《公事方御定书》把死刑限定于火刑、狱门、斩首、切腹四种。虽然《公事方御定书》是只限司法官吏阅览的秘密法案，还达不到“罪刑法定”的高度，但整体而言，死刑较之前已经缓和了很多。

---

① 松竹秀雄「寛永 17 年(1640)ポルトガル使節団長崎受難事件(2)」経営と経済第 68 巻第 4 号(1989 年)45 - 91 頁。

值得一提的是，江户时代也出现了废止死刑的尝试，德川幕府最大的尾张藩德川宗春在其任藩主期间(1730—1739年)，曾停止了死刑的适用，在其统治的10年中，尾张藩没有一人被判处死刑。德川宗春于1731年完成的《温知政要》，其名源于中国儒家经典《论语》中"温故知新"的典故，系模仿《贞观政要》的自诫书，其中就记述了他的仁政思想。他认为法令过于繁杂是国家之耻，犯罪的产生源于施政者的过错，并认为死刑是"无法挽回的刑罚"，其适用应当慎重再慎重。①

(四)近代日本的死刑

日本在明治政府成立之初，仍以江户时代的立法为基准，继续实施江户时代的死刑，虽然"禁教令"未解除，但对传教士主要适用流刑，不再处死。随着西方法律思想的不断传入，罪刑法定主义逐渐生根，日本逐步废止了残酷死刑，建立了以自由刑为中心的刑罚体系。

1.《暂行刑律》时代的死刑

日本1868年(明治元年)制定的《暂行刑律》(亦被称为"假刑律")，效仿中国的明律、清律体系，以江户幕府的《公事方御定书》为基础，是明治维新后第一部刑法典。其中规定的死刑有刎刑(砍头)、斩刑(袈裟斩，从肩膀斜砍)，也保留了磔刑、火刑。当年11月，又将磔刑限定于大逆罪，用枭首(相当于"狱门")取代了火刑。②

2.《新律纲领》时代的死刑

1870年制定的《新律纲领》，依然以中国的明律、清律为蓝本，系首例被允许出版的刑法典，为罪刑法定主义奠定了基础。其中规定了三种死刑，分别为枭首(相当于"狱门")、斩首(相当于"死罪")、绞刑，同时对贵族、僧侣、官吏设置了自裁(切腹)的行刑方式，彻底废除了江户时代遗留的磔刑、火刑等残酷死刑。1873年的《改定律例》对死刑的罪种(主要是谋杀)进行了限制，并引入了终身惩役制度，使很多犯罪人免于死刑。1873年发布的《太政官布告65号》，明确了绞刑的绞刑架构造和行刑方法。1879年发布的《太政官布告第1号》，废止了死刑中的枭首。至此，死刑只剩下绞刑和斩首两种。

---

① 大野健『宗春躍如 下巻 翔破篇』□(株式会社ボーノプランニング Kindle电子书2018)。

② 法務省『「死刑の在り方についての勉強会」取りまとめ報告書』(2012年3月)による。

3."旧刑法"时代的死刑

1880年后,《刑法》("旧刑法")、《治罪法》(刑事诉讼法)相继制定、实施。旧刑法规定了20余种死刑罪名,[①]死刑执行方式被限定为绞刑,废除了斩首。与江户时代相比,适用死刑的犯罪范围大幅缩小。此外,对于军人犯罪,死刑执行方法被设置为枪决。1900年,安藤亀太郎等三人首次向议会提出了废除死刑制度的法案[②],但未能引起社会关注。

4.现行《刑法》中的死刑

1908年,"旧刑法"被废除,《刑法》开始实施,并一直施行至今,其中对死刑的规定与"旧刑法"相同。除1947年废除的"大逆罪""利敌行为罪"以及1995年废除的"尊属杀人罪"外,其他死刑罪名均沿袭至今。死刑执行方法被明确限定为绞刑,同时沿袭了军人犯罪的枪决行刑方式。据日本律师官报中对死刑执行信息的数据统计:1869—1912年,日本共执行死刑1184人。[③] "二战"后混乱期(1947—1951年)死刑适用较多,之后开始逐渐减少。[④]

二、日本现行法定死罪

日本现行刑法(《刑法》和"特别刑法")共规定了19项法定刑包含死刑的罪名,[⑤]其中《刑法》规定了12项(见表3),特别刑法规定了7项(见表4)。自从"二战"结束以后,日本未发生过内战、军事力量入侵之类的事件,所以内乱罪和外患罪(外患诱致罪、外患援助罪)实际上并未适用过。

---

① 法務省「犯罪白書」(1960年版)「我が国における犯罪とその対策」による。

② 事件犯罪研究会編『明治・大正・昭和・平成 事件・犯罪大事典』(東京法経学院出版,2002年)312頁。

③ 中川智正弁護団＝ヴァル ルラブル編著『絞首刑は残虐な刑罰ではないのか? 新聞と法医学が語る真実』(現代人文社,2011年)。

④ 法務省「犯罪白書」(1960年版)「我が国における犯罪とその対策」による。

⑤ e－Gov法令検索「刑法(明治四十年法律第四十五号)」による,https://elaws.e－gov.go.jp/。日本死刑罪名的翻译,参考了下列资料:中国社会科学院法学研究所译:《日本刑法、日本刑事诉讼法、日本律师法》,中国社会科学出版社1981年版;黎宏:《日本刑法精义》,中国检察出版社2004年版。周振杰:《日本死刑司法控制的经验及其借鉴》,载《法学》2017年第6期;张晶:《日本死刑基准及其逻辑构造——"永山事件"的展开》,载《法律适用(司法案例)》2018年第24期;张凌、于秀峰编译:《日本刑法及特别刑法总览》,人民法院出版社2017年版。

表3 日本《刑法》规定的死刑罪名

序号	罪名	法律规定
1	内乱罪	第77条:颠覆政府,或者侵占国家领土,以及其他以破坏宪法规定的基本秩序为目的实施暴动的,以内乱罪论处。 对其首犯,处死刑或无期禁锢……
2	外患诱致罪	第81条:与外国勾结,致使日本国受武力攻击的,处死刑。
3	外患援助罪	第82条:在外国对日本国武力攻击时,服其军务或给予其他军事上利益的,处死刑、无期惩役或2年以上惩役。
4	对现住建造物等放火罪	第108条:放火烧毁供人居住或有人在内的建筑物、火车、电车、船舶或者矿井的,处死刑、无期惩役或者五年以上惩役。
5	爆炸罪	第117条第1款:使火药、锅炉或其他可爆炸物品发生爆炸,毁损第108条所规定之物或他人所有的第109条所规定之物,按放火罪处理;损坏自己所有的第109条所规定之物,或者第110条所规定之物,造成公共危险的,按放火罪处理。
6	对现住建造物等水淹罪	第119条:决水浸害供人居住或有人居住的建筑物、火车、电车或矿井者,处死刑或者无期惩役或者三年以上惩役。
7	倾覆车船致死罪	第126条:颠覆、破坏有人在内的火车、电车的,处无期惩役或三年以上惩役。 翻覆、沉没或破坏有人在内的船舶的,按前款规定处理。 犯前两款罪,致人死亡的,处死刑或无期惩役。
8	危害交通致车船倾覆罪	第127条:犯第125条之罪,(损毁铁路或其标志,或者以其他方法造成火车、电车的交通危险),使火车、电车翻覆或破坏,或使船舶翻覆、沉没或破坏的,依前条规定处理。
9	水道投毒致死罪	第146条:在供给公众饮用的净水或其水源内,投放有害他人健康的有毒物质的,处二年以上惩役。致人死亡的,处死刑、无期惩役或者五年以上惩役。
10	杀人罪	第199条:杀人的,处死刑、无期惩役或五年以上惩役。
11	强盗杀人罪	第240条:犯强盗罪,又致人受伤的,处无期惩役或六年以上惩役,致人死亡的,处死刑或无期惩役。
12	强盗强奸致死罪	第241条:犯强盗罪,又强奸妇女的,处无期惩役或者七年以上惩役。致妇女死亡的,处死刑或无期惩役。

除了法典化的《刑法》以外,其他规定了犯罪和刑罚的法律,被统称为“特别刑法”,作为刑法的重要组成部分,在“刑法总则”的统括下,与《刑法》同等适用。

表4　日本"特别刑法"规定的死刑罪名

序号	罪名	法律规定
1	使用爆炸物罪	1884年《爆炸物取缔罚则》第1条：以危害治安或损害他人身体、财产为目的，使用爆炸物的，或指使他人使用爆炸物的，处死刑、无期惩役或七年以上惩役或禁锢。
2	决斗杀人罪	1889年《关于决斗的案件》第3条：因决斗杀伤人的，依刑法规定处理。
3	劫持航空器等致死罪	1970年《关于劫持航空器等处罚法》第2条：犯前条规定之罪，（使用暴行、威胁或其他方法使人无法抵抗，劫持航行中的飞机，或恣意支配航行），致人死亡的，处死刑或无期惩役。
4	航空器坠落致死罪	1974年《威胁航空器行为处罚法》第2条：使航行中（指所有舱门关闭至任一舱门开启期间）的飞机坠落、翻覆，或指使他人覆没、破坏飞机的，处无期或三年以上惩役。 犯前条之罪，（损坏机场设备、航空安全设施，或者以其他方法引发航空危险），使航行中的飞机坠毁、翻覆，或指使他人覆没、破坏飞机的，按前款规定处理。 犯前两款之罪，致人死亡的，处死刑、无期惩役或七年以上惩役。
5	杀害人质罪	1978年《劫持人质行为等处罚法》第4条：犯第2条（两人以上共同持凶器劫持人质）、前条（劫持飞机并以机内人员为人质）所规定之罪，杀害人质的，处死刑或者无期惩役。
6	有组织的杀人罪	1999年《组织犯罪处罚及犯罪收益规制法》第3条：作为组织行为（指基于组织意愿决定的行为，其效果或由此所得利益归于该组织）实施下列各项规定的行为，按各项规定的刑罚处理。 七、刑法第199条（杀人）罪，处死刑、无期惩役或者五年以上惩役……
7	海盗行为致死罪	2009年《海盗行为处罚及海盗行为对策法》第4条：犯前条第1款、第2款规定之罪，（劫持船舶、劫掠船舶内财物、劫持船舶内人员、挟持人质），致人受伤的，处无期惩役或六年以上惩役，致人死亡的，处死刑或无期惩役。

三、日本最高法院的死刑判例

死刑问题，不仅是一个刑事法问题，还是一个宪法问题，是一个"宪法上剥夺生命权的人权问题"[①]。有学者指出[②]：站在保留死刑的立场，就会认为死刑不违

① 山内敏弘「生命権と死刑制度についての再論」龍谷法学49巻4号(2017)1047頁。

② 丹羽巌「日本国憲法と死刑」国際関係学部紀要23巻(1999)116頁。

宪,而站在废除死刑的立场,则会认为死刑违宪。《日本国宪法》第31条规定,非依法定程序,不得剥夺任何人的生命或自由,或科以其他刑罚。第36条规定,绝对禁止公务员施行拷问及残虐的刑罚。日本宪法生效后,有关死刑违宪的话题持续发酵。废除死刑的思潮逐渐兴起,曾有议员于1955年、1965年两度将废除死刑的议案提交日本国会。

对于日本死刑制度是否违反宪法的问题,日本最高法院通过判例宣示了死刑合宪的基本立场,这些判例作为死刑合宪问题的经典判例,一直沿用至今,依然是反映日本司法实务界死刑立场的基本判例,也成为现代日本继续保留死刑制度的重要根据。

"二战"结束以来,日本最高法院在死刑适用方面的重要判例如下:

(一)1948年判例:死刑合宪

死刑是否违宪的问题,在日本宪法实施后的首年,即1947年就曾遭遇挑战,史称"死刑制度合宪判决案"[①]。日本最高法院站在保留死刑的立场,1948年3月12日在"尊亲属杀人案"中判定保留死刑制度并不违宪,[②]该案的一致意见认为:"死刑制度的存在与日本国宪法的宗旨并不矛盾,是合宪的","为了社会和公共福利,有必要保留死刑";同时指出"死刑本身并非宪法规定的'残虐的刑罚'",日本的死刑执行方法(绞刑)也非"残虐的刑罚"。判决书解释道:"虽说是死刑,与其他刑罚一样,在所处时代、环境中,从人道主义的立场出发,其执行的方法等被一般性地认为具有残忍性的情况下,当然也必须称之为'残虐的刑罚'。如果将来法律对死刑设定火刑、磔刑、枭首、釜煮等残虐的执行方法,该法律当然就应被判定违反宪法第36条。"最高法院在该案中所作的宪法解释被作为日本保留死刑制度的依据,日本法院也一直根据本判决适用死刑。

---

① 1946年9月16日,日本广岛县发现一起杀人案,和母亲、妹妹一起生活的19岁少年,因为没有固定工作受到母亲和妹妹慢待,对此怀恨在心,凌晨时分用棒槌击杀熟睡中母亲和妹妹,然后抛尸古井,半年后尸体才被发现。在该案的审判中,死刑制度的存在是否违宪的问题引起了争议。1947年5月23日广岛地方法院一审对其判处无期惩役,1947年8月25日广岛高等法院二审改判死刑,辩护方以适用死刑违宪为由向最高法院提起上告,1948年3月12日最高法院大法庭作出判决,以"死刑制度不符合宪法第36条所禁止的'残虐的刑罚',是符合宪法的"为由,驳回被告人的上诉,维持死刑裁判。

② 最高裁判所大法廷1948年3月12日判决 昭和22年(れ)119号,最高裁判所刑事判例集第2卷3号191頁。

对于何谓“残虐的刑罚”的问题,因为宪法并未规定死刑是否属于“残虐的刑罚”,1948 年最高法院大法庭在“村会议员选举罚则违法案”[①]的判决中进一步明确:“残虐的刑罚”是指“以不必要的精神、肉体上的痛苦为内容的刑罚,以及在人道上被认定为残酷的刑罚”,法官在法律允许的范围内进行量刑的情况下,即使从被告人的角度来看是过重的刑罚,也不能认为是宪法中规定的“残暴的刑罚”。换句话说,法官适用自由裁量权合法适用的死刑并非“残虐的刑罚”,适用死刑并不违宪。对此,日本刑事法学界分两种情况讨论[②]:一是“刑罚的种类、性质残酷的情况”,主要讨论“死刑本身是否残虐”“死刑的执行方法(绞刑)是否残虐”的问题;二是“犯罪和刑罚极端失衡的情况”,主要讨论“对于轻微犯罪,判处死刑是否残虐”的问题。

对于死刑是否永远合宪的问题,最高法院也抱有一种相对开放的态度,在前述“死刑制度合宪判决案”的判决中,附上了四位法官(岛保、藤田八郎、岩松三郎、河村又介)和井上登法官的两组补充意见,对此问题进行了阐释。

四位法官的共同补充意见[③]认为:宪法当然禁止残虐的刑罚,如果死刑是残虐的刑罚,宪法就不可能在其规定中承认死刑的存在。根据《日本国宪法》第 31 条的反面解释,通过法定程序是可以判处死刑的,宪法并未将死刑作为残虐的刑罚直接禁止。当然,宪法只是反映制定当时的国民情感,并不能由此认为宪法永久认可死刑。一种刑罚是否残虐,是根据国民情感认定的,而国民情感会随着时代变迁而发生变化,某个时代被认为不残虐的刑罚,在后一个时代也可能被认为残虐。如果国家文化高度发达,实现了以正义和秩序为基调的社会和平,达到了依靠公共福利就能避免犯罪而无必要以死刑威慑犯罪的程度,死刑也会被视为残虐的刑罚,一定会被国民情感否定。在此情况下,《日本国宪法》第 31 条的解释自然也会受到限制,死刑作为残酷的刑罚,因为违宪,就会被废止。

---

① 最高裁判所大法廷 1948 年 6 月 23 日判决 昭和 22 年(れ)323 号,最高裁判所刑事判例集第 2 卷 7 号 777 頁。

② 中島宏「死刑と残虐な刑罰」長谷部恭男など編『憲法判例百選Ⅱ』(第 7 版)(有斐閣,2019 年)254 - 255 頁。

③ 最高裁判所大法廷 1948 年 3 月 12 日判决 昭和 22 年(れ)119 号,最高裁判所刑事判例集第 2 卷 3 号 191 頁。

井上登法官个人的补充意见①认为:讨论死刑是否“残虐”,必须考虑法律条文原意。《日本国宪法》第36条“残虐的刑罚”的原意是否包含死刑,必须在其他条文中寻求答案。《日本国宪法》第13条规定,全体国民都作为个人而受到尊重。对于谋求生存、自由以及幸福的权利,只要不违反公共福利,在立法及其他国政上都必须受到最大的尊重。第31条规定,非依法定程序,不得剥夺任何人的生命或自由,或科以其他刑罚。综合这些规定并作反面解释可知:为了公共福利,宪法必须允许依据法定程序通过刑罚剥夺人的生命。由此可知,《日本国宪法》第36条的“残虐的刑罚”不包含死刑,即该条并非绝对禁止死刑,否则,《日本国宪法》第31条就不需要出现“生命”二字。当然,宪法并非绝对禁止死刑,也不是命令保留死刑,如果国民情感发展到了无法容忍死刑的时代,国会就会废除死刑条款。即使死刑条款未被废除,事实上法官也不会选择适用死刑,因为即便是现在,也没有法官喜好宣判死刑。希望不再需要死刑的时代早日到来。

(二)1961年判例:绞刑合宪

对于两名被告人合谋闯入他人家中抢劫,杀害夫妻二人,构成强盗杀人罪的案件。1956年12月11日名古屋地方法院一审判处1人无期惩役,1人15年惩役;1957年7月8日名古屋高等法院二审改判两人死刑;1961年7月19日最高法院驳回二被告人上告,同时对《太政官布告65号》的效力作出了判断。

1873年(明治六年)发布的《太政官布告65号》即《绞刑器械图式》②,具体规定了作为死刑执行方法的“绞刑”的机械设计(见图1),并按照1:30的比例给出了绞刑架构成部件(如踏板、绞绳、手柄等)的图样和尺寸(如绞绳长二丈五尺)。同时规定了绞刑的执行方法:先将双手并拢绑于背后,蒙面,带上绞刑架,使其双脚踩在踏板上并将双脚绑住,再将绞绳套于脖颈,然后拉紧绞绳,松开手柄致踏板落下,使囚犯身体悬吊,确认其死亡后解除绞绳,行刑结束。

---

① 最高裁判所大法廷1948年3月12日判决 昭和22年(れ)119号,最高裁判所刑事判例集第2卷3号191頁。

② e-Gov法令検索「明治六年太政官布告第六十五号」(絞罪器械図式)による,https://elaws.e-gov.go.jp/。

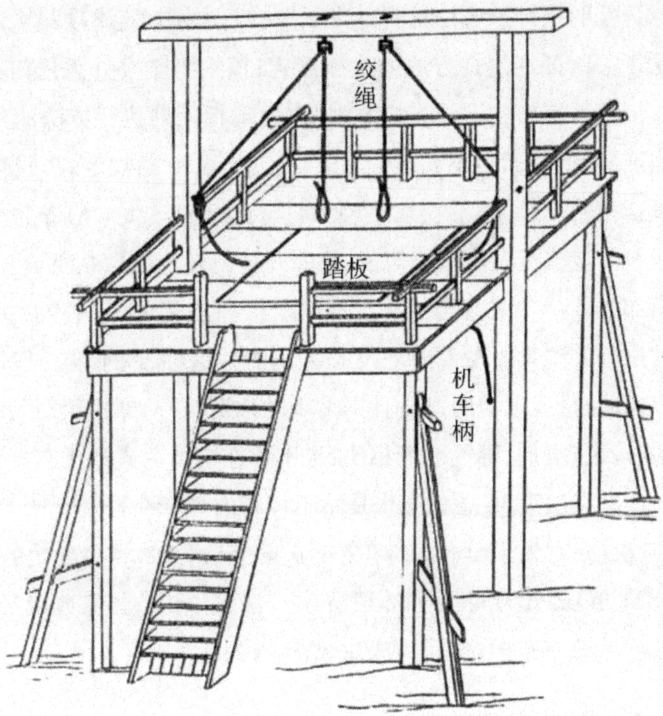

图1　《太政官布告65号》规定的绞刑架

最高法院大法庭1961年7月19日作出判决①，驳回了二被告人提出的事实认定错误、量刑不当等主张，维持二审死刑判决；驳回了辩护方“绞刑违反宪法第36条”的主张，明确《太政官布告65号》在新宪法实施后具有等同于法律的效力，仍然有效。

在当时，本案有其特殊之处，死刑的执行方法是《日本国宪法》第31条要求的法律规定事项，而刑诉法、监狱法等当时正在施行、有效的法律对此却并无规定。作为规定了死刑执行方法的《太政官布告65号》是伴随已被废止的旧刑法实施的，该规定本身是否依然有效面临争议，其规定的死刑执行方法——“绞刑”面临着宪法上“残虐的刑罚”之责难。

对此，最高法院大法庭的横田喜三郎（第三任最高法院长官）等12名法官形

① 最高裁判所大法廷1961年7月19日判决 昭和32(あ)2247号，最高裁判所刑事判例集第15卷7号1106頁。

成了一致意见:死刑执行方法在新旧宪法下都属于法律规定事项;《太政官布告65号》是旧宪法下关于死刑执行方法的法律规定;该规定至今并无任何法律宣告其废止或失效,依然具有与法律同等的效力;作为现行死刑执行方法的"绞刑"并不违反《太政官布告65号》,也不属于《日本国宪法》第36条规定的"残暴的刑罚"。

该判决也明确,现行"地下绞架式"死刑执行方法与《太政官布告65号》相比有所进步,减轻了被执行人的精神痛苦,从公开执行转为秘密执行,也不能认为违反了《太政官布告65号》之规定。并且重申了最高法院1955年①的立场:作为刑罚的死刑,其执行方法只要在人道上没有特别的残虐性,就不能一般地理解为宪法第36条中规定的"残虐的刑罚";日本采用的死刑执行方法"绞刑",与域外各国的绞刑、斩刑、枪决、电刑、毒气刑等相比,也不存在被认为人道上有特别的残虐性的理由,绞刑违反宪法第36条的主张是站不住脚的。

在该案判决前,对先于旧刑法(1882年)、旧宪法(1980年)生效的《太政官布告65号》(1873年)的效力问题,日本学界早有诸多争论。该案判决后,也有学者主张该案认定《太政官布告65号》有效的结论有误。②

(三)1983年判例:死刑基准

在1968年发生的永山则夫"少年连续射击杀人案"(以下简称永山案件)③中,未成年(19岁)的永山则夫从美军基地盗取枪支,在不足一个月内连续枪杀4人。1979年7月10日东京地方法院一审判处其死刑,1981年8月21日东京高等法院二审改判无期惩役,1983年7月8日最高法院撤销二审判决,发回重审。最

---

① 最高裁判所大法廷1955年4月6日判决 昭和26年(れ)2518号,最高裁判所刑事判例集第9卷4号663頁。

② 手塚豊「明治六年太政官布告第六十五号の効力:最高裁判所判決に対する一異見」法學研究:法律・政治・社会1964(1),第3-38頁。

③ 1968年19岁的永山则夫枪杀4人,1979年东京地方法院一审判处其死刑,1981年东京高等法院以成长环境恶劣等理由酌情改判无期惩役,检方以违反判例、量刑不当为由提起上告,1983年最高法院发回重审,1987年东京高等法院判处死刑,永山则夫提起上告,1990年最高法院维持死刑判决,1997年被执行。在等待审判和执行的30年,永山则夫自学识字并撰写多部文学作品,成为高产的"少年杀人犯作家",获"新日本文学奖",并因与女粉丝"狱中结婚"等事件为人所熟知。参见:佐木隆三『死刑囚永山則夫』(講談社,1994年)、永山則夫『死刑確定直前獄中日記』(河出書房新社,1998年)。

高法院在本案第一次上告审裁判[①]中,明确了死刑的适用标准,是为“永山基准”,这一死刑适用标准一直沿用至今。

东京高等法院在二审中将死刑改判为无期惩役,检方的上告迫使最高法院提出了死刑适用标准,最高法院在该案判决中重申了最高法院大法庭判例中的观点:“死刑不是所谓的‘残虐的刑罚’,设定死刑的刑法也不违宪”,强调“死刑是剥夺生命的最严厉刑罚,只在极其不得已的情况下才可以慎重选择适用”。最高法院首次详细明确了适用死刑的标准:

> 在保留有死刑的现行法律制度下,应当综合考察犯罪的性质、动机、样态(特别是杀害手段的执拗性和残虐性)、结果的严重性(特别是被害人数)、被害人遗属的情感、社会影响、犯罪人的年龄、犯罪人的前科、犯罪人犯罪后的表现等各种情节。在认为罪责确属重大,无论基于罪刑均衡还是一般预防的立场都不得不判处极刑的场合,应当适用死刑。

在具有深厚成文法传统的日本,判例虽然不是制度性法律渊源,但判例对司法具有强大的约束力,“违反判例”是日本刑事诉讼法规定的法定上诉理由。“永山基准”确立后,在后来的死刑案件裁判中多次被引用,对日本死刑司法产生了广泛而深远的影响。正如有的学者的评价:“‘永山基准’的确立,死刑裁量基准的评价更加客观化和具体化,亦可据此推测裁判所的立场并对死刑适用可能性提供判断依据。”[②]

(四)1993 年判例:重申死刑合宪

在 1979—1983 年发生的“名古屋骗保杀人案”[③]中,竹内(长谷川)敏彦、井田正道二人合谋杀人骗保,三次作案致 3 人死亡。1985 年 12 月 5 日名古屋地方法院一审判处二人死刑,1987 年 3 月 31 日名古屋高等法院二审维持死刑裁判,1993

---

① 最高裁判所第二小法廷 1983 年 7 月 8 日判决 昭和 56(あ)1505 号,最高裁判所刑事判例集第 37 卷 6 号 609 頁。

② 张晶:《日本死刑基准及其逻辑构造——“永山事件”的展开》,载《法律适用(司法案例)》2018 年第 24 期。

③ 有关本案,可参见:大塚公子『「その日」はいつなのか。——死刑囚 長谷川敏彦の叫び』(角川文庫,2001 年)。

年9月21日最高法院维持一审、二审裁判,死刑确定。① 最高法院驳回了辩护方提出的死刑违宪、量刑不当的主张的同时,时隔45年后再次重申了死刑合宪的立场。判决书附有大野正男法官的补充意见②、死刑存废民意调查结果统计、一审判处死刑的被告人数一览表(1948—1991年)。

大野正男法官的补充意见引起了广泛的社会关注,其主要内容可以概括为以下三方面:

一是基本赞成最高法院大法庭1948年判决中岛保等法官的补充意见,但也要看到最高法院大法庭判决死刑合宪后的45年间,死刑制度及其运用发生了显著的变化:废除死刑的国家有所增加,国际社会废除死刑渐成潮流;日本曾因误判死刑后经再审改判无罪的案件已有4件,误判成为死刑废止论的主要理由;从法官的角度来看,将死刑评价为"残虐的刑罚"的空间显著增加了。考虑到过往45年间死刑制度发生的变化,有必要再次考虑宪法对于死刑的态度。

二是关于国民对于死刑的意识和情感。根据各种民意调查结果,大多数国民迄今为止依然希望保留死刑制度,即便是支持废除死刑的人群当中,也很少有人支持立即全面废除死刑,大多数人支持死刑的逐步废除。在国际动向与国内民意的巨大反差中,日本法院应该慎重考虑现实中如何运用死刑制度,如果因没有死刑基准而造成死刑滥用的话,死刑制度难免会遭遇"残酷的刑罚"的批判。45年来,死刑宣判持续减少,尤其是1969年以来,几乎每年都不到10例,而且几乎只适用于致命型犯罪。究其原因,除社会治安好、恶性犯罪少是基本原因外,正如很多论著所示的那样,死刑适用标准已经变得极其严格也是重要原因。最高法院也确定了作为死刑适用标准的"永山基准",限制死刑适用。日本的现状是:即便在严格的死刑适用标准下,也存在不得不宣判死刑的少数案件。即便如此,在剥夺他人生命的严重犯罪中,对于没有改造余地的犯罪人,不得已适用死刑剥夺其生命,也可能被认为是过度的报应。既然死刑是基于国民道德、情感的刑事政策,即使不能仅凭国民意识来决定,但也不能视而不见,认为死刑是过度的报应。

---

① 最高裁判所第三小法廷1993年9月21日判决 昭和62年(あ)562号,最高裁判所裁判集刑事第262号421頁。

② 最高裁判所第三小法廷1993年9月21日判决 昭和62年(あ)562号,最高裁判所裁判集刑事第262号421頁。

三是解决日本死刑问题的未来思路。如今存在走向废除死刑的国际动向和支持死刑存续的日本国民意识,不能任二者间的巨大隔阂保持下去。为了谋求二者间的整合,立法上应该有所尝试,如一定期间内通过立法实验性地停止死刑执行,观察死刑执行与犯罪增加有无关联,或将无期刑(笔者注:终身刑)的假释标准提高到十年以上,创设其他无期刑,以求实现罪刑均衡。回顾过往的45年,虽然出现了将死刑视为"残虐的刑罚"的重大立法事实,但是,考虑到死刑的国民意识和一般的宽容性,以及法院对于死刑限制适用的现状,不能认为死刑是罪刑失衡的过度刑罚,也不能判定死刑制度违宪。死刑的存废及完善应该交由立法机关考虑,在严格的死刑适用标准下,在确属不得已的场合,法院有限制地适用死刑,依然是适当的。

(五)2016年判例:重申绞刑合宪

2009年日本发生了"大阪柏青哥店放火杀人案",被告人高见素直因为无力还债而心生报复社会之念,纵火烧毁柏青哥游戏店,造成5人死亡18人受伤。2011年10月31日大阪地方法院一审判处其死刑,2013年7月31日大阪高等法院二审维持死刑,2016年2月23日最高法院维持一审、二审裁判,死刑确定。

本案一审裁判员法庭审判长达60日,被告人实施犯罪时是否欠缺责任能力、绞刑是否违宪成为争论激烈的两大焦点。

辩护方在一审中就提出了死刑违宪的辩护主张①:绞刑可能使受刑者遭受不必要的痛苦,并可能使其断头,"参加过执行的人回忆说没有比这更残忍的了",而且在世界范围内使用绞刑的国家有限,即便最高法院曾有绞刑并非"残虐的刑罚"的判例,但考虑到时代和环境的发展变化,绞刑属于违反《日本国宪法》第36条禁止的"残虐的刑罚";执行绞刑导致断头,实为断头刑,属于执行"法定"之外的刑罚,违反《日本国宪法》第31条。

---

① 大阪地方裁判所第2刑事部2011年10月31日判决 平成21(わ)6154号20頁,裁判所ウエブサイト。『初公判で弁護側も罪状認める「絞首刑では頭部切断も」と死刑の違憲主張』,日本経済新聞(2011年9月6日),『「絞首刑は合憲」パチンコ店放火で死刑判決』,日本経済新聞(2011年10月31日),2022-02-15閲覧。

一审法院判决认定“绞刑并不违反宪法”[①],概括了据以裁判的证据,阐述了据以裁判的理由:

(1)法医学专家证人对绞刑执行中服刑者死亡经过以及对身心影响的描述显示:无论是压迫颈动静脉造成脑供血被阻断而缺氧的死亡,还是压迫咽喉造成气道闭塞而缺氧的死亡,服刑者都会感受到疼痛和痛苦;因绞绳长短和施力大小的区别,可能导致颈部内部组织断开,因为颈部皮肤的保护,头部不可能完全断离;颈部组织的强度因人而异,完全防止头部断开(笔者注:颈部组织断开)是不可能的;曾有执行绞刑经验的证人对绞刑执行过程进行过描述,并认为其惨状“不忍直视”。

(2)执行绞刑,在多数情况下,达到意识丧失的状态至少也要5秒至8秒,因为绞绳结法的不同,死亡需要2分钟或更长时间,在此期间服刑者可能会持续感到痛苦,而且在某些情况下也可能出现头部断开,特别是颈部内部组织断开的情况,绞刑不可能完全预测服刑者死亡前的各种问题。

(3)死刑原本就是一种违背服刑者意愿,通过剥夺其生命而赎罪的制度,难免会给服刑者造成精神、肉体上的痛苦,甚至是某种程度的凄惨。既然宪法保留了死刑,就不得不容忍某些不可避免的情况。对于死刑的执行方法,《日本国宪法》第36条禁止的“残虐”,即指在可考虑的执行方法中避免特别惨不忍睹的情况,特别是不允许给服刑者带来无谓痛苦、有损名誉、有辱尊严等的执行方法,但也不要求像医疗那般将精神、肉体上的痛苦缓和到极限。死刑的执行方法被评价为“残虐”者,只限于非人性的、非人道的行为,对正常人类情感造成巨大冲击的情况。

(4)虽然绞刑是否为最好的死刑执行方法,一直存在争议,但被判处死刑者,确实是犯下重罪者,在执行死刑时遭受一些精神上、肉体上的痛苦,也是理所当然的。即便采用了其他的执行方法,也可能发生预见不到的情况。从近现代执行绞刑的情况来看,确实存在某些不可预见的情况,即便如此,也不能认定绞刑属于有违《日本国宪法》第36条的“残虐”之刑。

---

① 大阪地方裁判所第2刑事部平成23年10月31日判决 平成21(わ)6154号20-22頁,裁判所ウエブサイト。

最高法院在对该案的判决[①]中，对辩护方所提出的死刑执行方法有违《日本国宪法》第31、36条的主张，援引最高法院1948年、1955年的判例，重申了死刑包括其执行方法在内不违宪的立场，未予说理，直接予以驳回。

值得一提的是，2019年5月8日，在日本第208届国会第14次法委员会会议上，议员远山清彦曾就绞刑的合宪性问题，向法务省矫正局长名执雅子进行了质询[②]，认为对于绞刑是否属于宪法上的“残虐的刑罚”，依然以150年前的《太政官布告65号》为由坚持绞刑合宪的立场，是亟待重新考虑的问题。矫正局长的答辩援引了大阪法院对本案的裁判作为论据：绞刑之所以依然合宪，是法院充分考虑了当今这个时代、环境的人道立场之后的慎重判断。

---

① 最高裁判所第三小法廷2016年2月23日判决 平成25(あ)1329号，最高裁判所裁判集刑事第319号1頁。

② 衆議院「会議録」(第198回国会　法務委員会　第14号，2019年5月8日)による。

第二章　日本死刑之民意调查

观察很多国家的死刑废除历程，死刑问题往往被视为重大人权问题，死刑废除经由司法高层、政治领袖的努力推动而实现。正如有学者所言："死刑的存废、去留，并不取决于其自身无法辩明的正义性（或非正义性）以及无法证实或证伪的威慑性。它在根本上是一个受集体意识的公众认同以及政治领袖的政治意志左右的政策选择问题。"①

日本的情况却有所不同，死刑问题作为"基于国民主权原则的国内政策问题"，在"大多数国民的支持"下，"民意成为其保留死刑的正式理由"②，最高法院基于"国民情感"阐释死刑不违宪的立场，日本政府基于民意坚持保留死刑。1989年联合国大会通过《死刑废止条约》③后，面对国际社会越来越多的国家废除死刑的紧迫形势，日本政府不得不积极正面回应死刑废除问题，日本拒绝批准《死刑废止条约》的理由正是"民意的反对"，日本政府的态度是只要民意普遍反对，就不得不慎重考虑废除死刑。

2007年10月15日、2008年2月4日，众议院议员铃木宗男两度提出关于死刑制度的国际趋势、政府对死刑制度等问题的质问意见书，提出"在国际社会，比起死刑制度的存续，政府更倾向于废除死刑"，明确质询"日本政府投票反对《暂停适用死刑的决议》的理由是什么？""日本保留死刑制度的理由是什么？政府为什么认为保留死刑制度是必要的？""政府能拿出具体证据吗？""死刑对严重犯罪确

---

① 梁根林：《公众认同、政治抉择与死刑控制》，载《法学研究》2004年第4期。

② 佐藤舞「日本の世論は死刑を支持しているのか」法律時報87巻2号(2015年)63頁。

③ 中文称为《旨在废除死刑的〈公民权利和政治权利国际公约〉第二项任意议定书》，日本习惯称为《死刑废止条约》。

有威慑力吗?”对此,在日本内阁会议通过的答辩书对此进行了解释说明[①]:死刑的存废,是在充分考虑民意、实现社会正义等各种主张的基础上应予慎重讨论的问题。在多数国民支持对性质极其恶劣、情节极其严重的犯罪适用死刑的情况下,鉴于杀人、绑架等严重犯罪时有发生的实际情况,对于罪行极其严重的犯罪者,适用死刑实属不得已,废除死刑是不合适的。而且,死刑的存废,虽然有必要参考各国动向,但应该交由各国独立决定,需要根据本国的死刑民意、犯罪形势、刑事政策等情况慎重讨论后决定。基于这些理由,在第62届联合国大会上通过死刑相关决议时,日本投了反对票。虽然难以从统计上证明死刑对犯罪的威慑力,但一般认为包括死刑在内的刑罚对犯罪具有威慑力,在内阁府的民意调查中,过半数的受访者普遍认为死刑对犯罪有威慑力。而且,也很难否认死刑制度对长期维持国民规范意识的作用,我们认为死刑对抑制严重犯罪有一定的效果。

虽然日本最高法院通过判例坚持死刑不违宪的立场,日本政府以民意反对为由拒绝批准《死刑废止条约》,但在日本法学界,死刑存废之争特别激烈,经过半个多世纪的论争,形成了两种尖锐对立并颇具影响的主张。绝大多学者主张废止死刑,法学界的基本共识是:“死刑存废论,没有绝对的存废之争,只是消极的存置论和阶段的废除论之争。”[②]“即便是存置论,也不认为死刑就是妥当的刑罚,存废论的对立并非死刑的‘妥当性’之争,只不过是死刑废止的‘方法论’之争而已。”[③]双方争论不休、各说其理,呈“抬死杠”[④]之胶着状态。

总体来看,日本法学界,特别是刑事法学界,普遍赞成废除死刑,学者们呼吁立即停止执行死刑,作为死刑废止的前置。早在1993年12月,就有279名刑事法学者发出“要求废除死刑的刑事法学者的呼吁”,从刑事法专家的立场出发,多角

---

① 衆議院「衆議院議員鈴木宗男君提出死刑制度を取り巻く状況と死刑制度に対する政府の認識に関する質問に対する答弁書」(2007年10月23日,内閣衆質一六八第一一九号)、衆議院「衆議院議員鈴木宗男君提出死刑制度を取り巻く国際的趨勢と死刑制度に対する政府の認識に関する質問に対する答弁書」(2008年2月12日,内閣衆質一六九第四九号)による。

② 土本武司「死刑存置論と廃止論の接近」芝原邦爾＝西田典之＝井上正仁編『松尾浩也先生古希記念論文集』上巻(有斐閣,1998年)125頁。

③ 平川宗信「死刑存廃論の法的理論枠組みについて」現代刑事法3巻5号(2001年)15頁。

④ 高橋則夫「死刑存廃論における一つの視点」法學研究:法律・政治・社会86巻6号(2013年)14頁。

度阐释废除死刑的立场,并结集出版[①],影响颇广。大多数学者认为在代议制民主制度下,民意并不是绝对的,死刑的存废不应该由民意的动向来决定。也有学者直言:虽然以民意广泛支持为由,继续保留死刑的立场站不住脚,但也必须充分考虑不顾民意反对,强行废除死刑的负面影响,避免出台与大多数国民意识相背离的法律制度。[②]

也有学者批判日本司法界、政府将民意视为死刑制度晴雨表的做法,认为此举强化了国民对保留死刑的共识,事实上大多数普通国民对死刑问题并没有明确意见,并主张日本政府应该超越国民对死刑制度的"多数支持",需要改变通过民意调查确定国民支持死刑的惯例,应当通过民意调查确定国民对于废除死刑的"容忍限度"。[③]

一、死刑民意相关调查

1956 年以来,日本内阁府先后开展过 11 次有关死刑问题的民意调查[④]:1956 年、1967 年开展了"关于死刑问题的民意调查";1975 年将调查内容扩展为"关于犯罪和处罚等的民意调查",1980、1989 年均沿袭该调查;1994 年将调查内容进一步扩展,把死刑问题作为"关于基本法律制度的民意调查"的核心部分,并形成了每隔五年开展调查的惯例。

关于死刑制度相关民意调查的目的和运行,主管当局有过解释[⑤]:调查目的在于"为了长期持续地掌握有关死刑制度的国民意识动向的变化"。基于保障调查中立性的考虑,在内阁府的民意调查结束前,对于调查相关信息如实施计划、实施时间等均不予公开。自 2014 年开始,在法务大臣的指令下,成立了"死刑制度民

---

① 佐伯千仞 = 団藤重光 = 平場安治『死刑廃止を求める』(日本評論社,1994 年)。

② 加茂直樹「死刑制度と国家」京都教育大學紀要 A 人文・社会 92 号(1998 年)56 頁。

③ 佐藤舞「日本の世論は死刑を支持しているのか」法律時報 87 巻 2 号(2015 年)71 頁。

④ 内閣府「世論調査(全調査)」,https://survey.gov-online.go.jp/index-all.html,2021-11-28 閲覧。

⑤ 针对远山清彦议员对死刑制度民意调查的目的、下一次民意调查的安排之提问,法务省刑事局长小山太士的回答。衆議院「会議録」(第 198 回国会 法務委員会 第 16 号,2019 年 5 月 15 日)による。

意调查检讨会"①，作为民调智囊，分析前次调查问卷设计的妥当性，讨论新问题的增加等，对死刑制度民意调查，从专业的角度提出进一步的完善意见。

（一）内阁府"关于死刑问题的民意调查"（1956—1967 年）

1. 1956 年的民意调查

1956 年 4 月 30 日至 5 月 6 日，为确定国民对死刑问题的意见及根据，日本社团法人"中央调查社"启动了首轮"关于死刑问题的民意调查"②。调查主要围绕关于死刑问题的知识、对死刑问题的态度、对死刑废除论的意见、与死刑态度相关的问题等展开。调查方法为个人面访法，面向年满 20 周岁的成年人，运用分层多阶段无作为抽样法，发放问卷 3000 份，最终收回有效问卷 2536 份，有效回收率为 84.5%。464 份问卷因到访不遇（215）、迁居（95）、生病（45）、住所不明（37）、拒绝接受调查（30）、精神缺陷（17）、聋哑（7）、其他原因（18）等未能有效回收。调查结果摘要详见本书第 56 页所附表 27。

2. 1967 年的民意调查

1967 年 6 月 22 日至 26 日，为调查有关死刑的基本态度，作为修改刑法的参考资料，日本社团法人"中央调查社"再次实施"关于死刑的民意调查"③。调查主要围绕对死刑的态度、对废除死刑的意见、死刑的替代刑、对死刑程序的意见等展开。调查方法为调查员面访法，面向年满 20 周岁的成年人，运用分层二阶段无作为抽样法，发放问卷 3000 份，最终收回有效问卷 2500 份，有效回收率为 83.3%。500 份问卷因到访不遇（245）、迁居（116）、住所不明（43）、拒绝接受调查（72）、其他（24）等未能有效回收。调查结果摘要详见本书第 59 页所附表 28。

---

① 据网络可见资料，"死刑制度民意调查检讨会"由相关学科教授、法务省刑事局职员、内阁府观察员组成。2014 年、2019 年两次入会的学科教授相同，共四人：统计数理研究所数据科学系教授吉野谅三、东洋英和女学院大学名誉教授林文、早稻田大学政治经济学术院教授谷藤悦史、埼玉大学社会调查研究中心副教授松田映二。

② 内閣府「死刑問題に関する世論調査（昭和 31 年 4 月）」による，https://survey.gov-online.go.jp/s31/S31-04-31-01.html，2022-02-27 閲覧。

③ 内閣府「死刑に関する世論調査（昭和 42 年 6 月）」による，https://survey.gov-online.go.jp/s42/S42-06-42-04.html，2022-02-27 閲覧。

（二）内阁府“关于犯罪和处罚等的民意调查”（1975—1989年）

1. 1975年的民意调查

1975年5月21日至30日，为调查与国民日常生活密切相关的犯罪、精神障碍者的犯罪，以及被害者补偿等相关民意，作为法务行政的参考资料，内阁府委托日本社团法人“新情报中心”实施“关于犯罪和处罚等的民意调查”①。调查围绕量刑、死刑废止、被害者补偿等8项主题展开。调查方法为调查员面访法，面向年满20周岁的成年人，运用分层二阶段无作为抽样法，发放问卷10000份，最终收回有效问卷7980份，有效回收率为79.8%。2020份问卷因到访不遇（1151）、迁居（186）、住所不明（150）、拒绝接受调查（435）、其他（98）等未能有效回收。死刑相关主题调查结果摘要详见本书第65页所附表29。

2. 1980年的民意调查

1980年6月12日至18日，为掌握对于死刑、性问题、兴奋剂等的民意，日本内阁府实施了“关于犯罪和处罚等的民意调查”②。调查围绕死刑制度、性问题、兴奋剂等3项主题展开，面向年满20周岁的成年人，运用分层二阶段无作为抽样法，发放问卷3000份，最终收回有效问卷2434份，有效回收率为81.1%。566份问卷因到访不遇（298）、迁居（55）、住所不明（25）、拒绝接受调查（149）、其他（39）等未能有效回收。死刑相关主题调查结果摘要详见本书第66页所附表30。

3. 1989年的民意调查

1989年6月22日至7月2日，为调查关于死刑制度及刑法上尊属加重规定的民意，为刑法修正等工作提供参考，日本内阁府实施了“关于犯罪和处罚等的民意调查”③。调查围绕尊属加重规定、死刑制度展开，面向年满20周岁的成年人，运用分层二阶段无作为抽样法，发放问卷3000份，最终收回有效问卷2293份，有效回收率为76.4%。707份问卷因到访不遇（316）、迁居（53）、住所不明（14）、拒

---

① 内閣府「犯罪と処罰等に関する世論調査（昭和50年5月）」による，https://survey.gov-online.go.jp/s50/S50-05-50-03.html，2022-02-27閲覧。

② 内閣府「犯罪と処罰等（死刑制度・性の表現・覚せい剤）に関する世論調査（昭和55年6月）」による，https://survey.gov-online.go.jp/s55/S55-06-55-05.html，2022-02-27閲覧。

③ 内閣府「犯罪と処罰に関する世論調査（平成元年6月）」による，https://survey.gov-online.go.jp/h01/H01-06-01-06.html，2022-02-27閲覧。

绝接受调查(290)、其他(34)等未能有效回收。死刑相关主题调查结果摘要详见本书第68页所附表31。

(三)内阁府“关于基本法律制度的民意调查”(1994—2019年)

1. 1994年的民意调查

1994年9月1日至11日,为调查关于死刑制度存废、自由刑和罚金刑改革、夫妇别姓、过错方离婚、非婚生子女继承份额等问题的民意,作为今后政策的参考,日本内阁府实施了“关于基本法律制度的民意调查”①。调查围绕死刑制度存废、自由刑改革、夫妇别姓等6项主题展开,面向年满20周岁的成年人,运用分层二阶段无作为抽样法,发放问卷3000份,最终收回有效问卷2113份,有效回收率为70.4%。887份问卷因到访不遇(422)、迁居(79)、住所不明(23)、拒绝接受调查(324)、其他(39)等未能有效回收。死刑相关主题调查结果摘要详见本书第70页所附表32。

2. 1999年的民意调查

1999年9月2日至12日,为调查关于死刑制度存废、自由刑和罚金刑改革、尊重侦查和审判权等问题的民意,作为刑事司法改革的参考,日本内阁府实施了“关于基本法律制度的民意调查”②。调查围绕死刑制度存废、自由刑改革等6项主题展开,面向年满20周岁的成年人,运用分层二阶段无作为抽样法,发放问卷5000份,最终收回有效问卷3600份,有效回收率为72.0%。1400份问卷因到访不遇(616)、迁居(126)、住所不明(21)、拒绝接受调查(598)、其他(39)等未能有效回收。死刑相关主题调查结果摘要详见本书第72页所附表33。

3. 2004年的民意调查

2004年12月9日至19日,为调查死刑制度存废、犯罪处罚方面的民意,作为刑事司法改革的参考,日本内阁府委托日本社团法人“新情报中心”实施了“关于

---

① 内閣府「基本的法制度に関する世論調査(平成6年9月)」による,https://survey.gov-online.go.jp/h06/H06-09-06-04.html,2022-02-27閲覧。

② 内閣府「基本的法制度に関する世論調査(平成11年9月)」による,https://survey.gov-online.go.jp/h11/houseido/index.html,2022-02-27閲覧。

基本法律制度的民意调查”①。调查围绕法院参观和旁听、死刑制度存废、自由刑改革等6项主题展开，调查方法为调查员面访法，面向年满20周岁的成年人，运用分层二阶段无作为抽样法，发放问卷3000份，最终收回有效问卷2048份，有效回收率为68.3%。952份问卷因到访不遇(445)、迁居(53)、住所不明(20)、拒绝接受调查(409)、其他(25)等未能有效回收。死刑相关主题调查结果摘要详见本书第74页所附表34。

4. 2009年的民意调查

2009年11月26日至12月6日，为调查关于死刑制度存废、公诉时效制度等问题的民意，作为刑事司法改革的参考，日本内阁府委托日本社团法人“中央调查社”实施了“关于基本法律制度的民意调查”②。调查围绕死刑制度存废、公诉时效制度改革等4项主题展开，面向年满20周岁的成年人，运用分层二阶段无作为抽样法，发放问卷3000份，最终收回有效问卷1994份，有效回收率为66.5%。1056份问卷因到访不遇(464)、迁居(96)、住所不明(34)、拒绝接受调查(380)、其他(82)等未能有效回收。死刑相关主题调查结果摘要详见本书第75页所附表35。

5. 2014年的民意调查

2014年11月13日至23日，为调查关于基本法律制度的民意，日本内阁府委托日本社团法人“中央调查社”实施了“关于基本法律制度的民意调查”③。调查围绕基本法律制度、死刑制度存废、更生保护等主题展开，面向年满20周岁的成年人，运用分层二阶段无作为抽样法，发放问卷3000份，最终收回有效问卷1826份，有效回收率为60.9%。1174份问卷因到访不遇(519)、迁居(114)、住所不明(27)、拒绝接受调查(455)、其他(59)等未能有效回收。死刑相关主题调查结果摘要详见本书第78页所附表36。

---

① 内閣府「基本的法制度に関する世論調查(平成16年12月)」による，https://survey.gov-online.go.jp/h16/h16-houseido/index.html，2022-02-27閲覧。

② 内閣府「基本的法制度に関する世論調查(平成21年12月)」による，https://survey.gov-online.go.jp/h21/h21-houseido/index.html，2022-02-27閲覧。

③ 内閣府「基本的法制度に関する世論調查(平成26年11月)」による，https://survey.gov-online.go.jp/h26/h26-houseido/index.html，2022-02-27閲覧。

6. 2019 年的民意调查

2019 年 11 月 7 日至 17 日，为调查关于基本法律制度的民意，日本内阁府委托日本社团法人“中央调查社”实施了“关于基本法律制度的民意调查”①。调查围绕死刑制度存废、难民认定、永驻权等主题展开，面向年满 18 周岁的成年人，运用分层二阶段无作为抽样法，发放问卷 3000 份，最终收回有效问卷 1572 份，有效回收率为 52.4%。1428 份问卷因到访不遇(618)、迁居(115)、住所不明(27)、拒绝接受调查(520)、受灾(59)、其他(89)等未能有效回收。死刑相关主题调查结果摘要详见本书第 79 页所附表 37。

考察过往的 11 次死刑相关民调结果也可发现，日本民众的拒访率②(见图 2)也呈不断走高趋势，从 1956 年到 2019 年的历次民调，拒访率大体保持着稳步上升的趋势，从 1% 上升到了 17.3%。

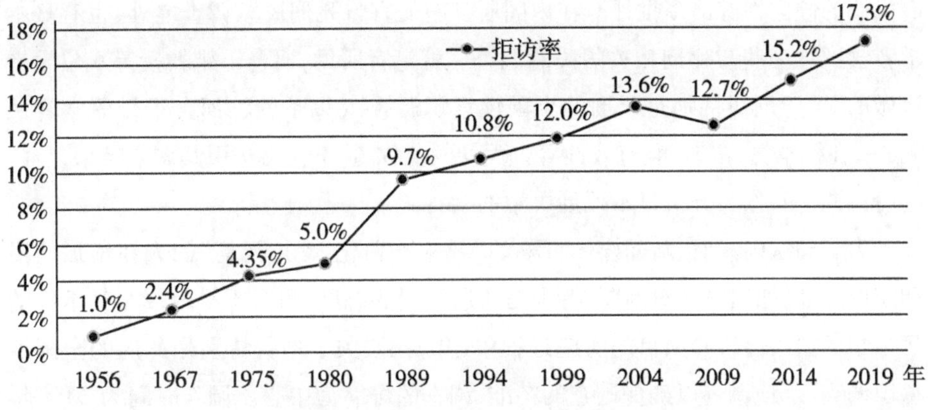

图 2　内阁府 11 次民调的拒访率

根据社会学学者的观点，拒访率高的一般原因主要有③：一是调查对象对社会调查的作用和功能持怀疑态度，导致受访者对调查持消极态度；二是重复调查导

---

① 内閣府「基本的法制度に関する世論調査(令和元年 11 月)」による，https://survey.gov-online.go.jp/r01/r01-houseido/1.html，2022-02-27 閲覧。本次调查首次面向年满 18 周岁的人群开展，内阁府在公布“18 岁以上”人群的调查结果的同时，还特别公布了“20 岁以上”人群的统计结果，除非特别说明，本书均采用“18 岁以上”系列数据。

② 拒访率计算方法为：明确拒绝调查的人数 ÷ 问卷总数 × 100%。

③ 江立华、谷玉良：《试论问卷调查中高拒访率与调查员积极性问题》，载《统计与信息论坛》2013 年第 4 期。

致调查对象表现出认知疲劳。内阁府运用分层二阶段无作为抽样法在全国抽选受访者进行调查,同一受访者被重复调查的可能性微乎其微,不足以解释如此高的拒访率。“二战”以来以良好的政府质效著称的日本,政治信任的结构发生了显著的世代更替,尤其是20世纪90年代以来,日本政府的信任危机越发严峻,日本公众政治信任下降。① 在此背景下,民众政治疏离感的增强,导致对政府的不信任感加剧,进而产生对民调的作用和功能的不信任,这或许可以解释拒访率一路走高的原因。

(四)日本学者所做的民意调查

在死刑存废立场上,日本官方和学界存在重大分野。官方始终坚持保留死刑的立场,法学界则一直在追求废除死刑,致力于推动日本死刑的尽快废除,对内阁府民调的倾向性有诸多批评。在内阁府实施的官方死刑民意调查之外,也有日本学者尝试过一些与死刑相关的民意调查。就笔者所见,河合干雄教授等6位学者所做的“关于刑罚特别是死刑的全国性意识调查”(以下简称河合干雄等学者民调)②,在样本量、覆盖面、有效性等方面均颇值称道,下文将援引其调查结果,与内阁府民调一并作为分析日本死刑民意的素材。

为了确认内阁府、新闻媒体宣称的“要求严罚化、支持死刑”的人在增加的民调结论,准确把握民众对刑罚,特别是死刑制度的态度,河合干雄教授在其承担的日本学术振兴会科研项目的实施过程中,开展了“关于刑罚特别是死刑的全国性意识调查”。该调查以确保调查的精准、调查的可靠为中心。调查时间为2014年3月至4月,运用分层二阶段无作为抽样法,从“居民基本台账”中抽选年满20周岁的成年人共计2500人,发放问卷2500份,最终收回有效问卷1461份,有效回收率为58.4%。调查方法为邮寄、留置问卷法,随信附上了500日元(约人民币30元)的“谢礼”。问卷覆盖了包括大中小城市和市町村的全国166个地点,基本平均覆盖了30—80岁人群的各年龄段,20—30岁人群、80岁以上人群样本数偏少

① 陈鹏、臧雷振:《日本公众政治信任的变迁及其成因探析——基于1981—2011年调查数据的实证研究》,载《日本学刊》2016年第3期。

② 河合幹雄＝葛野尋之＝木下麻奈子＝平山真理＝久保秀夫＝木村正人「刑罰とりわけ死刑に関する全国意識調査基本報告書:2014年3月調査」桐蔭法学22巻1号(2015年)1-65頁。以下「河合等調査」と略称する。

(占比均为6.8%),60—70岁人群样本数占比最高(22.1%)。提供有效问卷的受访者中男性709人,占比48.5%,女性752人,占比51.5%,接近2012年日本总务厅公布的各年龄段人口性别比(男性48.1%、女性51.9%)。该调查充分考虑了社会阶层、学历、职业、地域、城乡等因素,做到了全面、有效覆盖。

二、"死刑存废"的民调分析

日本民众对可能判处死刑的严重暴力犯罪更为关注,内阁府曾在1999年、2004年民调中设置相关问题,对于"你最关注的刑事案件"的多项选择中,与其他犯罪相比[①],"杀人、抢劫杀人、抢劫等暴力犯罪"占比分别高达85.5%、82.7%,"暴力、伤害、威胁等粗暴型犯罪"占比也分别达到46%、44.1%。

死刑受社会文化因素支配,日本有其独特的"杀"文化,死刑犯事实上两度被"杀"。文化上"犯罪者恶魔化表达"是"社会性"之"杀",绞首是"物理性"之"杀"[②]。犯罪新闻报道是日本新闻媒体中最常见、最吸引受众眼球的内容之一,重大刑案发生后的跟踪式报道、娱乐化报道备受民众欢迎,[③]还有在日本广为流行的以"谋杀"为基本布局的罪案文学、影视作品,都是这种"杀"文化的具体体现,都会对民众的死刑观产生一定的引导、塑造作用。这种影响体现在死刑民意调查中,就是使支持保留死刑成为大多数国民的选择。

(一)关于死刑存废选择

对于死刑制度是废除还是保留的选择,民调显示:日本民众对保留死刑制度的支持率一直居高不下,反对废止死刑的比例总体呈不断上升的趋势。1989年之前,民众反对废止死刑的比例一般在60%上下浮动,1989年后一路上扬,2009年达到了85.6%的最高支持率,之后虽有所回调,但近十年来基本稳定在80%左右(详见表5)。

---

① 如1999年、2004年"盗窃、诈骗等财产犯罪"分别为33.2%、52.0%,"强奸、强制猥亵等性犯罪"分别为21.8%、31.2%,"毒品犯罪"分别为30.7%、14.4%。

② 坂上香「ふたつの「死刑」制度——日米の「殺す」文化を考え直す」世界2008年9月号176-177頁。

③ 韩景芳:《日本犯罪新闻报道的特点及其不良影响》,载《当代传播》2012年第5期。

表5　内阁府民调中的死刑存废态度(1956—2019年)

调查时间	保留死刑	废止死刑	不知道/不可一概而论
1956年	65.0%	18.0%	17.0%
1967年	70.5%	16.0%	13.5%
1975年	56.9%	20.7%	22.5%
1980年	62.3%	14.3%	23.4%
1989年	66.5%	15.7%	17.8%
1994年	73.8%	13.6%	12.6%
1999年	79.3%	8.8%	11.9%
2004年	81.4%	6.0%	12.5%
2009年	85.6%	5.7%	8.6%
2014年	80.3%	9.7%	9.9%
2019年	80.8%	9.0%	10.2%

需要说明的是,自1994年开始,内阁府有关死刑的民意调查中,对于死刑存废的表达有所调整(见表6),将赞成"任何情况下都废除死刑"改为"任何情况下都应当废除死刑",将反对"任何情况下都废除死刑"改为"有时候死刑也是不得已的"。自2014年开始,调查对死刑存废的表达再度发生调整,将"任何情况下都应当废除死刑"改为"死刑应当废除",将"有时候死刑也是不得已的"改为"死刑也是不得已的",删除了前面的定语"有时候",表达上更接近1994年前。这种表达上的调整或许对受访者的表态产生了一定影响,可以解释1994年后支持保留死刑的比例明显上升,2014年后支持保留死刑的比例有所回调的原因。这种表达上的调整背后或许有日本政府的某种态度,正如日本学者所言,政府存在引导民意支持死刑的倾向①。

表6　内阁府民调对"死刑存废"的表达变化

	1956—1989年	1994—1999年	2014—2019年
保留死刑	反对"任何情况下都废除死刑"	有时候死刑也是不得已的	死刑也是不得已的
废除死刑	赞成"任何情况下都废除死刑"	任何情况下都应当废除死刑	死刑应当废除

① 佐藤舞「日本の世論は死刑を支持しているのか」法律時報87卷2号(2015年)71頁。

内阁府民调中对于死刑存废选择的问题设计，也广受日本学者批评。很多日本学者认为①：内阁府的选项设计，存在着容易得出比实际情况更支持死刑制度之结论的缺陷，尤其是1994年后，对于支持保留死刑制度的意见，使用了“有时候”“也是不得已”等相对中性、易被人接受的表达，而对于支持废除死刑的意见，使用了“任何情况下”“应当”等要求极为严格、不易被人接受的表达。

日本律师协会曾对内阁府民调中死刑存废选择的选项设计提出完善建议②，认为现有的选项设计，要么保留死刑、要么废除死刑，不能准确反映国民的意见。建议修改为五项，即“死刑应当废除”“比较来说，死刑应当废除”“不知道怎么说”“比较来说，死刑应当保留”“死刑应当保留”。

河合干雄等学者民调第34题设计了关于死刑存废的调查③，结果见表7，“你赞成还是反对死刑制度的存在？”的选项设计和日本律师协会的提议一致。调查结果中，支持保留死刑的占比为69.4%，支持废除死刑的占比为10.4%，不表态的占比为20.2%。

表7　河合干雄等学者对死刑存废的调查结果

问34：你赞成还是反对死刑制度的存在？（N=1826）	赞成	比较来说，赞成	不知道	比较来说，反对	反对
	37.2%	32.2%	20.2%	7.3%	3.1%

与内阁府2014年民调结果（保留死刑80.3%、废除死刑9.7%、不表态9.9%）相比，支持保留死刑的比例低了约10个百分点。调研报告及相关研究给出的可能原因有二④：一是调查当时，日本媒体正广泛报道死刑冤案问题，问卷发出次日，袴田案⑤被裁定启动再审，死刑囚袴田严出狱候审；二是内阁府民调的选项设计更容易获得赞成意见。

---

① 木村正人「無知にもとづく懲罰意識？——死刑をめぐる知識と世論」高千穂論叢50巻2号(2015年)30頁。

② 日本弁護士連合会「死刑制度に関する政府世論調査に対する意見書」(2013年11月22日、2018年6月14日)による，日本弁護士連合会ウエブサイト。

③ 「河合等調査」桐蔭法学22巻1号(2015年)50－51頁。

④ 「河合等調査」桐蔭法学22巻1号(2015年)51頁，木村正人「無知にもとづく懲罰意識？—死刑をめぐる知識と世論」高千穂論叢50巻2号(2015年)29－30頁。

⑤ 有关袴田案及再审情况，请参见本书第五章中的阐述。

河合干雄等学者民调第34SQ4、34SQ7、43题设计了三个假设性问题[①](见表8、表9):假设死刑对严重犯罪没有威慑力的情况下的死刑存废(面向死刑保留群体),假设死刑对严重犯罪有威慑力的情况下的死刑存废(面向死刑废除群体),以及假设10%的死刑囚确属无罪的情况下的应对方案。在假设死刑对严重犯罪没有威慑力的情况下,支持保留死刑群体的态度基本没有变化,支持保留死刑者依然高达65%,支持死刑废除的比例(从0%)增加到了14.1%;在假设死刑对严重犯罪有威慑力的情况下,支持废除死刑群体中,态度发生变化(不应废除、不知道)者达到61.2%,支持死刑废除的比例(从100%)降至38.7%。在假设死刑案件冤罪率达10%的情况下,70.3%的受访者支持停止执行死刑。

表8 河合干雄等学者对死刑威慑力与死刑存废关联的调查结果

问34SQ4:假设"废除死刑,严重犯罪不会增加",你认为死刑制度应当废除吗?			
支持保留死刑群体(N=993)	应当废除	不应废除	不知道
	14.1%	65.0%	20.9%
问34SQ7:假设"废除死刑,严重犯罪会增加",你认为死刑制度应当废除吗?			
支持废除死刑群体(N=142)	应当废除	不应废除	不知道
	38.7%	21.8%	39.4%

表9 河合干雄等学者对死刑误判与死刑存废关联的调查结果

问43:假设10%的死刑囚无罪,应否停止执行死刑?(N=1449)	应当停止	不应停止	不知道
	70.3%	6.1%	23.7%

如果考虑到历次民调中都有10%左右、平均15.4%的不表态率,明确表态的受访者中,支持保留死刑的民众占比要比调查结果更高。笔者排除不表态率,对支持率、反对率重新计算[②],所得结果见图3,或更能反映出日本民众对死刑存废的态度。

---

① 「河合等調査」桐蔭法学22卷1号(2015年)53-55、64頁。

② 排除不表态者的计算方法为:支持率/反对率÷(支持率+反对率)×100%。

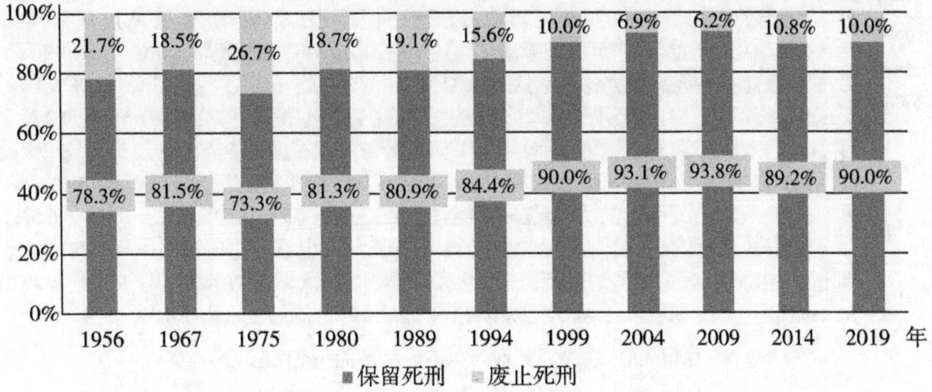

图3　内阁府民调中的死刑存废态度(排除不表态者)

自1999年起,内阁府开始在"调查结果概要"部分公布调查所得的所有数据,据此可以观察受访者性别、年龄、居住城市规模①、职业等因素对调查结果的影响。

在对死刑制度的存废选择上,受访者居住城市规模、受访者年龄对死刑存废的选择影响不明显,相对来说,中小城市的居民更倾向于选择保留死刑,中青年人群更倾向于支持废止死刑。

受访者性别因素对于死刑存废选择有较明显影响(见图4),男性表态更积极、更坚决,男性选择"不知道/不可一概而论"的比例,明显低于女性;更多男性选择"保留死刑",历次民调中,该比例都明显高于女性。河合干雄等学者民调中,在死刑存废选择上,也体现出了明显的性别差异②:74.9%的男性支持保留死刑,而女性为64.2%;支持废除死刑方面,男性为9.5%,女性为11.3%。

---

①　大城市:指东京和政令指定市(人口100万左右);中等城市:人口10万以上;小城市:人口10万以下。

②　木村正人「無知にもとづく懲罰意識? —死刑をめぐる知識と世論」高千穂論叢50卷2号(2015年)32頁。

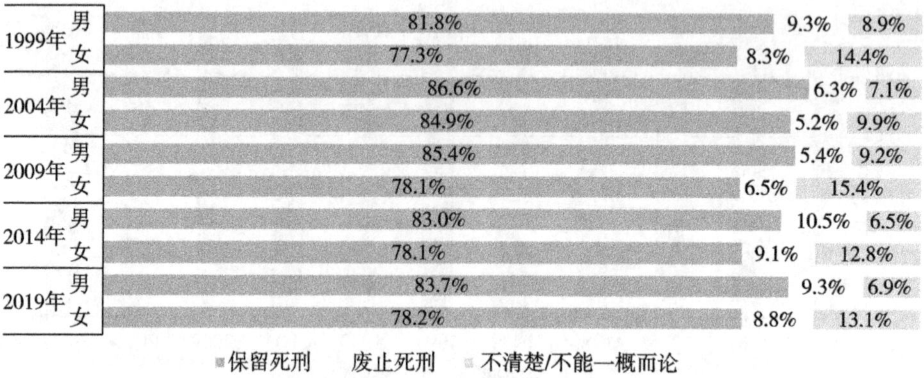

图 4 内阁府民调中受访者性别与死刑存废选择(1999—2019 年)

观察历次民调中的受访者的性别分布情况(见表 10)可知,女性受访者占比在历次民调中均高于男性,平均高出 8.2 个百分点。再结合前述男性对于支持保留死刑更为积极的实际情况,可以推断:日本民众对保留死刑的支持率或比民调所见结果更高,日本死刑废止的民意压力或比调查所见更大。

表 10 内阁府历次民调中的受访者性别分布

	1956 年	1967 年	1975 年	1980 年	1989 年	1994 年	1999 年	2004 年	2009 年	2014 年	2019 年
男性	48.0%	46.6%	44.9%	45.2%	45.5%	44.6%	45.1%	46.1%	45.0%	45.7%	46.9%
女性	52.0%	53.4%	55.1%	54.8%	54.5%	55.4%	54.9%	53.9%	55.0%	54.3%	53.1%

此外,死刑废除国际动向,即世界上越来越多的国家废除死刑的国际潮流,是日本法学界学者和政界议员推动废除死刑的论据之一。内阁府民调一直未涉及这个问题,河合干雄等学者民调专门设计了第 36 题(见表 11)①,以观察民众对世界死刑动向的了解程度。与学界、政界高度关注死刑的世界动向相比,68.1% 的民众“不知道”世界死刑动向,只有极少数(5.7%)民众了解世界死刑的实际动向,绝大多数(超九成)民众事实上对世界死刑动向不了解,世界死刑动向并未成为影响民众死刑存废选择的一个因素。

① 「河合等調査」桐蔭法学 22 巻 1 号(2015 年)56 – 57 頁。

表 11　河合干雄等学者对民众了解世界死刑动向的调查结果

问 36：对近十年间世界死刑制度，你认为是怎么样的？（N＝1444）	
除了少数国家，死刑被废除了	9.3%
以欧洲各国为中心，约 2/3 的国家废除了死刑	5.7%
以欧洲各国为中心，约一半的国家废除了死刑	4.2%
以欧洲各国为中心，约 1/3 的国家废除了死刑	3.9%
废除死刑的国家，仍然是少数	8.7%
不知道	68.1%

（二）关于死刑的威慑力

对于死刑对严重犯罪是否存在威慑力，即废除死刑后严重犯罪是否会增加，内阁府自 1967 年开始在民调中设置了该问题[①]，选项包括“会增加”“不会增加”“不知道”，三个选项择一回答。

观察历次民调结果（见表 12）可知，认为死刑对严重犯罪有威慑力的占比一直在 57% 上下波动；认为死刑对严重犯罪没有威慑力的占比存在较大波动，呈现出大幅下降、触底后小幅回调、近 20 年相对稳定的趋势，整体不到 15%；因为本题的主观性较高，受访者作为个人很难判断，与民调中其他问题相比较，本题的不表态率极高，有 30% 左右。

表 12　内阁府民调中对死刑威慑力的态度（1967—2019 年）

	1967 年	1980 年	1989 年	1994 年	1999 年	2004 年	2009 年	2014 年	2019 年
会增加	52.4%	56.3%	52.3%	54.4%	60.3%	62.3%	57.7%	58.6%	58.3%
不会增加	30.6%	19.6%	12.0%	8.4%	6.0%	9.6%	14.3%	13.5%	13.7%
不知道/不能一概而论	17.0%	24.1%	35.7%	37.2%	33.7%	28.0%	28.0%	28.0%	27.9%

梳理内阁府 1999 年以来公布的调查数据可见：从受访者性别来看，因为女性的不表态率相对男性更高，整体而言，承认威慑力、不承认威慑力两种态度中，男

① 1956 年、1975 年民调未设置该问题。

性的占比都更高,这应该与日本女性相对保守、不轻易表态的习惯有关。受访者居住城市规模,除个别年份(2004 年)外,在结果上看不到明显影响。从受访者年龄来看,40 岁以上人群更倾向于相信死刑的威慑力,而且随着年龄段的上升而递增;青年人群更倾向于否定死刑的威慑力,总体上年龄段越小,占比越高。

河合干雄等学者民调第 34SQ3、34SQ6 题①为死刑威慑力的问题,选项设计与内阁府民调一致,针对支持保留死刑、废除死刑的受访者分别调查,结果见表 13、表 14。支持保留死刑的受访者中,认可死刑对严重犯罪有威慑力的占比为 67.5%,不认可死刑威慑力的占比为 8.9%,不表态的占比为 23.7%;支持废除死刑的受访者中,认可死刑对严重犯罪有威慑力的占比仅为 11.0%,不认可死刑威慑力的占比为 37.7%,不表态的占比为 51.4%。

表 13　河合干雄等学者对(死刑保留论者)死刑威慑力的调查结果

问 34SQ3:如果废除了死刑,你认为严重犯罪会比现在增加吗?(N = 1002)	会增加	不会增加	不知道
	67.5%	8.9%	23.7%

表 14　河合干雄等学者对(死刑废除论者)死刑威慑力的调查结果

问 34SQ6:如果废除了死刑,你认为严重犯罪会比现在增加吗?(N = 146)	会增加	不会增加	不知道
	11.0%	37.7%	51.4%

值得一提的是,有关死刑威慑力的话题,也是日本国会议员经常质询的问题,2019 年 5 月 15 日,在日本第 198 届国会第 16 次法委员会会议上,议员远山清彦围绕 2014 年的内阁府民调,就死刑威慑力问题向法务大臣山下贵司专题质询,"虽然民意广泛认为死刑具有威慑力,但学术性的、专业性的研究基本否定了死刑的威慑力";2022 年 3 月 1 日,在日本第 208 届国会第 2 次法委员会会议上,议员镰田小百合②也向法务大臣古川祯久质询了死刑威慑力的问题。山下贵司、古川祯久两任法务大臣的回应基本相同③:虽然无法用科学、统计的方法证明死刑的威

① 「河合等調査」桐蔭法学 22 巻 1 号(2015 年)52 - 54 頁。

② 镰田议员的日文名为"鎌田さゆり",笔者按日本人名的翻译惯例译为"镰田小百合",不一定准确。

③ 衆議院「会議録」(第 198 回国会　法務委員会　第 16 号,2019 年 5 月 15 日)、衆議院「会議録」(第 208 回国会　法務委員会　第 2 号,2022 年 3 月 1 日)による。

慑力，但迄今为止的内阁府民意调查中，过半数受访者都认可死刑的威慑力，社会意识普遍认可死刑对犯罪的威慑力，这本身就是死刑威慑力的表现。

（三）终身监禁与死刑存废

2014 年开始，内阁府在民调中增加有关“终身监禁”替代死刑的调查，向受访者解释不予假释的“终身监禁”制度，假设日本设立这种终身监禁制度的情况下，受访者对于死刑存废的态度出现明显变化（见图 5）。在引入终身监禁刑的情况下，主张保留死刑的占比从 80% 以上降到 51% 左右。换个角度来说，即便是引入了终身监禁刑，日本民众对死刑的支持率依然超过 51%，足见死刑在日本具有广泛的民意基础。

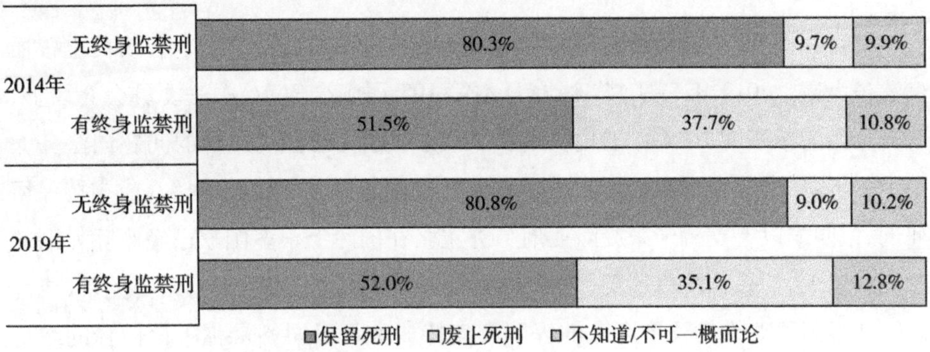

图 5　内阁府民调中引入终身监禁刑对死刑存废态度的影响

梳理内阁府公布的 2014 年、2019 年的调查数据可见：在引入终身监禁刑的情况下，受访者性别对结果存在较明显的影响，女性更倾向于支持废除死刑，男性更倾向于支持保留死刑。从受访者年龄段来看，70 岁以上人群对于废除死刑的态度最消极，支持废除死刑的占比分别为 29.6%（2014 年）、28%（2019 年），支持保留死刑的占比分别为 53.1%（2014 年）、51.9%（2019 年）；在其他年龄段人群中未发现年龄对调查结果有明显影响。受访者居住城市规模对调查结果无明显影响。

河合干雄等学者民调第 37、38 题①为引入终身监禁制度后的死刑存废问题，选项设计与内阁府民调一致，调查结果见表 15、表 16。近六成的受访者赞成引入

① 「河合等調查」桐蔭法学 22 巻 1 号（2015 年）57－58 頁。

不得假释的终身监禁刑罚制度，假设引入终身监禁刑罚制度的情况下，死刑的支持率明显下降，从69.4%降至38.5%，不支持死刑的比例大幅上升，从10.4%上升至26.4%。

表15 河合干雄等学者对引入终身监禁制度的调查结果

问37：你赞成引入不得假释的终身监禁制度吗？（N=1450）	赞成	比较来说，赞成	不知道	比较来说，反对	反对
	30.7%	28.9%	25.6%	9.0%	5.8%

表16 河合干雄等学者对终身监禁替代死刑的调查结果

问38：假设引入不得假释的终身监禁制度，你是否支持死刑？（N=1449）	支持	不知道	不支持
	38.5%	35.1%	26.4%

值得一提的是，有关终身监禁作为死刑替代刑的问题，日本国会议员也曾质询法务大臣。2019年5月15日，在日本第198届国会第16次法委员会会议上，议员远山清彦围绕2014年的内阁府民调，就终身监禁替代死刑的问题向法务大臣山下贵司、法务省刑事局局长小山太士进行质询，“虽然民调中超八成支持保留死刑，但四成以上支持未来废除死刑”，并主张在国际上很多国家已经废除死刑的时代背景下，如果日本借鉴英国废除死刑的经验，引入不得假释的终身监禁，或许能够获得国民对推动死刑废除的理解和支持。山下贵司答辩称不得假释的终身监禁存在诸多问题，还需广泛讨论。小山太士具体指出了终身监禁的主要问题：没有回归社会希望的终身监禁，是让服刑者抱有绝望感的残酷刑罚，长期的监禁会破坏服刑者的人格，也会导致服刑者自暴自弃，甚至会赌上性命逃跑、自杀，会让监狱的秩序非常难以维持。①

三、“废除死刑”的民调分析

日本内阁府在民调中，对赞成废除死刑的受访者设置了两个子问题，以进一步了解其支持废除死刑的理由、属意的死刑废除方式。笔者立足于内阁府公布的民调结果及相关数据，结合河合干雄等学者民调结果，试作如下分析。

---

① 衆議院「会議録」（第198回国会　法務委員会　第16号，2019年5月15日）による。

(一)关于废除死刑的理由

关于支持废除死刑的理由,内阁府民调自1956年开始设置了该问题[①],选项包括:杀人即使作为刑罚也是有违人道和野蛮的(以下简称死刑有违人道),即使是国家也不被允许杀人(1994年新增,以下简称国家无权杀人),死刑错判无法挽回(以下简称死刑错判难纠),即使犯下重罪者也有改造可能(以下简称也有改造可能),严重犯罪不会因废除死刑而增加(以下简称犯罪不会增加),让(犯罪者)活着赎罪比较好(以下简称活着赎罪更好),其他,不知道。

观察1980年以来民调结果显示的支持废除死刑的理由(见表17)可知:支持"死刑错判难纠""国家无权杀人""活着赎罪更好"的比例整体呈上升趋势;支持"也有改造可能"的比例虽有波动,但总体比较稳定;支持"犯罪不会增加"的比例保持了比较稳定的小幅上升趋势,这或许与1999年民调删除了选项中的补充说明性文字("犯罪也不会因有死刑而消失")有关;支持"死刑有违人道"的比例整体呈下降趋势,这或许与1999年删除了选项中的补充说明性文字("人无杀人的权利,即使是凶犯也不忍杀之")有关。

表17　内阁府民调中支持废除死刑的理由(1980—2019年)

	1980年	1989年	1994年	1999年	2004年	2009年	2014年	2019年
死刑有违人道	43.4%	43.3%	41.5%	35.1%	28.5%	30.6%	31.5%	31.7%
国家无权杀人	无选项	无选项	33.4%	44.3%	35%	42.3%	38.8%	31%
死刑错判难纠	11.5%	45.8%	35.2%	37.3%	39%	43.2%	46.6%	50.7%
也有改造可能	20.1%	34.2%	25.8%	33.2%	25.2%	18.9%	28.7%	28.2%
犯罪不会增加	8.9%	27.5%	19.9%	27.2%	31.7%	29.7%	29.2%	32.4%
活着赎罪更好	26.4%	32.5%	33.8%	38.9%	50.4%	55.9%	41.6%	42.3%
其他	4.6%	0.6%	0.0%	0.6%	1.6%	0.9%	2.8%	2.1%
不知道	4.0%	1.1%	0.7%	0.3%	0	0	2.2%	2.1%

受访者性别、居住城市等因素,虽然在个别年份对调查结果存在一定的影响,

---

① 1956年、1967年民调统计口径不同,1975年民调未设置该问题。

但综合审视历次民调，对主张废除死刑的理由无显著影响；不同年龄的受访者对主张废除死刑的不同理由有一定偏好，但这种影响表现得并不明显，也不稳定。

河合干雄等学者民调第34SQ5题[①]为废除死刑的理由，在内阁府民调的基础上，增加了“死刑剥夺生存权”“增加死刑执行人员负担”等两个选项，删除了不表态选项（“其他”“不知道”），要求受访者选出最关注的理由。调查结果见表18，死刑错判难纠（58.3%）、死刑剥夺生存权（46.4%）、活着赎罪更好（45.7%）是支持率最高的三大理由。

表18　河合干雄等学者对废除死刑理由的调查结果

问34SQ5：你为什么反对死刑制度？请选出你认为最重要的选项（最多选三项）。（N=151）	
死刑错判难纠	58.3%
死刑剥夺生存权	46.4%
活着赎罪更好	45.7%
国家无权杀人	40.4%
也有改造可能	29.1%
增加死刑执行人员负担	21.9%
死刑有违人道	13.9%
犯罪不会增加	11.3%

无论是内阁府民调，还是河合干雄等学者民调，作为主张废除死刑的理由，“死刑错判难纠”都有颇高的支持率。针对死刑裁判的误判可能性的民众意识，河合干雄等学者民调也进行了关注（见表19）[②]，对于“在日本不是真凶者几乎不会被判死刑”的看法，受访者给出了相对肯定的评价，只有5.6%的受访者完全否定死刑误判的可能，有16.7%的受访者明确肯定死刑误判的可能性；值得注意的是，大多数民众对于死刑误判问题其实并没有较明确的认识，不确定率（二项合计35.6%）、不表态率（“不置可否”“不知道”合计42%）占比颇高，足以说明大多数民众的群体无意识状态。

① 「河合等調査」桐蔭法学22卷1号（2015年）53－54頁。

② 「河合等調査」桐蔭法学22卷1号（2015年）62－63頁。

表 19　河合干雄等学者对死刑裁判的误判可能的调查结果

问 41:有人认为“在日本不是真凶者几乎不会被判死刑”,你怎么看?(N = 1452)					
确如其言	比较来说,确如其言	不置可否	比较来说,非如其言	非如其言	不知道
5.6%	21.3%	26.7%	14.3%	16.7%	15.3%

(二)关于废除死刑的方式

在目前保留死刑的情况下,对于死刑的废除方式,即现在立即废除死刑,还是将来废除死刑的问题,内阁府自 1967 年开始在民调中有问题设置①,选项包括“立即全面废止”②、“逐步减少死刑直至废止”③、“不知道”,要求在三个选项中择一回答。

观察历次民调结果(见表 20)可见:1994 年之前的民调中,支持“逐步废止”的比例整体较高,均值高达 66.4%,支持“立即全面废止”的比例颇低,均值仅为 24.7%;1994 年后,支持“逐步减少死刑直至废止”的比例下降,均值降至 55.4%,支持“立即全面废止”的比例明显上升,均值升至 40%。1994 年对选项作出重大调整,将“逐步废止”调整为“逐步减少死刑直至废止”,这种表达的变化对民众的选择产生了重大影响,使数据发生了重大变化。

表 20　内阁府民调中对死刑废除方式的态度(1967—2019 年)

	1967 年	1975 年	1980 年	1989 年	1994 年	1999 年	2004 年	2009 年	2014 年	2019 年
立即全面废止	20.8%	28.0%	22.4%	27.5%	43.2%	42.1%	39.8%	35.1%	43.3%	36.6%
逐步减少死刑直至废止	72.4%	62.3%	65.2%	65.6%	51.9%	52.2%	53.7%	63.1%	54.5%	57.0%
不知道	6.8%	9.7%	12.4%	6.9%	4.9%	5.7%	6.5%	1.8%	2.2%	6.3%

---

① 1956 年民调未设置该问题;1967 年、1980 年统计口径不同,本部分采用了以内阁府公布的数据进行折算后数据。

② 1994 年将选项表述从“即时全面废止”(即時全面廃止)调整为“立即全面废止”(すぐに,全面的に廃止する),二者在语感上略有区别,前者更为紧急,有不可停顿、立即着手之意。

③ 1967 年表述为“逐步废止”,1994 将其调整为“逐步减少死刑直至废止”。

梳理内阁府公布的调查数据可见:受访者性别、居住城市规模对调查结果无明显影响。观察公布受访者年龄段的近3次民调可以发现,受访者年龄段对调查结果有一定影响,29岁以下人群更倾向于支持“逐步减少死刑直至废止”,均值高达73.9%;60岁以上人群也表现出更支持“逐步减少死刑直至废止”的倾向,均值达到61.3%;30—39岁人群更倾向于支持“立即全面废止”,均值达到53.9%。

四、“保留死刑”的民调分析

日本内阁府在民调中,对赞成保留死刑(反对废除死刑)的受访者设置了两个子问题,以进一步了解其支持保留死刑的理由以及死刑的未来命运。笔者立足于内阁府公布的民调结果及相关数据,结合河合干雄等学者民调结果,试作如下分析。

(一)关于保留死刑的理由

关于支持废除死刑的理由,内阁府民调自1980年开始设置了该问题[①],选项包括:严重犯罪应当用生命赎罪(以下简称重罪应当偿命),废除死刑情况下被害方情绪无法平复(以下简称被害方难抚慰),废除死刑情况下严重犯罪会增加(以下简称重案可能增加),让犯下重罪者活着可能再犯同罪(以下简称可能再犯同罪),其他,不知道。

观察1980年以来民调结果显示的支持保留死刑的理由(见表21)可知:支持“重罪应当偿命”“被害方难抚慰”的比例整体呈上升趋势;支持“重案可能增加”的比例虽有波动,但整体上比较稳定;支持“可能再犯同罪”的比例在1994年、1999年有明显波动,这或许与选项的表达调整有关,1989年民调该选项后面的括号内附有补充性解释(“死刑一定程度上可预防犯罪,可让善良的人安心生活”),1994年民调对该补充性解释作了限缩(“死刑一定程度上可以防止犯罪”),1999年删除了该补充性解释。

① 1956、1967年民调统计口径不同,1975年民调未设置该问题。

表 21　内阁府民调中支持保留死刑的理由(1980—2019 年)

	1980 年	1989 年	1994 年	1999 年	2004 年	2009 年	2014 年	2019 年
重罪应当偿命	36.9%	56.0%	51.2%	49.3%	54.7%	53.2%	52.9%	53.6%
被害方难抚慰	10.0%	39.7%	40.4%	48.6%	50.7%	54.1%	53.4%	56.6%
重案可能增加	46.2%	53.1%	48.2%	48.2%	53.3%	51.5%	47.2%	46.3%
可能再犯同罪	23.4%	37.9%	33.9%	45.0%	45.0%	41.7%	47.4%	47.4%
其他	2.30%	0.3%	0.1%	0.6%	1.0%	0.4%	2.0%	1.6%
不知道	3.0%	2.0%	0.8%	0.9%	0.8%	1.1%	0.3%	2.5%

梳理内阁府公布的调查数据可见,从受访者性别来观察,男性更倾向于选择“重罪应当偿命”,女性更倾向于选择“被害方难抚慰”;从受访者居住城市规模来看,大城市居民更倾向于选择“可能再犯同罪”,中等城市居民更倾向于选择“被害方难抚慰”,小城市居民更倾向于选择“重案可能增加”;从受访者年龄段来看,70 岁以上人群更倾向于选择“重罪应当偿命”。

河合干雄等学者民调第 34SQ1 题①为保留死刑的理由,在内阁府民调的基础上,增加了“现行刑法规定”“无终身监禁制度”“社会治安需要”“民意支持”等四个选项,删除了不表态选项(“其他”“不知道”),要求选出最关注的理由。调查结果见表 22,重罪应当偿命(68.7%)、被害方难抚慰(54.7%)、预防犯罪(两项合计 68.8%)是支持率最高的三大理由。

表 22　河合干雄等学者对保留死刑理由的调查结果

问 34SQ1:你为什么赞成死刑制度?请选出你认为最重要的选项(最多选三项)。(N = 1005)	
重罪应当偿命	68.7%
被害方难抚慰	54.7%
重案可能增加	43.9%
可能再犯同罪	24.9%
现行刑法规定	40.4%

① 「河合等調査」桐蔭法学 22 巻 1 号(2015 年)51 - 52 頁。

续表

无终身监禁制度	35.5%
社会治安需要	12.9%
民意支持	1.5%

(二)关于保留死刑的未来

在目前保留死刑的情况下,对于死刑的未来命运,即将来要不要废除死刑的问题,内阁府自1967年开始在民调中有问题设置①,选项包括"将来也不废除"②、"将来也可废除"③、"不知道",要求在三个选项中择一回答。

观察历次民调结果(见表23)可见,1994年前的民调中,支持"将来也不废除"的比例整体较高,均值高达77.1%,支持"将来也可废除"的比例颇低,均值仅14.3%;1994年后,支持"将来也不废除"的比例下降,均值降至57.4%,支持"将来也可废除"的比例明显上升,均值升至37.3%。数据发生重大变化的原因是,1994年对两个选项作出了重大调整,"将来也保留"调整为"将来也不废除","逐步废除"调整为"如果情况有变,将来也可以废除死刑"。

表23 内阁府民调中对未来死刑存废的态度(1980—2019年)

	1975年	1980年	1989年	1994年	1999年	2004年	2009年	2014年	2019年
将来也不废除	76.8%	77.7%	76.8%	53.2%	56.5%	61.7%	60.8%	57.5%	54.4%
将来也可废除	15.1%	12.2%	15.6%	39.6%	37.8%	31.8%	34.2%	40.5%	39.9%
不知道	8.1%	10.2%	7.6%	7.2%	5.7%	6.5%	5.0%	2.0%	5.7%

梳理内阁府公布的调查数据可见,受访者居住城市规模对调查结果无明显影响;受访者性别对调查结果有明显、稳定的影响,男性更倾向于"将来也不废除",女性更倾向于"将来也可废除";受访者年龄段对调查结果也有明显、稳定的影响,50岁以上人群更倾向于支持"将来也不废除",50岁以下的中青年人群更倾向于

① 1956年民调未设置该问题,1967年统计口径不同。

② 1994年将选项表述从"将来也保留"调整为"将来也不废除"。

③ 1980年、1989年表述为"逐步废除",1994将其调整为"如果情况有变,将来也可以废除死刑"。

“将来也可废除”。

河合干雄等学者民调第34SQ2题[①]为将来废除死刑的可能性，选项设计与内阁府民调一致。调查结果见表24，在1001名受访者中，支持“将来也不废除死刑比较好”者为72.8%，支持“如果情况有变，将来也可以废除”者仅有20%。

表24　河合干雄等学者对未来死刑存废的调查结果

问34SQ2：你觉得将来废除死刑的可能性。（N＝1001）	将来也不废除比较好	如果情况有变，将来也可以废除	不知道
	72.8%	20%	7.2%

河合干雄等学者民调还设计了对“死刑判决数量”的倾向性评价[②]，见表25、表26。在不考虑受访者死刑存废立场的情况下，认为“现在就可以”的比例为61.1%，认为“应该增加”的为25.9%，认为“应该减少”的为13.0%。在考虑受访者死刑存废立场的情况下，支持保留死刑的群体中主张增加死刑判决数量的为35.6%，而支持废除死刑的群体中主张减少死刑数量的高达67.8%。

表25　河合干雄等学者对死刑判决数量的调查结果

问35：对于死刑判决数量，与现在相比，你认为应该增加还是减少？（N＝1415）	应该增加	现在就可以	应该减少
	25.9%	61.1%	13.0%

表26　河合干雄等学者民调中死刑存废与死刑判决数量调查的交叉分析

			死刑判决数量增减		
			应该增加	现在就可以	应该减少
死刑存废态度	保留死刑	人数	348	592	38
		百分比	35.6%	60.5%	3.9%
	不知道	人数	15	222	43
		百分比	5.4%	79.3%	15.4%
	废除死刑	人数	2	46	101
		百分比	1.3%	30.9%	67.8%

① 「河合等調査」桐蔭法学22巻1号(2015年)52頁。

② 「河合等調査」桐蔭法学22巻1号(2015年)55－56頁。

续表

		死刑判决数量增减		
		应该增加	现在就可以	应该减少
合计	人数	365	860	182
	百分比	25.9%	61.1%	12.9%

附表：日本内阁府11次死刑问题民调结果（节选）

从内阁府历次民意调查中选择与死刑问题关联度高的问题制成下列表格。

相关术语和标识说明如下：

S. Q.：子问题，Sub－Question 的略称，对前一问题做特定回答者的持续提问。

M. A.：多选题，Multiple Answers 的略称，回答者须至少选择2个答案。

F. A －M. A.：开放式多选题，Free Answer－Multiple Answers 的略称，受访者可以选择作答或不作答。如果选择作答，须至少选择2个答案。

M. T.：Multiple Total 的略称，是回答数合计与回答者数的比率，通常值超过100%。

N：该问题的回答者数；（－）：无回答者；（0）：有回答者，但四舍五入后为0。

由于统计数值（%）系四舍五入后所得，有时会出现明细合计与总计不符的情况。

表27 “关于死刑问题的民意调查”（1956年）

问　　题	答案及占比
Q10 关于对犯罪人施加刑罚的目的，有各种各样的看法。在你看来，刑罚最主要的目的是什么？	为了替被害人进行报复2% 为了严惩犯人14% 为了改造犯罪人70% 为了震慑潜在犯罪8% 其他0% 不知道6%
Q11 你觉得最近严重的杀人案件很多吗？	非常多76% 没那么多17% 不知道7%
Q12 和四五年前相比，你认为严重的杀人案件减少了吗？	变少了26% 不那么认为56% 不知道18%

续表

问　题	答案及占比
Q13 你认为发生严重犯罪的主要原因在于社会还是犯罪人?	社会 44% 犯罪人 18% 不能一概而论 32% 不知道 6%
Q14 犯下凶残杀人案者,与普通人相比几乎完全不同,你不这么认为吗?	大多与普通人不同 48% 不那么认为 42% 不知道 10%
Q15 犯下严重罪行者,无论怎么做,都不可能恢复为普通人,还是采取适当方法能够恢复为普通人,你怎么认为?	做不到 12% 能做到 54% 不能一概而论 27% 不知道 7%
Q16 犯下严重罪行者,因为有再犯同罪的危险,所以最好不要复归社会。你怎么认为?	最好不要复归社会 36% 不这么认为 45% 不知道 19%
Q17 即使对犯下严重罪行者,你认为也必须尊重人权吗?	应该尊重 58% 不必尊重 19% 不知道 23%
Q18 对于凶残的罪犯,你认为国家应当怎么处置比较好?	判处死刑 12% 判处重刑关进监狱 25% 预防拘禁、与社会隔离 3% 努力改造(－) 温情主义、教育刑主义 26% 其他 1% 不知道 36%
Q19 对于犯下凶残杀人案者,根据情况,你认为判处死刑比较好吗?	判处死刑比较好 63%→Q20 不那么认为 20%→Q21 不知道 17%→Q22
Q20 为什么判处死刑比较好?	杀人偿命理所当然 26%→Q22 为了防止再犯 19%→Q22 为了震慑潜在犯罪 11%→Q22 因为被害方难以抚慰 1%→Q22 其他 1%→Q22 不知道 6%→Q22

续表

问　　题	答案及占比
Q21 为什么不判处死刑比较好？	尊重人命，即使是国家也不被允许剥夺人命 9% 死刑错判无法挽回 1% 如果真诚悔罪，就没有必要剥夺生命 6% 即使判处死刑，犯罪也不会减少 1% 被判处死刑者的家属会备受困扰 0.1% 其他 1% 不知道 2%
Q22 现行日本法规定的死刑，除了杀人，你还知道有哪些吗？（M. A.）（M. T. =114%）	Q23 的情况 10% Q24 的情况 11% Q25 的情况 18% 其他(0) 没有/不知道 75%
Q23 对于意图侵占日本、引发动乱的内乱犯罪，你认为应该保留死刑，还是废除死刑？	保留比较好 53% 废除比较好 12% 不能一概而论 19% 不知道 16%
Q24 对于成为外国间谍帮助侵略日本的犯罪，你认为应该保留死刑，还是废除死刑？	保留比较好 59% 废除比较好 11% 不能一概而论 15% 不知道 15%
Q25 对于放火烧毁有人居住的建筑物，或者颠覆火车、电车等致人死亡的犯罪，你认为应该保留死刑，还是废除死刑？	保留比较好 60% 废除比较好 9% 不能一概而论 21% 不知道 10%
Q26 你知道最近在日本有废除死刑的提议吗？	知道 65% 不知道 35%
Q27 对于任何情况下都废除死刑的提议，你是赞成还是反对？	赞成 18% →Q28 反对 65% →Q29 不知道 17% →Q30
Q28 你赞成任何情况下都废除死刑的主要理由是？（N =445）	生命宝贵，即使国家也不能剥夺犯罪者生命 11% 死刑错判无法挽回 4% 文明国家不应允许死刑等野蛮刑罚 2% 其他(0) 不知道 1%

续表

问　　题	答案及占比
Q29 你反对在任何情况下都废除死刑的主要理由是?(N = 1658)	杀人偿命理所当然 11% 如果废除死刑,严重杀人案就会增加 4% 如果废除死刑,被害方难以抚慰 32% 让严重杀人犯活着可能再犯同罪 15% 其他 1% 不明白 2%
Q30 你认为在外国,有废除死刑的国家吗?	有国家废除了死刑 36% 没有国家废除死刑 13% 不知道 51%
F9 受访者性别	男性 48% 女性 52%
F10 受访者年龄	20—29 岁 28% 30—39 岁 26% 40—49 岁 20% 50—59 岁 16% 60 岁以上 10%
F11 受访者学历	小学毕业 28% 旧高小/新初中毕业 41% 旧高中/新高中毕业 25% 旧高专大学/新大学毕业 6%
F13 受访者生活状况(调查员判断)	上 3% 中上 19% 中 46% 中下 27% 下 5%

表 28　"关于死刑问题的民意调查"(1967 年)

问　　题	答案及占比
Q1 和四五年前相比,你认为杀人等严重犯罪在增加还是在减少,还是差不多?	在增加 73.9% 在减少 5.8% 差不多 12.0% 不能一概而论 0.5% 不知道 7.9%

续表

问　　题	答案及占比
Q2 你认为发生严重犯罪的主要原因在于社会还是犯罪人?	社会 39.1% 犯罪人 31% 不能一概而论 18.8% 不知道 11.1%
Q3 犯下严重罪行者,有的人无论怎么做都不能恢复为普通人吗? 即使犯下滔天罪行的人,你认为也一定能恢复为普通人?	有些人怎么也做不到 37.7% 一定能做到 33.4% 不能一概而论 14.5% 不知道 14.4%
Q4 在当今日本,最重的刑罚是死刑,与四五年前相比,你认为被判死刑的人数如何?	在增加 18.8% 在减少 31.6% 差不多 19.8% 不知道 29.8%
Q5 即使是犯了重罪的人,你也认为尽量不判处死刑比较好吗?	尽量不要判处死刑 41.6% 不那么认为 40.0% 不能一概而论 8.2% 不知道 10.1%
Q6 如果没有死刑,你认为恶性犯罪会增加吗?	会增加 52.4% 不会增加 30.6% 不能一概而论 4.6% 不知道 12.4%
Q7 现在,杀人者有时会被判死刑,当然过失、正当防卫、精神失常等除外。对于杀人案,你认为今后也应该判死刑吗?	最好判处死刑 69.5% 最好不判死刑 16.8%→Q16 不能一概而论 5.3% 不知道 8.4%
Q8 杀人也有各种各样的情况。想听听你对下面几个案例的看法。对于第一个案例中的抢劫杀人者,你认为判处死刑好,还是不判处死刑好?	最好判处死刑 66.5% 最好不判死刑 4.8% 不能一概而论 4.8% 不知道 7.1%
Q9 对于第二个案例中为了索要赎金而绑架并杀害儿童的杀人者,你认为判处死刑好,还是不判处死刑好?	最好判处死刑 77.7% 最好不判死刑 0.9% 不能一概而论 1.0% 不知道 3.6%
Q10 对于第三个案例中的杀害父母者,你认为判处死刑好,还是不判处死刑好?	最好判处死刑 52.4% 最好不判死刑 6.6% 不能一概而论 14.5% 不知道 9.6%

续表

问　题	答案及占比
Q11 对于第四个案例中的因吵架激愤杀人者，你认为判处死刑好，还是不判处死刑好？	最好判处死刑 25.5% 最好不判死刑 27.3% 不能一概而论 16.8% 不知道 13.6%
Q12 对于第五个案例中的先奸后杀者，你认为判处死刑好，还是不判处死刑好？	最好判处死刑 66.8% 最好不判死刑 4.6% 不能一概而论 2.6% 不知道 9.2%
Q13 对于第六个案例中出于政治目的杀害大臣和国会议员者，你认为判处死刑好，还是不判处死刑好？	最好判处死刑 39.9% 最好不判死刑 14.7% 不能一概而论 8.4% 不知道 20.3%
Q14 对于第七个案例中的杀害执勤警察者，你认为判处死刑好，还是不判处死刑好？	最好判处死刑 60.1% 最好不判死刑 5.6% 不能一概而论 5.6% 不知道 12.0%
Q15 对于最后一个案例中颠覆火车、电车等的杀人者，你认为判处死刑好，还是不判处死刑好？	最好判处死刑 69.0% 最好不判死刑 4.0% 不能一概而论 2.0% 不知道 8.3%
Q16 根据现行日本法，除了杀人以外，也有其他情况会被判处死刑。下面是几个案例。第一个案例，对于内乱罪的主谋，你认为今后判处死刑好，还是不判处死刑好？	最好判处死刑 39.2% →Q17 最好不判死刑 24.8% →SQ 不能一概而论 6.5% →Q17 不明白 29.5% →Q17
SQ 你认为最好不判处死刑的理由是什么？	因为这是基于政治信仰的行为 10.6% 希望任何情况下都废除死刑 6.9% 不认为这是足以判处死刑的罪行 5.3% 其他 1.7% 不知道 1.7%
Q17 第二个案例，对于通过外国武力攻击日本的人，你认为今后判处死刑好，还是不判处死刑好？	最好判处死刑 60.5% →Q18 最好不判死刑 12.3% →SQ 不能一概而论 3.0% →Q18 不知道 24.2% →进入 Q18

续表

问　　题	答案及占比
SQ 你认为最好不判处死刑的理由是什么？	因为这是基于政治信仰的行为 3.4% 希望任何情况下都废除死刑 5.8% 不认为这是足以判处死刑的罪行 1.5% 其他 0.8% 不知道 1.2%
Q18 以下犯罪，会给社会带来巨大危险，即使没有致人死亡，根据现行法也有可能被判处死刑。对于第一个案例中放火的人，你认为今后判处死刑好，还是不判处死刑好？	最好判处死刑 43.1% 最好不判死刑 33.6% 不能一概而论 9.0% 不知道 14.3%
Q19 对于第二个案例中在人群中引爆炸药的人，你认为今后判处死刑好，还是不判处死刑好？	最好判处死刑 70.7% 最好不判死刑 16.2% 不能一概而论 3.4% 不知道 9.6%
Q20 除了前面提到的犯罪外，还有你认为最好判处死刑的罪行吗？	有 5.2% 没有 94.8%
Q21 你知道在日本有废除死刑的提议吗？	知道 58.2% 不知道 41.8%
Q22 在当今日本，对于任何情况下都废除死刑的提议，你是赞成还是反对？	赞成 16.0%→SQ1 反对 70.5%→SQ3 不知道 13.5%→SQ5
SQ1 你赞成废除死刑的理由是什么？(M.A.)	杀人即使作为刑罚也是有违人道和野蛮的(人无杀人的权利，即使是凶犯也不忍杀之)8.4% 死刑错判无法挽回 2.9% 即使犯下重罪者也有改造可能 4.9% 严重犯罪不会因废除死刑而增加(犯罪也不会因有死刑而消失)3.3% 让(犯罪者)活着赎罪比较好 3.4% 其他 1.1% 不知道 0.6%
SQ2 如果要废除死刑，你认为立即全面废除比较好，还是逐步减少死刑直至废除比较好？	立即全面废除 3.3%→Q23 逐步废除 11.6%→Q23 不知道 1.1%→Q23

续表

问　　题	答案及占比
SQ3 你反对废除死刑的理由是什么？（M. A.）	严重犯罪应当用生命赎罪（严重犯罪不可饶恕）24.4% 如果废除死刑，被害方情绪无法平复 7.3% 如果废除死刑，严重犯罪会增加（死刑一定程度上可以防止犯罪）43.4% 让犯下重罪者活着可能再犯同罪 20.8% 其他 2.5% 不知道 2.4%
SQ4 你认为将来也不废除死刑比较好，还是逐步减少死刑直至废除死刑比较好？	将来也保留 43.4%→Q23 逐步废除 20.2%→Q23 不知道 6.9%→Q23
SQ5 从现在的犯罪情况来看，立即废除死刑还太早，但有意见认为，应该朝着废除死刑的方向努力，你的态度是？	我那么认为（将来废除）5.4% 不那么认为（将来也不废除）1.4% 不知道 6.8%
Q23 一些国家，会在一定期间内试验性地废除死刑，在确认是否会增加恶性犯罪的基础上再决定是否废除死刑。如果在日本也进行这样的尝试之后决定死刑的存废，你赞成还是反对？	赞成 49.0% 反对 25.8% 不能一概而论 3.4% 不知道 21.8%
Q24 如果废除了死刑，你认为应该用什么样的刑罚来代替死刑呢？	无期惩役或禁锢（终身监禁）74.3%→SQ1 30 年以上有期惩役或禁锢 8.4%→Q25 20 年以上有期惩役或禁锢 2.1%→Q25 10 年以上有期惩役或禁锢 1.1%→Q25 10 年以下惩役或禁锢 0.2%→Q25 其他 1.2%→Q25 不知道 12.8%→Q25
SQ1 你认为作为代替死刑的无期刑（惩役或禁锢），应该一生剥夺自由，还是服刑期间允许假释？	一生剥夺自由 33.5%→Q25 允许假释 29.9%→SQ2 不能一概而论 5.3%→Q25 不知道 5.6%→Q25
SQ2 你认为至少服刑多少年才可以假释？	30 年以上 4.6% 20 年以上 7.4% 15 年以上 2.6% 10 年以上 4.1% 未满 10 年 1.2% 不能一概而论 5.2% 不知道 4.8%

续表

问　　题	答案及占比
Q25 现行法规定,被判处死刑的人,将在 6 个月内被执行。对此,有意见认为,即使判处死刑也不要立即执行,应当给予一定的观察期,根据其悔罪情况,也可以减为无期惩役等。你认为设置这样的观察期比较好,还是没有必要?	设定一定的观察期 65.4% 没有必要(立即执行比较好)20.0% 不能一概而论 2.4% 不知道 12.2%
Q26 目前的死刑案件均有法官审判。如果在法官以外,用抽签的方法抽选国民参与死刑案件的审判,你的态度是?	国民参审 32.2% 保持现状(法官审判)50.4% 不能一概而论 1.9% 不知道 15.5%
Q27 现行审判制度中,一般情况下,3 名法官中 2 人赞成就可以判处死刑。你认为应该采取 3 名法官一致同意才能判处死刑比较好,还是维持多数决方式比较好?	全体一致 43.6% 多数决 42.2% 不能一概而论 0.9% 不知道 13.4%
F1 受访者性别	男性 46.6% 女性 53.4%
F2 受访者年龄	20—29 岁 21.2% 30—39 岁 25.5% 40—49 岁 22.3% 50—59 岁 15.2% 60 岁以上 15.8%
F5 受访者学历	大学/短期大学毕业(旧高专)10.3% 高中毕业(旧高中/女子高中)35.2% 初中毕业(旧高小)43.2% 小学以下 11.2%
F7 受访者生活状况(调查员判断)	上 2.5% 中上 16.2% 中 60.0% 中下 19.7%(笔者注:原文为“上下”,疑为笔误) 下 1.6%

表 29 “关于犯罪和处罚等的民意调查”(1975 年)

问 题	答案及占比
Q2 犯罪者当然要被处以刑罚，根据报纸、杂志、广播、电视的报道等来判断，一般来说，你认为日本的刑罚是重，是适当，还是轻?	觉得重 2.5% 认为适当 28.1% 觉得轻 25.7% 不能一概而论 27.2% 不知道 16.5%
Q6 你知道在日本有废除死刑的提议吗?	知道 57.5% 不知道 42.5%
Q7 在当今日本，对于在任何情况下都废除死刑的提议，你是赞成还是反对?	赞成 20.7% →SQ1 反对 56.9% →SQ2 不知道 22.5% →Q8
SQ1 如果要废除死刑，你认为立即全面废除比较好，还是逐步减少死刑最终废除比较好?(N = 1648)	立即全面废除 28.0% 逐步废除 62.3% 不知道 9.7%
SQ2 你认为将来也不废除死刑比较好，还是逐步减少死刑最终废除比较好?(N = 4537)	将来也保留 76.8% 逐步废除 15.1% 不知道 8.1%
F1 受访者性别	男性 44.9% 女性 55.1%
F2 受访者年龄	20—24 岁 7.5% 25—29 岁 12.1% 30—39 岁 23.9% 40—49 岁 22.8% 50—59 岁 16.4% 60 岁以上 17.2%
F5 受访者学历(中途退学或在校视为毕业)	小学毕业未就学/旧高小/新初中毕业 42.5% 旧初中/新高中毕业 43.3% 旧高专/新大学毕业 12.9% 不明 1.3%
F6 受访者婚姻状况	已婚 82.3% 丧偶 7.7% 未婚 9.9%

续表

问　　题	答案及占比
F8 受访者家庭年收入(去年总收入,包括奖金,税前)	不足 100 万日元 6.3% 100 万—150 万日元 12.7% 150 万—200 万日元 23.0% 200 万—300 万日元 19.6% 300 万日元以上 14.8% 不知道 23.5%

表 30 "关于犯罪和处罚等的民意调查"(1980 年)

问　　题	答案及占比
Q2 犯罪者当然要被处以刑罚,根据报纸、杂志、广播、电视的报道等来判断,一般来说,你认为日本的刑罚是重,是适当,还是轻?	觉得重 1.7% 认为适当 26.0% 觉得轻 37.4% 不能一概而论 23.4% 不知道 11.4%
Q3 和四五年前相比,你认为杀人等恶性犯罪案件数量在增加还是在减少?	在增加 84.1% 在减少 2.1% 差不多 6.6% 不能一概而论 2.1% 不知道 5.1%
Q4 在当今日本,最重的刑罚是死刑,与四五年前相比,你认为被判死刑的人数在增加还是在减少?	在增加 16.9% 在减少 27.9% 差不多 21.4% 不知道 33.7%
Q5 即使在犯重罪的情况下,你也认为尽量不判处死刑比较好吗?	尽量不判处死刑比较好 25.3% 不那么认为 41.7% 不能一概而论 26.3% 不知道 6.7%
Q6 如果没有死刑,你认为严重犯罪会增加吗?	会增加 56.3% 不会增加 19.6% 不能一概而论 17.0% 不知道 7.1%
Q7 你知道在日本有废除死刑的提议吗?	知道 47.5% 不知道 52.5%

续表

问　　题	答案及占比
Q8 在当今日本,对于在任何情况下都废除死刑的提议,你是赞成还是反对?	赞成 14.3% →SQ1a 反对 62.3% →SQ1b 不知道 23.4% →Q9
SQ1a 你赞成废除死刑的理由是什么?(F. A. –M. A.)(N = 348)(M. T. = 119%)	杀人即使作为刑罚也是有违人道和野蛮的(人无杀人的权利,即使是凶犯也不忍杀之)43.4% 死刑错判无法挽回 11.5% 即使犯下重罪者也有改造可能 20.1% 严重犯罪不会因废除死刑而增加(犯罪也不会因有死刑而消失)8.9% 让(犯罪者)活着赎罪比较好 26.4% 其他 4.6% 不知道 4.0%
SQ1b 你反对废除死刑的理由是什么?(F. A. –M. A.)(N = 1517)(M. T. = 121.8%)	严重犯罪应当用生命赎罪(严重犯罪不可饶恕)36.9% 如果废除死刑,被害方情绪无法平复 10.0% 如果废除死刑,严重犯罪会增加(死刑一定程度上可预防犯罪,可让善良的人安心生活)46.2% 让犯下重罪者活着可能再犯同罪 23.4% 其他 2.3% 不知道 3.0%
SQ2a 如果要废除死刑,你认为立即全面废除比较好,还是逐步减少死刑直至废除比较好?	立即全面废除 3.2% 逐步废除 9.3% 不知道 1.7%
SQ2b 你认为将来也不废除死刑比较好,还是逐步减少死刑直至废除死刑比较好?	将来也保留 48.3% 逐步废除 7.6% 不知道 6.3%
F1 受访者性别	男性 45.2% 女性 54.8%
F2 受访者年龄	20—29 岁 16.5% 30—39 岁 24.9% 40—49 岁 24.6% 50—59 岁 15.7% 60 岁以上 18.4%

续表

问　　题	答案及占比
F4 受访者学历（中途退学或在校视为毕业）	小学毕业未就学/旧高小毕业/新初中毕业 37.1% 旧初中/新高中毕业 48.5% 旧高专/新大学毕业 13.1% 不明 1.3%
F5 受访者婚姻状况	已婚 83.2% 丧偶 7.5% 未婚 9.3%
F7 受访者家庭年收入（去年总收入，包括奖金，税前）	不到 50 万日元 5.4% 50 万日元—69 万日元 2.5% 70 万日元—99 万日元 3.9% 100 万日元—149 万日元 6.5% 150 万日元—199 万日元 7.5% 200 万日元—249 万日元 7.9% 250 万日元—299 万日元 7.1% 300 万日元—399 万日元 9.1% 400 万日元—499 万日元 4.5% 500 万日元以上 4.8% 没有收入 27.9% 不明 12.8%

表 31 “关于犯罪和处罚等的民意调查”（1989 年）

问　　题	答案及占比
Q1 对自己及配偶的父母、祖父母等的犯罪，法律规定有比一般犯罪更重的处罚，你知道吗？	知道 58.3% 不知道 41.7%
Q5 对于杀死自己及配偶的父母、祖父母等的犯罪行为，刑法规定处以死刑或无期惩役，但最高法院判定该规定违反宪法①。你有看过或听过这个判决吗？	有 28.9% 没有 71.1%

① 杀害尊亲属罪法定刑违宪事件：1973 年 4 月 4 日，日本最高法院作出“栃木杀害亲父案”判决，宣告日本《刑法》第 200 条“杀害尊亲属罪”应加重处罚的规定违反《日本国宪法》第 14 条（法律面前人人平等），1995 年日本《刑法》修改，该条款被正式废除。——笔者注

续表

问　题	答案及占比
Q6 那么,对于父母杀害子女的行为,与普通杀人相比,法律有必要规定更重的刑罚吗?	有必要规定特别重的刑罚 27.1% 有必要规定较重的刑罚 25.9% 和普通的杀人同等对待比较好 28.7% 比普通杀人更轻比较好 4.7% 不知道 13.7%
Q7 一般来说,对家人的杀害行为、对家人以外的人的杀害行为,你认为哪个罪行更重?	对家人的杀害罪行更重 32.4% 对家人以外的人的杀害罪行更重 14.7% 相同 31.2% 不能一概而论 16.8% 不知道 4.8%
Q8 和四五年前相比,你认为杀人等恶性犯罪案在增加还是在减少?	在增加 90.8% 在减少 0.9% 差不多 5.6% 不知道 2.7%
Q9 如果没有死刑,你认为严重犯罪会增加吗?	会增加 67.0% 不会增加 12.4% 不能一概而论 16.2% 不知道 4.4%
Q10 在当今日本,对于在任何情况下都废除死刑的提议,你是赞成还是反对?	赞成 15.7% →SQa1,SQa2 反对 66.5% →SQb1,SQb2 不知道 17.8%
SQa1 你赞成废除死刑的理由是什么?(M.A.)(N=360)(M.T. =185.0%)	杀人即使作为刑罚也是有违人道和野蛮的(人无杀人的权利,即使是凶犯也不忍杀之)43.3% 死刑错判无法挽回 45.8% 即使犯下重罪者也有改造可能 34.2% 严重犯罪不会因废除死刑而增加(犯罪也不会因有死刑而消失)27.5% 让(犯罪者)活着赎罪比较好 32.5% 其他 0.6% 不知道 1.1%
SQa2 如果要废除死刑,你认为立即全面废除比较好,还是逐步减少死刑直至废除比较好?(N=360)	立即全面废除 27.5% 逐步废除 65.6% 不知道 6.9%

续表

问　　题	答案及占比
SQb1 你反对废除死刑的理由是什么？（M. A.）（N = 1525）（M. T. = 189.0%）	严重犯罪应当用生命赎罪（严重犯罪不可饶恕）56.0% 如果废除死刑，被害方情绪无法平复 39.7% 如果废除死刑，严重犯罪会增加（死刑一定程度上可预防犯罪，可让善良的人安心生活）53.1% 让犯下重罪者活着可能再犯同罪 37.9% 其他 0.3% 不知道 2.0%
SQb2 你认为将来也不废除死刑比较好，还是逐步减少死刑直至废除死刑比较好？（N = 1525）	将来也保留 76.8% 逐步废除 15.6% 不知道 7.6%
F1 受访者性别	男性 45.5% 女性 54.5%
F2 受访者年龄	20—24 岁 6.5% 25—29 岁 6.1% 30—34 岁 8.6% 35—39 岁 10.9% 40—44 岁 11.9% 45—49 岁 11.8% 50—54 岁 10.4% 55—59 岁 9.6% 60—64 岁 8.6% 65—69 岁 6.7% 70 岁以上 8.9%
F3 受访者学历（中途退学或在校视为毕业）	小学/旧高小/新初中毕业 27.3% 旧初中/新高中毕业 49.7% 旧高中/高专/大学毕业 22.1% 未知 1.0%

表 32　“关于基本法律制度的民意调查”（1994 年）

问　　题	答案及占比
Q1 下列有关死刑制度的意见，你赞成哪一种？	任何情况下都应当废除死刑 13.6% →SQa1 有时候死刑也是不得已的 73.8% →SQb1 不知道/不能一概而论 12.6% →Q3

续表

问　题	答案及占比
SQa1 你赞成"任何情况下都应当废除死刑"的理由是什么？请选择几个与你想法最相近的。（M. A.）（N = 287）（M. T. = 190.9%）	杀人即使作为刑罚也是有违人道和野蛮的（人无杀人的权利，即使是凶犯也不忍杀之）41.5% 即使是国家也不被允许杀人 33.4% 死刑错判无法挽回 35.2% 即使犯下重罪者也有改造可能 25.8% 严重犯罪不会因废除死刑而增加（犯罪也不会因有死刑而消失）19.9% 让（犯罪者）活着赎罪比较好 33.8% 其他 0.7% 不知道 0.7%
SQa2 如果要废除死刑，你认为立即全面废除比较好，还是逐步减少死刑直至废除比较好？（N = 287）	立即全面废除 43.2% 逐步减少死刑直至废除 51.9% 不知道 4.9%
SQb1 赞成"有时候死刑也是不得已的"的理由是什么？请选择几个与你想法最相近的。（M. A.）（N = 1560）（M. T. = 174.6%）	严重犯罪应当用生命赎罪（严重犯罪不可饶恕）51.2% 如果废除死刑，被害方情绪无法平复 40.4% 如果废除死刑，严重犯罪会增加（死刑一定程度上可以防止犯罪）48.2% 让犯下重罪者活着可能再犯同罪 33.9% 其他 0.1% 不知道 0.8%
SQb2 你认为将来也不废除死刑比较好，还是如果情况有变，将来也可以废除死刑比较好？（N = 1560）	将来也不废除死刑 53.2% 如果情况有变，将来也可以废除死刑 39.6% 不知道 7.2%
Q3 如果没有死刑，有意见认为严重犯罪会增加，也有意见认为不会增加，你认为呢？	会增加 52.3% 不会增加 12.0% 不能一概而论 30.8% 不知道 4.9%
F1 受访者性别	男性 44.6% 女性 55.4%

续表

问　题	答案及占比
F2 受访者年龄	20—24 岁 5.1% 25—29 岁 6.2% 30—34 岁 8.0% 35—39 岁 8.7% 40—44 岁 11.2% 45—49 岁 12.1% 50—54 岁 10.7% 55—59 岁 9.3% 60—64 岁 9.8% 65—69 岁 9.3% 70 岁以上 9.7%
F3 受访者学历(中途退学或在校视为毕业)	小学/旧高小/新初中毕业 25.6% 旧初中/新高中毕业 50.7% 旧高中/高专/大学毕业 23.5% 未知 0.2%

表 33　“关于基本法律制度的民意调查”(1999 年)

问　题	答案及占比
Q2 下列有关死刑制度的意见,你赞成哪一种?	任何情况下都应当废除死刑 8.8%→SQa1 有时候死刑也是不得已的 79.3%→SQb1 不知道/不能一概而论 11.9%→Q3
SQa1 你赞成“任何情况下都应当废除死刑”的理由是什么? 请选择几个与你想法最相近的。(M. A.)(N=316)(M. T. =217.1%)	杀人即使作为刑罚也是有违人道和野蛮的 35.1% 即使是国家也不被允许杀人 44.3% 死刑错判无法挽回 37.3% 即使犯下重罪者也有改造可能 33.2% 严重犯罪不会因废除死刑而增加 27.2% 让(犯罪者)活着赎罪比较好 38.9% 其他 0.6% 不知道 0.3%
SQa2 如果要废除死刑,你认为立即全面废除比较好,还是逐步减少死刑直至废除比较好?(N=316)	立即全面废除 42.1% 逐步减少死刑直至废除 52.2% 不知道 5.7%

续表

问　题	答案及占比
SQb1 你赞成“有时候死刑也是不得已的”的理由是什么？请选择几个与你想法最相近的。(M. A.)(N = 2855)(M. T. = 192.6%)	严重犯罪应当用生命赎罪 49.3% 如果废除死刑，被害方情绪无法平复 48.6% 如果废除死刑，严重犯罪会增加 48.2% 让犯下重罪者活着可能再犯同罪 45.0% 其他 0.6% 不知道 0.9%
SQb2 你认为将来也不废除死刑比较好，还是如果情况有变，将来也可以废除死刑比较好？(N = 2855)	将来也不废除死刑 56.5% 如果情况有变，将来也可以废除死刑 37.8% 不知道 5.7%
Q3 如果没有死刑，有意见认为严重犯罪会增加，也有意见认为不会增加，你认为呢？	会增加 54.4% 不会增加 8.4% 不能一概而论 32.4% 不知道 4.8%
Q6 对于报纸和电视新闻报道的刑事案件，你平时有多大程度的关注？	每日都关注 49.0%→SQ 关注热点案件和自己知道的案件 39.2%→SQ 不太关注 11.3%→Q7 完全不关注 0.6%→Q7
SQ 在最近的报纸、电视新闻报道的刑事案件中，你最关注什么样的犯罪？请从下列选项中选出 3 项。(M. A.)(N = 3174)(M. T. = 272.2%)	盗窃、诈骗等财产犯罪 33.2% 暴力、伤害、威胁等暴力犯罪 44.1% 杀人、抢劫杀人、抢劫等严重犯罪 82.7% 强奸、强制猥亵等性犯罪 21.8% 行受贿等腐败犯罪 38.3% 交通事故犯罪 19.3% 毒品犯罪 30.7% 其他 2.0%
F1 受访者性别	男性 45.1% 女性 54.9%
F2 受访者年龄	20—29 岁 9.4% 30—39 岁 15.0% 40—49 岁 19.1% 50—59 岁 23.6% 60—69 岁 20.9% 70 岁以上 12.0%

表 34 “关于基本法律制度的民意调查”(2004 年)

问　题	答案及占比
Q2 下列有关死刑制度的意见,你赞成哪一种?	任何情况下都应当废除死刑 6.0% →SQa1 有时候死刑也是不得已的 81.4% →SQb1 不知道/不能一概而论 12.5% →Q3
SQa1 你赞成“任何情况下都应当废除死刑”的理由是什么?请选择几个与你想法最相近的。(M. A.)(N = 123)(M. T. = 211.4%)	杀人即使作为刑罚也是有违人道和野蛮的 28.5% 即使是国家也不允许杀人 35.0% 死刑错判无法挽回 39.0% 即使犯下重罪者也有改造可能 25.2% 严重犯罪不会因废除死刑而增加 31.7% 让(犯罪者)活着赎罪比较好 50.4% 其他 1.6% 不知道(-)
SQa2 如果要废除死刑,你认为立即全面废除比较好,还是逐步减少死刑直至废除比较好?(N = 123)	立即全面废除 39.8% 逐步减少死刑直至废除 53.7% 不知道 6.5%
SQb1 你赞成“有时候死刑也是不得已的”的理由是什么?请选择几个与你想法最相近的。(M. A.)(N = 1668)(M. T. = 205.6%)	严重犯罪应当用生命赎罪 54.7% 如果废除死刑,被害方情绪无法平复 50.7% 如果废除死刑,严重犯罪会增加 53.3% 让犯下重罪者活着可能再犯同罪 45.0% 其他 1.0% 不知道 0.8%
SQb2 你认为将来也不废除死刑比较好,还是如果情况有变,将来也可以废除死刑比较好?(N = 1668)	将来也不废除死刑 61.7% 如果情况有变,将来也可以废除死刑 31.8% 不知道 6.5%
Q3 如果没有死刑,有意见认为严重犯罪会增加,也有意见认为不会增加,你认为呢?	会增加 60.3% 不会增加 6.0% 不能一概而论 29.0% 不知道 4.8%
Q6 对于报纸和电视新闻报道的刑事案件,你平时有多大程度的关注?	每日都关注 58.4% →SQ 关注热点案件和自己知道的案件 33.3% →SQ 不太关注 7.9% →Q7 完全不关注 0.3% →Q7

续表

问　题	答案及占比
SQ 在最近的报纸、电视新闻报道的刑事案件中，你最关注什么样的犯罪？请从下列选项中选出 3 项。（M. A.）（N = 1879）（M. T. = 279.9%）	盗窃、诈骗等财产犯罪 52.0% 暴力、伤害、威胁等暴力犯罪 46.9% 杀人、抢劫杀人、抢劫等严重犯罪 85.5% 强奸、强制猥亵等性犯罪 31.2% 行受贿等腐败犯罪 31.1% 交通事故犯罪 16.2% 毒品犯罪 14.4% 其他 2.4%
F1 受访者性别	男性 46.1% 女性 53.9%
F2 受访者年龄	20—24 岁 4.0% 25—29 岁 6.1% 30—34 岁 7.2% 35—39 岁 7.2% 40—44 岁 8.1% 45—49 岁 7.4% 50—54 岁 10.2% 55—59 岁 9.7% 60—64 岁 13.0% 65—69 岁 9.6% 70 岁以上 17.7%

表 35　“关于基本法律制度的民意调查”（2009 年）

问　题	答案及占比
Q2 下列有关死刑制度的意见，你赞成哪一种？	任何情况下都应当废除死刑 5.7% →SQa1 有时候死刑也是不得已的 85.6% →SQb1 不知道/不能一概而论 8.6% →Q3
Q2SQa1 你赞成“任何情况下都应当废除死刑”的理由是什么？请选择几个与你想法最相近的。（M. A.）（N = 111）（M. T. = 221.6%）	杀人即使作为刑罚也是有违人道和野蛮的 30.6% 即使是国家也不被允许杀人 42.3% 死刑错判无法挽回 43.2% 即使犯下重罪者也有改造可能 18.9% 严重犯罪不会因废除死刑而增加 29.7% 让犯罪者活着赎罪比较好 55.9% 其他 0.9% 不知道（ - ）

续表

问　　题	答案及占比
Q2SQa2 如果要废除死刑，你认为立即全面废除比较好，还是逐步减少死刑直至废除比较好？（N＝111）	立即全面废除 35.1% 逐步减少死刑直至废除 63.1% 不知道 1.8%
Q2SQb1 赞成“有时候死刑也是不得已的”的理由是什么？请选择几个与你想法最相近的。（M. A.）（N＝1665）（M. T. ＝201.9%）	严重犯罪应当用生命赎罪 53.2% 如果废除死刑，被害方情绪无法平复 54.1% 如果废除死刑，严重犯罪会增加 51.5% 让犯下重罪者活着可能再犯同罪 41.7% 其他 0.4% 不知道 1.1%
Q2SQb2 你认为将来也不废除死刑比较好，还是如果情况有变，将来也可以废除死刑比较好？（N＝1665）	将来也不废除死刑 60.8% 如果情况有变，将来也可以废除死刑 34.2% 不知道 5.0%
Q3 如果没有死刑，有意见认为严重犯罪会增加，也有意见认为不会增加，你认为呢？	会增加 62.3% 不会增加 9.6% 不知道/不能一概而论 28.0%
（出示资料 1，让对方仔细阅读后再提问） Q4 你知道公诉时效制度吗？	知道 76.1% 不知道 23.9%
Q5 杀人等可被判处死刑的最严重犯罪的公诉时效被规定为 25 年，你怎么看？	太长了 6%→SQa 比较来说，太长了 4%→SQa 这样就可以了 22.5%→SQa 比较来说，太短了 19.8%→SQb1，SQb2 太短了 35.1%→SQb1，SQb2 不知道/不能一概而论 12.6%→SQb2
Q5SQa 对于杀人等可能判处死刑的最严重犯罪，你认为 25 年“太长了”“比较来说，太长了”或者“这样就可以了”的理由是什么？请选择几个与你想法最相近的。（M. A.）（N＝631）（M. T. ＝170.7%）	时间越久，正确裁判所需证据越难收集 49.4% 时间越久，被害方希望惩罚犯人的心情会变淡 17.6% 时间越久，社会对惩办犯人的诉求会减弱 19.3% 犯人长时间未受惩罚，应尊重这种状态 12.7% 长时间持续侦查，人、财、物耗费太大 36.6% 增加犯人受惩罚的可能，并不能减少严重犯罪 28.5% 其他 1.4% 不知道 5.1%

续表

问　题	答案及占比
Q5SQb1 对于杀人等可能判处死刑的最严重犯罪,你认为 25 年"太短"或者"比较来说,太短"的理由是什么？请选择几个与你想法最相近的。(M. A.)(N = 1068)(M. T. = 265.3%)	即使经过了 25 年,也有充分收集证据、查明犯人的情况 36.9% 即使经过了 25 年,被害方惩罚犯人的心情也不会变淡 55.2% 即使经过了 25 年,惩罚犯人的社会诉求也不会减弱 24.9% 因为时间的流逝,犯人就不再受惩罚,这很奇怪 79.8% 即使费时费力也必须查明案件真相 30.2% 有必要增加犯人受惩罚的可能,以减少严重犯罪 36.4% 其他 1.0% 不知道 0.7%
Q5SQb2 对于杀人等可能判处死刑的最严重犯罪的公诉时效,怎样修改比较好？请选择一个与你想法最相近的。(N = 1313)	废除可能判处死刑的最严重犯罪如杀人等的追诉时效制度 45.1% 无论如何,公诉时效都要长于 25 年 19.8% 一定情况下,公诉时效可使之长于 25 年 25.7% 其他 0.5% 不知道 9.0%
F1 受访者性别	男性 45.0% 女性 55.0%
F2 受访者年龄	20—24 岁 4.0% 25—29 岁 4.2% 30—34 岁 6.2% 35—39 岁 7.9% 40—44 岁 7.9% 45—49 岁 9.3% 50—54 岁 8.7% 55—59 岁 8.6% 60—64 岁 11.7% 65—69 岁 10.9% 70 岁以上 20.6%

表 36 “关于基本法律制度的民意调查”(2014 年)

问　　题	答案及占比
Q2 下列有关死刑制度的意见,你赞成哪一种?	死刑应当废除 9.7% →Q2SQa1 死刑也是不得已的 80.3% →Q2SQb1 不知道/不能一概而论 9.9% →Q3
Q2SQa1 你赞成“任何情况下都应当废除死刑”的理由是什么?请选择几个与你想法最相近的。(M. A.)(N = 178)(M. T. =221.3%)	杀人即使作为刑罚也是有违人道和野蛮的 31.5% 即使是国家也不被允许杀人 38.8% 死刑错判无法挽回 46.6% 即使犯下重罪者也有改造可能 28.7% 严重犯罪不会因废除死刑而增加 29.2% 让犯罪者活着赎罪比较好 41.6% 其他 2.8% 不知道 2.2%
Q2SQa2 如果要废除死刑,你认为立即全面废除比较好,还是逐步减少死刑直至废除比较好?(N = 178)	立即全面废除 43.3% 逐步减少死刑直至废除 54.5% 不知道 2.2%
Q2SQb1 赞成“死刑也是不得已的”的理由是什么?请选择几个与你想法最相近的。(M. A.)(N = 1467)(M. T. =203.3%)	严重犯罪应当用生命赎罪 52.9% 如果废除死刑,被害方情绪无法平复 53.4% 如果废除死刑,严重犯罪会增加 47.2% 让犯下重罪者活着可能再犯同罪 47.4% 其他 2.0% 不知道 0.3%
Q2SQb2 你认为将来也不废除死刑比较好,还是如果情况有变,将来也可以废除死刑比较好?(N = 1467)	将来也不废除死刑 57.5% 如果情况有变,将来也可以废除死刑 40.5% 不知道 2.0%
Q3 如果没有死刑,有意见认为严重犯罪会增加,也有意见认为不会增加,你认为呢?	会增加 57.7% 不会增加 14.3% 不知道/不能一概而论 28.0%
(出示资料 1,让对方仔细阅读后再提问) 资料 1:现在仅次于死刑的重刑是必须终身服刑的“无期惩役”,但有的会被假释。与此相对,不予假释的情况即“终身监禁”,当今日本尚无此制度。 Q4 如果引入不能假释的“终身监禁”,你认为废除死刑比较好,还是即使引入终身监禁,也不废除死刑比较好?	废除死刑比较好 37.7% 不废除死刑比较好 51.5% 不知道/不能一概而论 10.8%

续表

问　　题	答案及占比
F1 受访者性别	男性 45.7% 女性 54.3%
F2 受访者年龄	20—24 岁 3.5% 25—29 岁 4.5% 30—34 岁 5.3% 35—39 岁 7.9% 40—44 岁 8.9% 45—49 岁 7.9% 50—54 岁 7.9% 55—59 岁 8.0% 60—64 岁 9.6% 65—69 岁 11.8% 70—74 岁 10.2% 75—79 岁 8.2% 80 岁以上 6.3%

表 37　“关于基本法律制度的民意调查”(2019 年)

问　　题	答案及占比
Q2 下列有关死刑制度的意见,你赞成哪一种?	死刑应当废除 9.0% →Q2SQa1,Q2SQa2 死刑也是不得已的 80.8% → Q2SQb1,Q2SQb2 不知道/不能一概而论 10.2% →Q3
Q2SQa1 你赞成“死刑应当废除”的理由是什么?请选择几个与你想法最相近的。(M.A.)(N=142)(M.T. =220.4%)	杀人即使作为刑罚也是有违人道和野蛮的 31.7% 即使是国家也不被允许杀人 31.0% 死刑错判无法挽回 50.7% 即使犯下重罪者也有改造可能 28.2% 严重犯罪不会因废除死刑而增加 32.4% 让犯罪者活着赎罪比较好 42.3% 其他 2.1% 不知道 2.1%
Q2SQa2 如果要废除死刑,你认为立即全面废除比较好,还是逐步减少死刑直至废除比较好?(N=142)	立即全面废除 36.6% 逐步减少死刑直至废除 57.0% 不知道 6.3%

续表

问　　题	答案及占比
Q2SQb1 赞成“死刑也是不得已的”的理由是什么？请选择几个与你想法最相近的。(M. A.)(N = 1270)(M. T. = 208.0%)	严重犯罪应当用生命赎罪 53.6% 如果废除死刑，被害方情绪无法平复 56.6% 如果废除死刑，严重犯罪会增加 46.3% 让犯下重罪者活着可能再犯同罪 47.4% 其他 1.6% 不知道 2.5%
Q2SQb2 你认为将来也不废除死刑比较好，还是如果情况有变，将来也可以废除死刑比较好？(N = 1270)	将来也不废除死刑 54.4% 如果情况有变，将来也可以废除死刑 39.9% 不知道 5.7%
Q3 如果没有死刑，有意见认为严重犯罪会增加，也有意见认为不会增加，你认为呢？	会增加 58.3% 不会增加 13.7% 不知道/不能一概而论 27.9%
(出示资料 1，让对方仔细阅读后再提问) 资料 1：现在仅次于死刑的重刑是必须终身服刑的“无期惩役”，但有的会被假释。与此相对，不予假释的情况即“终身监禁”，当今日本尚无此制度。 Q4 如果引入不能假释的“终身监禁”，您认为废除死刑比较好，还是即使引入终身监禁，也不废除死刑比较好？	废除死刑比较好 35.1% 不废除死刑比较好 52.0% 不知道/不能一概而论 12.8%
F1 受访者性别	男性 46.9% 女性 53.1%
F2 受访者年龄	18—19 岁 1.9% 20—24 岁 4.3% 25—29 岁 3.1% 30—34 岁 5.2% 35—39 岁 5.5% 40—44 岁 8.1% 45—49 岁 9.7% 50—54 岁 8.6% 55—59 岁 8.5% 60—64 岁 8.1% 65—69 岁 10.4% 70—74 岁 10.3% 75—79 岁 8.1% 80 岁以上 8.1%

第三章　日本死刑之适用考察

第二次世界大战结束后,美国军事占领日本。在“二战”结束后的民主化改革浪潮中,相对保守且亲美的日本自由党和民主党合并组建自由民主党(自民党)。美国结束对日占领状态后,自民党于1955年上台开始单独执政,并获得了美国政府的长期支持。自民党连续执政长达38年,全面控制着日本的政治和经济,带领日本走上了经济优先的发展道路,创造了东洋奇迹。日本的政党民主政治在这个时期名存实亡,直到1993年细川护熙上台,组建七党联合执政内阁,结束了自民党单独连续执政的历史。1955年以来的日本政治体制被称为“55年体制”,这一时代正是日本实现经济腾飞、跃升为世界经济强国的时代,“55年体制”结束之时也是日本经济逐渐不景气、国内进一步民主化呼声日高的时代。从某种意义上来说,1955年是日本进入战后新阶段的显著标志。正是基于此,本书对日本死刑的数据统计始于1955年。

基于民意支持的持续高涨和政府态度的日趋积极,因下令执行死刑多(任职342日,下令执行13例)而有“死神”之称的法务大臣鸠山邦夫曾言:“一般而言,死刑存废应慎重考量国民情感、犯罪形势、刑事政策等各个方面,由各国独立决定。在我国多数国民认为恶性犯罪应判处死刑的情况下,不应当暂停执行死刑。”①这一主张虽然受到法学界的猛烈攻击和批判,但不可否认的是:“死刑废止时机尚早论”已成为日本官方和社会公众在死刑存废问题上的基本态度,也是死刑废除论者不得不接受的现实。

一、1955—1988年的死刑适用

日本昭和时代的后半期,是新旧交替、充满阵痛的时代,是经济腾飞、社会快

---

①　鸠山邦夫＝上杉隆＝山口一臣「鳩山邦夫 現職の法務大臣がここまで語った 私が死刑を執行する理由」週刊朝日112卷52号(2007年)121頁。

速发展、充满活力的时代，也是让人对未来满怀希望的时代，还是让现代日本人无比怀念的时代。

1955—1988年，日本死刑适用经历了巨大的调整和变革，1972年前的17年，不论是从死刑终审判处人数，还是从死刑执行人数来看，死刑适用均相对较多；从1972年开始的17年，死刑适用明显减少，甚至令人开始期待“事实上废除死刑”。

在日本，死刑案件实行强制上诉和有限三审终审制。一审、二审程序中被宣判死刑的被告人，上诉期间“不得放弃上诉”，案件自动进入下一审级；上诉期满后，被告人有权撤回上诉，此举会直接使原判死刑生效。经被告人撤回上诉或三审终审致死刑裁判生效，在日本被称为“死刑确定”；死刑裁判生效后进入执行程序，在拘置所等待行刑者，被称为“死刑确定者”或“死刑囚”；被执行死刑后则被称为“死刑被执行者”或“原死刑囚”。

观察日本1955—1988年的死刑确定、执行情况（见表38、图6）[①]可见：

表38 死刑确定、执行人数（1955—1988年）

年份	死刑确定人数	死刑执行人数	年份	死刑确定人数	死刑执行人数
1955	19	32	1972	7	7
1956	22	11	1973	5	3
1957	25	39	1974	2	4
1958	21	7	1975	2	17
1959	14	30	1976	1	12
1960	36	39	1977	3	4
1961	18	6	1978	4	3
1962	14	26	1979	4	1
1963	16	12	1980	7	1
1964	11	0	1981	3	1
1965	7	4	1982	1	1
1966	12	4	1983	1	1
1967	13	23	1984	3	1
1968	11	0	1985	2	3
1969	13	18	1986	0	2
1970	12	26	1987	8	2
1971	7	17	1988	11	2

① 法務省「犯罪白書」(1960—1990年)による。

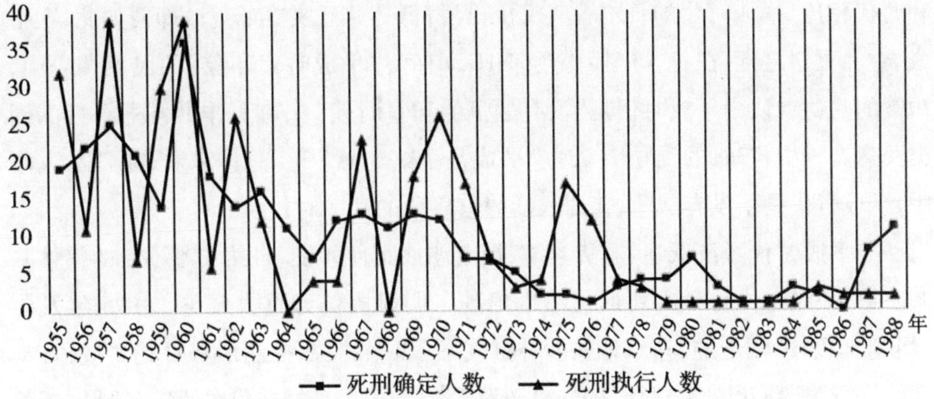

图 6　1955—1988 年死刑适用趋势

1955—1964 年，日本死刑确定、死刑执行人数均处于高位，10 年间，死刑确定共计 196 人，年均 19.6 人，死刑执行共计 202 人，年均超过 20 人；虽然死刑确定、死刑执行人数较多，但其下降趋势明显，自 1960 年死刑确定、死刑执行人数双双达到最高点后，开始逐年走低，1964 年甚至完全没有执行死刑。

1965—1976 年，日本死刑确定、死刑执行人数不断下降，12 年间，死刑确定共计 92 人，年均 7.7 人，尤其是从 1971 年开始，死刑确定人数一直维持在个位数，而且呈递减趋势；死刑执行共计 135 人，年均 11.3 人，除了 2 个年份超过 20 人、4 个年份在 10—20 人外，其余 5 个年份均不到 10 人，也出现了完全无死刑执行的年份(1968 年)，死刑执行人数整体呈下降趋势。日本学者对此有过解释①：经过"二战"后死刑适用偏多的混乱期后，法院开始抑制死刑判决，适用死刑变得非常慎重，特别是 1965 年以后，死刑适用受到了相当大的抑制。

1977—1988 年，日本死刑确定、死刑执行人数都非常少，12 年间，死刑确定共计 47 人，年均 3.9 人，如果排除 1987 年、1988 年死刑确定的 19 人，年均死刑确定不足 3 人；死刑执行共计 22 人，年均 1.8 人，有 6 个年份仅有 1 例死刑执行。

二、1989 年以来的死刑适用

1989 年，日本改元，进入平成时代，前后共计 31 年。与充满变革和进取的昭

① 斎藤静敬『死刑再考論』〔第 2 版〕(成文堂，1999 年)122－123 頁。

和时代相比,平成时代的日本暮气沉沉,经济低迷几乎贯穿始终。即便如此,在平成、令和更迭之际,在日本广播协会(NHK)有关“平成时代印象”的民意调查中,79%的受访者认为平成时代是“没有战争的和平时代”①;在日本共同通讯社的同类民意调查中,73%的受访者认为“平成是个好时代”②。总体来看,在日本人眼中,平成时代是个没有战争、普通人活得有尊严的和平时代。

与平成时代经济低迷、通货紧缩、社会恶性案件频发、自然灾难不断的整体基调一致,平成时代的日本死刑司法也出现了明显震荡和重大调整。1995年发生“奥姆真理教”制造的“东京地铁沙林毒气案”以来,犯罪控制形势日趋严峻,日本开始推行“严罚化”“重罚化”的刑事政策③,启动了提高严重犯罪的法定刑④、延长追诉时效⑤、创设裁判员制度等一系列刑事司法改革。从死刑问题的角度,以刑事司法发生重大变革的2004年为界,可将平成时代分为前后两个时期。

观察日本1989年以来的死刑确定、执行情况(见表39、图7)可见:

1989—2003年,虽然发生了以“东京地铁沙林毒气案”为治安形势恶化标志的严重犯罪案件,刑事政策开始向严调整,但因为日本死刑案件的审判过程往往极为漫长,治安压力、刑事政策对死刑裁判的压力传导严重滞后。例如1995年“东京地铁沙林毒气案”最终共判处13人死刑,直到2005年才确定首例死刑。此段时间,死刑确定、死刑执行继续维持在低位,15年间,死刑确定68人,年均4.5人;死刑执行45人,年均3人,有3个年份完全没有死刑执行。

2004—2020年,随着刑事司法改革的推进、“严罚化”刑事政策的压力传导,日本司法界对于死刑适用的态度日趋积极,死刑确定、死刑执行人数回调明显,达到高位后,又呈下降趋势。17年间,死刑确定172人,年均10.1人,呈现前期多、后

---

① 『平成は「戦争がなく平和な時代」79% NHK世論調査』NHKニュース(2019年1月1日),2022-06-12閲覧。

② 『「平成」が終幕　重い課題残るも「令和」に期待する日本の人々』人民網日本語版(2019年05月08日),2022-06-12閲覧。

③ 井田良「わが国における量刑法改革の動向」慶應法学7号(2007年)2頁。

④ 单罪从15年提高至20年,并合罪、再犯加重从20年提高至30年。

⑤ 2005年修改:可能判处死刑的,时效由15年延长为25年;可能判处无期惩役、禁锢的,时效由10年延长为15年。2010年修改:致人死亡的犯罪中,废止可能判处死刑的杀人罪、强盗杀人罪的时效,可能判处无期惩役、禁锢的,时效延长至30年,可能判处20年惩役、禁锢的,时效延长至20年,其他犯罪的时效延长至10年;未致人死亡的犯罪,时效不变,即可能判处死刑的,时效为25年,可能判处无期惩役、禁锢的,时效为15年。

期少的走向。2004—2012年，死刑确定人数占了该时期的80%以上，死刑确定人数连续9年超过9人；死刑执行86人，年均5.1人，2008年、2018年两个年份各执行15人，成为自1976年起45年间执行人数最多的年份。

表39　死刑判处、确定、执行等人数（1989—2020年）①

单位：人

年份	一审			控诉审					上告审		死刑确定			执行	狱死
	判处	杀人	强盗杀人	维持	撤诉	自判	杀人	强盗杀人	维持	撤诉	总数	杀人	强盗杀人		
1989	2	2	0	4	0	1	1	0	5	0	5	4	1	1	1
1990	2	1	1	3	0	0	0	0	7	0	7	4	3	0	0
1991	3	1	2	4	0	0	0	0	4	0	4	3	1	0	0
1992	1	0	1	3	1	1	1	0	4	0	5	2	3	0	0
1993	4	2	2	1	1	0	0	0	5	1	7	4	3	7	0
1994	8	2	6	4	0	0	0	0	2	1	3	2	1	2	0
1995	11	0	11	3	0	1	1	0	3	0	3	2	1	6	0
1996	1	0	1	3	0	0	0	0	4	0	4	2	2	6	0
1997	3	1	2	2	0	0	0	0	4	0	4	1	3	4	0
1998	7	5	2	7	1	0	0	0	5	0	6	4	2	6	0
1999	8	4	4	3	0	1	0	1	4	0	4	4	0	5	1
2000	14	6	8	4	3	2	2	0	3	0	6	2	4	3	0
2001	10	5	5	12	1	4	2	2	4	0	5	0	5	2	0
2002	18	12	6	3	0	1	1	0	2	1	3	1	2	2	0
2003	13	9	4	17	1	0	0	0	0	1	2	1	1	1	2
2004	14	9	5	11	1	4	2	2	14	0	15	5	10	2	1
2005	13	11	2	11	1	4	1	3	10	0	11	6	5	1	0
2006	13	2	11	13	2	3	1	2	17	1	20	6	14	4	0

① 数据源于日本最高裁判所「司法統計・年報(刑事事件編)」，一审判处数源自「通常第一審事件の終局総人員 全地方裁判所」「通常第一審事件のうち裁判員裁判による終局総人員 全地方裁判所」；控诉审判处数源自「控訴事件の終局総人員 第一審判決と控訴審結果との比較 全高等裁判所」「控訴事件の破棄自判人員 罪名別終局区分別 刑事控訴事件 高等裁判所管内全高等裁判所別」；上告审判处数源自「上告事件の終局総人員 控訴審判決と上告審結果との比較 最高裁判所」，其中2000年后数据已经电子化，日本最高法院官网可查。同时参考了法務省「犯罪白書」(2019年版)「平成の刑事政策」の第3編第3節「確定裁判」、法務省「矯正統計・年報」の「施設別 死刑確定者の入出所人員」。前述三类数据比对确认，制成表39。

续表

年份	一审			控诉审					上告审		死刑确定			执行	狱死
	判处	杀人	强盗杀人	维持	撤诉	自判	杀人	强盗杀人	维持	撤诉	总数	杀人	强盗杀人		
2007	14	10	4	13	5	1	0	1	18	0	23	9	14	9	1
2008	5	3	2	12	1	2	1	1	8	1	10	8	2	15	2
2009	9	5	4	7	1	2	1	1	15	1	17	11	6	7	4
2010	4	3	1	2	1	1	1	0	8	0	9	5	4	2	2
2011	10	3	7	2	3	0	0	0	21	0	24	11	13	0	3
2012	3	2	1	5	0	0	0	0	9	1	10	5	5	7	0
2013	5	2	3	3	1	0	0	0	6	0	7	5	2	8	3
2014	2	0	2	8	0	0	0	0	6	0	6	4	2	3	5
2015	4	2	2	1	0	0	0	0	3	0	3	3	0	3	1
2016	3	1	2	4	0	0	0	0	6	0	6	3	2	3	2
2017	3	3	0	0	0	0	0	0	3	0	3	1	2	4	4
2018	4	2	2	2	0	0	0	0	2	0	2	0	2	15	0
2019	2	2	0	3	1	0	0	0	2	0	4	2	2	3	0
2020	3	2	1	0	1	0	0	0	1	0	2	1	1	0	4

注：1. 控诉审判处死刑包括两种情形：控诉审维持死刑、控诉审撤销原判自判死刑。

2. 死刑确定包括三种情形：上告审维持死刑、上告审撤诉、控诉审撤诉。

3. 因放火、强盗强奸致死被判死刑的，分别计入杀人罪、强盗杀人罪。

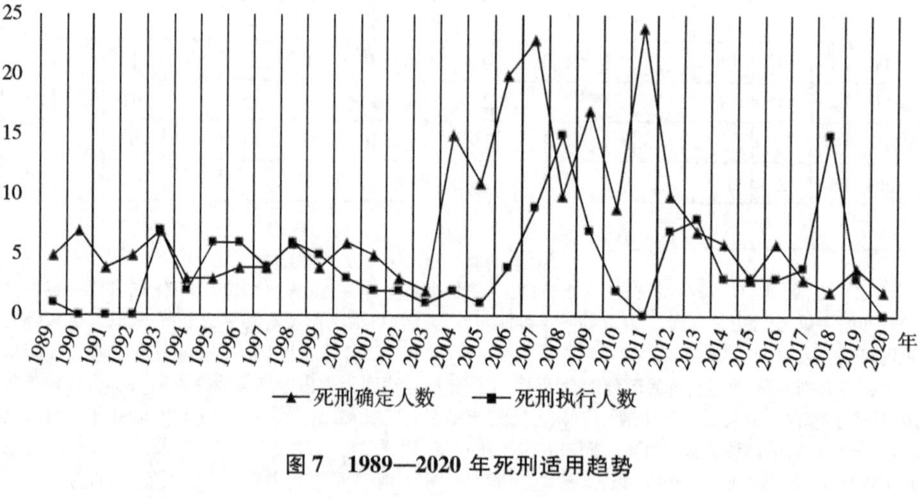

图 7　1989—2020 年死刑适用趋势

在上文分析死刑确定、死刑执行数据的基础上，还可以通过笔者梳理的1989年以来三级法院死刑判处情况（见表40），考察日本中下级法院的死刑适用动向，依然能够得出同样的结论。

表40　1989—2020年死刑适用情况对比

时间	一审死刑数	控诉审死刑数	控诉审自判死刑数	上告审死刑数	死刑确定数
1989—2020年	6.8人/年	6.6人/年	0.88人/年	6.6人/年	7.5人/年
1989—1999年	4.5人/年	3.8人/年	0.4人/年	4.5人/年	4.7人/年
2000—2011年	11.4人/年	11.6人/年	2人/年	10.3人/年	11.8人/年
2012—2020年	3.2人/年	3.2人/年	0人/年	4.4人/年	5.3人/年

虽然日本现行刑法规定了19个死刑罪名，但在日本的刑事司法实践中，死刑几乎全部适用于杀人和强盗杀人案件。1989—2020年的32年间，死刑几乎全部适用于杀人、强盗杀人案件：一审程序判处死刑共计216人，其中杀人罪111人、强盗杀人罪104人、强盗强奸致死罪1人；二审程序撤销原判后自判死刑28人，其中杀人罪16人、强盗杀人罪12人；死刑确定240人，其中杀人罪121人、强盗杀人罪118人。据日本最高法院统计①，自2009年5月至2022年3月，裁判员法庭一审共判处死刑43人，其中杀人罪22人、强盗杀人罪20人、强盗强奸致死罪1人。

观察1989—2020年三级法院死刑判处情况可见（见图8）：2000年前，日本延续了死刑慎用、节制的趋势。2000年后，受刑事政策调整的影响，死刑适用日趋积极，死刑判处人数激增，尤其二审撤销原判自判死刑占该32年的85.7%。日本学者也有类似观点：2006年为1980年以来宣判死刑最多的年份②，2007年宣判47例死刑再创新高③。2012年以后，死刑控制重回原轨道，死刑适用明显克制，判处人数不断走低，死刑司法控制渐入佳境。

---

① 最高裁判所『裁判員裁判の実施状況について（制度施行～令和4年3月末・速報』による，裁判所ウエブサイト。

② 倉橋基「裁判員制度導入後の量刑判断についての一考察：量刑判断の再構築」龍谷大学大学院法学研究9巻（2007年）130頁。

③ 柴嵜雅子「死刑論議の諸前提」国際研究論叢22巻1号（2008年）41頁。

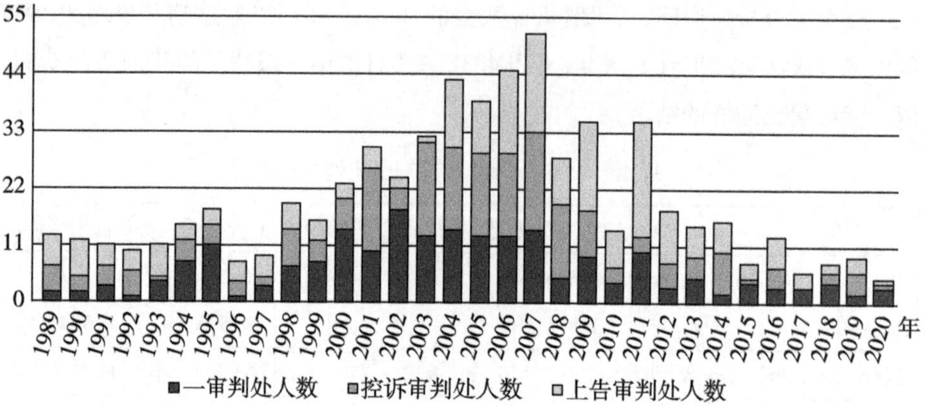

图 8　1989—2020 年死刑判处人数

三、死刑适用的数据分析

据日本纪实作家齐藤充功统计，1945 年年初至 2017 年 10 月，日本死刑确定 832 人，死刑执行 718 人。① 据田锁麻衣子博士设立的"特定活动非营利法人 CrimeInfo"统计，1950—2020 年，日本死刑确定 717 人，死刑执行 617 人，恩赦 21 人，执行前狱中死亡（以下简称狱死）49 人，释放 5 人②。

笔者根据日本官方公布的信息，结合网络数据，收集整理了 1981—2022 年全部死刑被执行者（148 人）、死刑囚狱死者（40 人）、原判死刑被再审改判无罪者（4 人）、原判死刑被暂停执行者（1 人）、死刑待执行者（106 人）的信息，并逐例研读其案件信息，提取其程序法信息，梳理其被判死刑的实体法理由，整理制作成表，详见本书所附表 44—47。这些死刑案件可以全面反映 1981 年以来日本死刑判处、死刑执行的实际情况，下文将立足笔者收集的这些死刑案件信息，试对日本死刑判处、死刑执行情况进行分析。

（一）死刑囚的高龄化

根据日本法律，适用死刑的年龄下限为 18 岁，对年龄上限并无规定。从案发

---

① 斎藤充功『恩赦と死刑囚』（洋泉社，2018 年）5 頁。

② CrimeInfo「死刑執行数」「死刑確定者 年末収容人員・入出所人員」による，https://www.crimeinfo.jp。

到死刑确定，一般需要经过检察官死刑求刑后的一审判决，经控诉审程序驳回上诉需1年左右，最高法院的上告审程序一般需要3年左右，从起诉到死刑确定一般需要5年左右。[①] 再加上死刑执行上的相对谦抑，死刑执行往往需要漫长的等待时间。这些因素叠加，共同造成了日本死刑囚的高龄化现象。笔者统计293位死刑囚的年龄信息，形成表41、图9—14，通过这些图表可以清楚地观察到日本死刑囚的高龄化现象。

自1981年以来，死刑确定后、死刑执行前，共有40位死刑囚在狱中死亡，其中病死38人、自杀2人，狱死者平均年龄71.8岁，最高龄为95岁（平泽贞通），最低龄为33岁的（上田大）；年龄超过70岁者共计22人，其中71—80岁11人、81—90岁8人、90岁以上3人。死刑确定至死亡时平均等待执行13.2年，最长等待时间为43.3年（奥西胜），最短等待时间为0.2年（伊藤稔）；如果以案发时间为起点，案发至死亡时平均时间为24.7年，最长时间为54.6年（奥西胜）。

1981年以来执行的148例死刑中，死刑被执行者平均年龄54岁，最高龄为77岁（秋山芳光），最低龄为25岁（山地悠纪夫）；被执行时年龄低于30岁者仅2人、31—40岁者18人、41—60岁79人、61—70岁者41人、超过70岁者7人。死刑确定至死刑执行平均等待时间为7.4年，最长等待时间为19.45年（秋山芳光），最短等待时间为0.97年（宅间守）；如果以案发时间为起点，至死刑执行时的平均时间为15.7年，最长时间为31.36年（秋山芳光）。

截至2022年8月，在押待执行死刑囚共计106人，平均年龄58.7岁，最高龄为94岁（大滨松三），最低龄为30岁（千叶祐太郎）；30—40岁者共计10人、41—50岁18人、51—70岁52人、超过70岁者26人。以2022年9月25日为统计节点，死刑确定后平均已等待执行的时间为14.2年，最长已等待执行的时间为51.9年（尾田信夫）；如果以案发时间为起点，平均时间则为23.9年，最长时间为55.9年（尾田信夫）。

---

① 石塚伸一「法務大臣の職責　死刑執行を命じることは、法務大臣の職責か」龍谷法学45巻2号(2012年)4－5頁。

表 41　293 位死刑囚年龄、待执行时间统计

	全部		死刑狱死者			死刑被执行者			死刑待执行者		
	作案时年龄	待执行时间	作案时年龄	死亡时年龄	待执行时间	作案时年龄	执行时年龄	待执行时间	作案时年龄	2022 年年龄	待执行时间
平均数	37.8 岁	10.6 年	45.9 岁	71.8 岁	13.2 年	37 岁	53.9 岁	7.4 年	35.3 岁	58.9 岁	13.9 年
中位数	37 岁	8.5 年	47 岁	71 岁	9.5 年	37 岁	55 岁	7.2 年	35 岁	59 岁	11.7 年
众数	37 岁	11.3 年	51 岁	62 岁	15.5 年	42 岁	44 岁	6.4 年	45 岁	47 岁	11.3 年
最小值	18 岁	0.2 年	23 岁	33 岁	0.2 年	19 岁	25 岁	1.0 年	18 岁	30 岁	0.8 年
最大值	72 岁	51.6 年	72 岁	95 岁	43.3 年	64 岁	77 岁	19.5 年	64 岁	94 岁	51.6 年
观测数	293 人		40 人			147 人			106 人		

注:1981 年以来执行的 148 例死刑中,阿部利秋年龄信息不明,未计入表 41、图 11、图 12。

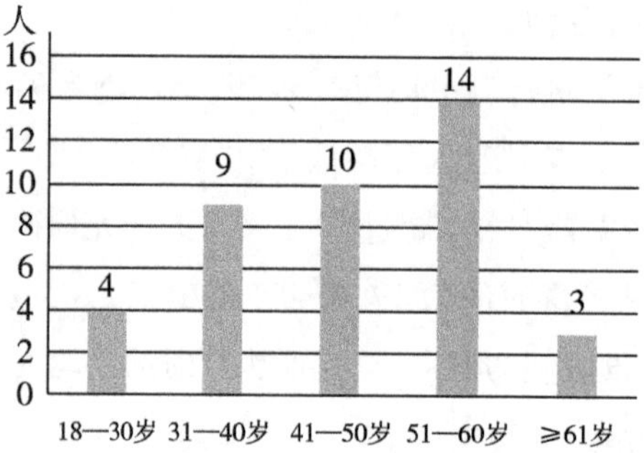

图 9　40 位狱死者作案时年龄分布

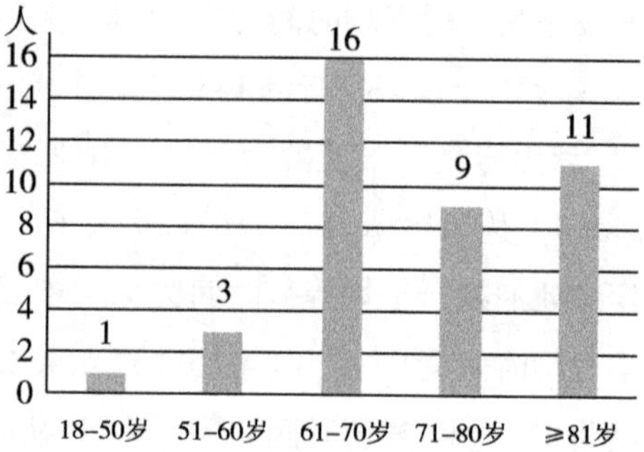

图 10　40 位狱死者死亡时年龄分布

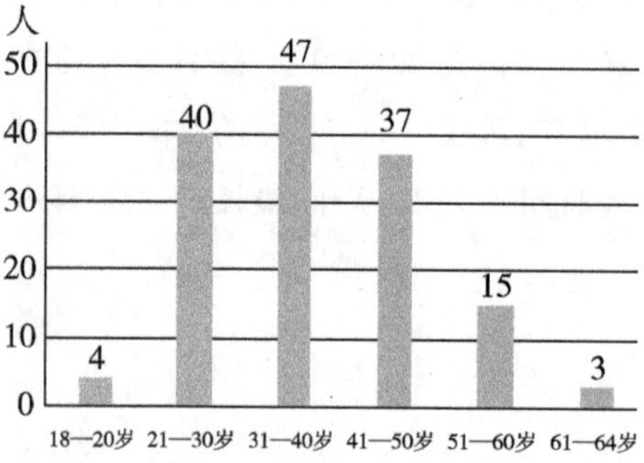

图 11　147 位被执行者作案时年龄分布

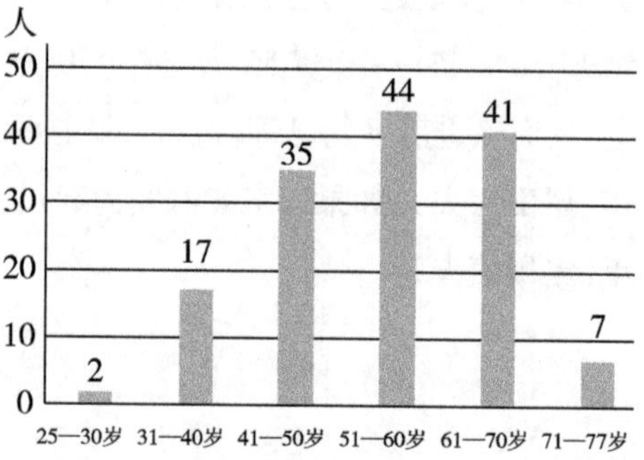

图 12　147 位被执行者执行时年龄分布

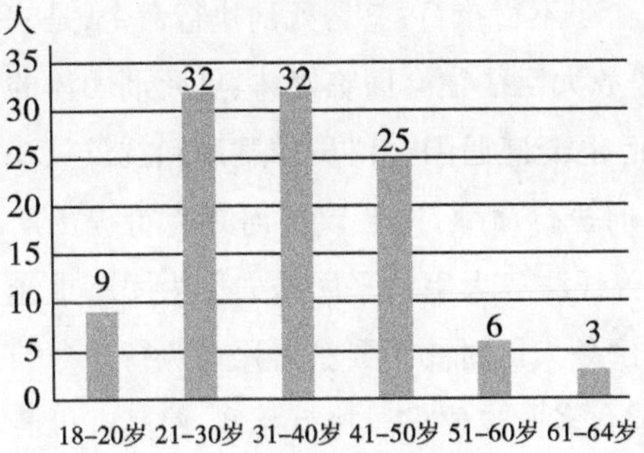

图 13 106 位待执行者作案时年龄分布

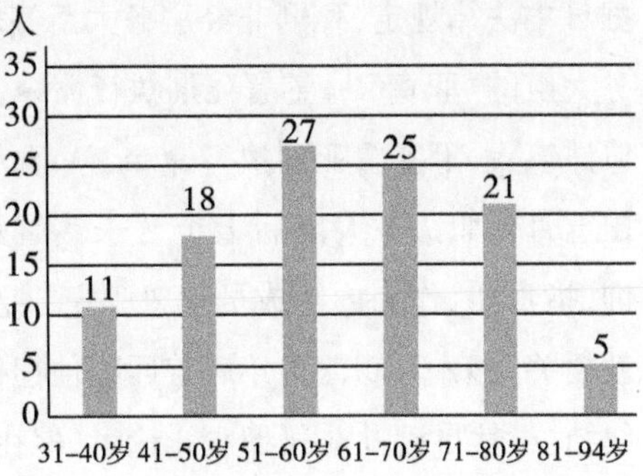

图 14 106 位待执行者 2022 年时年龄分布

根据日本现行法规定,自由刑服刑者年满 70 周岁以上时,终审法院对应的检察院或服刑地检察院的检察官可以裁量停止自由刑的执行(《刑事诉讼法》第 482 条)。但是,死刑囚的高龄、严重疾病等情况并不能成为停止行刑、恩赦的理由,如死刑囚藤波芳夫 75 岁被执行死刑时,因为身体虚弱,无法站立,被狱警扶着两肋才完成行刑①,再如 95 岁在狱中病死的平泽贞通,法务省在其 82 岁时(1974 年 11 月)曾准备执行死刑,但因为时任法务大臣滨野清吾不肯签字而未予执行②。

日本法院在裁判时会考虑被告人高龄的实际情况而谨慎适用死刑。例如 1989 年发案的“熊谷养鸡场宿舍放火杀人案”的放火实行犯,因为在 20 年有期徒刑假释期间作案,2002 年被琦玉地方法院一审判处死刑,2006 年被东京高等法院改判无期惩役,被告人 82 岁高龄成为改判的因素之一。被告人后来在 2007 年的上告程序中死亡。③ 日本媒体曾统计过,“二战”后被判死刑时的最高龄者为 2004 年制造“广岛 – 冈山独居老人被抢劫杀害案”的片冈清,死刑确定时(2011 年)其已 79 岁,5 年后其在狱中病死。④

(二)法务大臣与死刑执行

对法务大臣而言,签署死刑执行命令既是职责,也是不得不面对的苦恼。根

---

① 向井武子「藤波芳夫さんの処刑 いま初めて明かす 二〇〇六年クリスマスの日に起きたこと」年報・死刑廃止編集委員会編『年報・死刑廃止 2020』(インパクト出版会、2020 年)119 – 122 頁。

② 村野薫『死刑はこうして執行される』(講談社,2006 年)206 頁。

③ 高倉友彰「無期懲役被告 上告中に病死」,毎日新聞(2007 年 6 月 22 日),2022 – 06 – 01 閲覧。

④ 「片岡清死刑囚が死亡 広島・岡山で2 人殺害」,日本経済新聞(2016 年 2 月 15 日),2022 – 06 – 01 閲覧。

据日本法律规定,死刑非经法务大臣签署命令不得执行,签署死刑执行命令,是法务大臣的“职责”[①];签署死刑执行命令,法务大臣往往会面临媒体、反死刑团体的口诛笔伐,不签署死刑执行命令,法务大臣也会遭遇国会议员的质询和抗议。江田五月任职法务大臣后七个月未签署死刑执行命令,国会议员河井克行提出质询,指责他“作为内阁成员玩忽职守”[②]。曾任法务大臣的平冈秀夫作为团藤重光教授关门弟子,卸任多年后曾回顾他担任法务大臣时要不要签署死刑执行命令的纠结:虽然自己并非死刑废止论者,但在国会多次被要求过执行死刑,使其有机会认真思考死刑执行问题,不断地反问自己“这个案件真的可以执行死刑吗?”“如果这个案件发生在欧洲,他们不会执行死刑,而是给予生的机会。”[③]在不执行死刑可能选举失败的巨大压力下,平冈秀夫在任期之内坚持未执行死刑,之后连续经历两次选举失败后,退出政界,回归律师队伍。

2007 年 9 月 25 日,在内阁会议后的记者招待会上,时任日本法务大臣鸠山邦夫提出了“如果不涉及法务大臣也能自动(执行)死刑,会怎么样?”的问题,并进一步解释道:“不是探讨法务大臣的责任形式,而是探讨‘半年内必须执行死刑’的自动推进方法。”对此,众议院议员铃木宗男于 10 月 15 日提出质询:对于“鸠山发言”,政府如何评价?政府是什么态度?日本内阁会议通过的答辩书对此的解释是[④]:鸠山法务大臣在一系列的记者招待会上的发言,一再强调尊重法院判决、严肃执行死刑的主张;有关死刑执行命令的发言,我们的理解是旨在阐发其对死刑

---

① 2012 年 1 月 13 日,时任法务大臣小川敏夫在记者招待会上表示,签署死刑执行命令“是法律规定的法务大臣的职责,我认为这是一个非常痛苦的职务,我认为好好履行该职责是责任所在”。对此,石塚伸一系统梳理“法务大臣签署死刑执行命令”的立法原意后提出:因为死刑是严厉且无法恢复的刑罚,在内乱结束的近代日本,为了不让死刑被当权者在政治上利用,从中立的立场出发,把死刑执行交由能作出专业判断的司法行政首长负责。法务大臣的职责不是“机械地签署死刑执行命令”,而是“综合围绕行政、政治、人道的观点,判断死刑的执行是否是不得已的”。详见石塚伸一「法務大臣の職責 死刑執行を命じることは、法務大臣の職責か」龍谷法学 45 巻 2 号(2012 年)14 - 15 頁。

② 衆議院「江田五月法務大臣の死刑執行命令書への署名拒否に関する質問主意書」(河井克行,2011 年 8 月 22 日,質問第四一三号)による。

③ 平岡秀夫『法務大臣としての経験から見た死刑存廃問題』CrimeInfo 論文・エッセイ集 2 号(2018 年)12 - 14 頁。

④ 衆議院「衆議院議員鈴木宗男君提出死刑制度を取り巻く状況と死刑制度に対する政府の認識に関する質問に対する答弁書」(2007 年 10 月 23 日,内閣衆質一六八第一一九号)、衆議院「衆議院議員鈴木宗男君提出死刑制度を取り巻く国際的趨勢と死刑制度に対する政府の認識に関する質問に対する答弁書」(2008 年 2 月 12 日,内閣衆質一六九第四九号)による。

执行应有状态的感想，我们也不认为自动执行死刑的制度是必要的。关于死刑的执行，法务大臣通常会要求法务省相关部门在充分调查相关记录的基础上，对有无停止执行死刑、是否再审、有无非常上告、有无可予特赦等情况慎重讨论，在确认没有前述事由的情况下，才发出死刑执行命令。古川祯久对此有过解释[①]：在充分调查相关资料、记录的基础上，慎重研究是否存在停止执行刑罚或再审的事由，在确认没有这些事由的情况下，才发出死刑执行命令。

法务大臣的死刑观在一定程度上会左右死刑执行。在法务大臣就任记者招待会上，对死刑制度的看法、会不会执行死刑都是常被问到的问题。据日本媒体统计[②]，1966—1967 年担任法务大臣的田中伊三次曾一次性签署 23 份死刑执行命令，1948—1950 年担任法务大臣的殖田俊吉至少签署了 33 份死刑执行命令，1950—1951 年担任法务大臣的大桥武夫、1952—1954 年担任法务大臣的犬养健都至少签署了 24 份死刑执行命令。据笔者统计（见表 42），1980 年以来，签署死刑执行命令较多的法务大臣有：上川阳子（任职三次合计 1162 日，签署 16 份）、鸠山邦夫（任职 342 日，签署 13 份）、谷垣祯一（任职 617 日，签署 11 份）。也有因法务大臣拒绝在死刑执行命令上签字，任内完全未执行死刑的情况。例如[③]，1967—1968 年担任法务大臣的赤间文三，每当被催促在死刑执行命令上签字时，都会拒绝说“饶了我吧，如果签了字，马上就会有人来接我了”；1990—1991 年担任法务大臣的左藤惠以自己是真宗大谷派住持的宗教理由拒绝执行死刑；2005—2006 年担任法务大臣的杉浦正健[④]在就任记者会上发言称将以宗教观、自己的哲学为理由“不会在死刑执行命令上签字”[⑤]，其在 331 日的任期内确实未执行死刑。笔者统计的 1980 年以来的 59 任法务大臣中，有 21 任法务大臣在任期内未执行死刑。

---

① 「法務大臣臨時記者会見の概要」（2021 年 12 月 21 日）による，法務省ウエブサイト。

② 簱智広太『死刑執行数、上川法相は「歴代最多」ではない　23 人同時サインの法相も』，BuzzFeed News（2018 年 7 月 26 日），2021－12－21 閲覧。

③ 簱智広太『死刑執行数、上川法相は「歴代最多」ではない　23 人同時サインの法相も』，BuzzFeed News（2018 年 7 月 26 日），2021－12－21 閲覧。

④ 其在退出政坛后，以律师身份就任日本律师协会“死刑废止检讨委员会”顾问。

⑤ 此言一出，即引起广泛讨论，一小时后更正为“不是作为法务大臣，而是在阐述自己宗教上的信念”。平岡秀夫「法務大臣としての経験から見た死刑存廃問題」CrimeInfo 論文・エッセイ集 2 号（2018 年）第 10 頁参閲。

表 42 1980 年后历任法务大臣及死刑执行情况

法务大臣	就职日期	在职时长	死刑执行数	备注
奥野诚亮	1980 年 7 月 17 日	502 日	1	
坂田道太	1981 年 11 月 30 日	363 日	1	
秦野章	1982 年 11 月 27 日	396 日	1	
住荣作	1983 年 12 月 27 日	310 日	1	
岛崎均	1984 年 11 月 1 日	423 日	3	
铃木省吾	1985 年 12 月 28 日	207 日	2	
远藤要	1986 年 7 月 22 日	473 日	2	
林田悠纪夫	1987 年 11 月 6 日	418 日	2	
长谷川峻	1988 年 12 月 27 日	4 日	0	
高辻正己	1988 年 12 月 30 日	156 日	0	原最高法院法官
谷川和穗	1989 年 6 月 3 日	69 日	0	
后藤正夫	1989 年 8 月 10 日	203 日	1	
长谷川信	1990 年 2 月 28 日	198 日	0	
梶山静六	1990 年 9 月 13 日	108 日	0	
左藤惠	1990 年 12 月 29 日	312 日	0	
田原隆	1991 年 11 月 5 日	404 日	0	
后藤田正晴	1992 年 12 月 12 日	240 日	3	
三月章	1993 年 8 月 9 日	263 日	4	民诉法学者
永野茂门	1994 年 4 月 28 日	11 日	0	
中井洽	1994 年 5 月 8 日	54 日	0	
前田勋男	1994 年 6 月 30 日	405 日	5	
田沢智治	1995 年 8 月 8 日	63 日	0	
宫泽弘	1995 年 10 月 9 日	95 日	3	
长尾立子	1996 年 1 月 11 日	302 日	3	
松浦功	1996 年 11 月 7 日	309 日	7	
下稻叶耕吉	1997 年 9 月 11 日	323 日	3	
中村正三郎	1998 年 7 月 30 日	222 日	3	开始公布死刑执行时间

续表

法务大臣	就职日期	在职时长	死刑执行数	备注
阵内孝雄	1999 年 3 月 8 日	212 日	3	
臼井日出男	1999 年 10 月 5 日	274 日	2	
保冈兴治	2000 年 7 月 4 日	155 日	3	
高村正彦	2000 年 12 月 5 日	143 日	0	
森山真弓	2001 年 4 月 26 日	880 日	5	
野泽太三	2003 年 9 月 22 日	372 日	2	
南野知惠子	2004 年 9 月 27 日	400 日	1	
杉浦正健	2005 年 10 月 31 日	331 日	0	
长势甚远	2006 年 9 月 26 日	336 日	10	
鸠山邦夫	2007 年 8 月 27 日	342 日	13	开始公布被执行者姓名
保冈兴治	2008 年 8 月 2 日	54 日	3	再任
森英介	2008 年 9 月 24 日	358 日	9	
千叶景子	2009 年 9 月 16 日	367 日	2	法务大臣首次见证执行
柳田稔	2010 年 9 月 17 日	67 日	0	
仙谷由人	2010 年 11 月 22 日	54 日	0	
江田五月	2011 年 1 月 14 日	232 日	0	
平冈秀夫	2011 年 9 月 2 日	134 日	0	
小川敏夫	2012 年 1 月 13 日	144 日	3	
泷实	2012 年 6 月 4 日	120 日	4	
田中庆秋	2012 年 10 月 1 日	23 日	0	
泷实	2012 年 10 月 24 日	64 日	0	再任
谷垣祯一	2012 年 12 月 26 日	617 日	11	
松岛绿	2014 年 9 月 3 日	49 日	0	
上川阳子	2014 年 10 月 21 日	352 日	1	
岩城光英	2015 年 10 月 7 日	302 日	4	
金田胜年	2016 年 8 月 3 日	366 日	3	
上川阳子	2017 年 8 月 3 日	426 日	15	再任

续表

法务大臣	就职日期	在职时长	死刑执行数	备注
山下贵司	2018 年 10 月 2 日	345 日	4	
河井克行	2019 年 9 月 11 日	51 日	0	
森雅子	2019 年 10 月 31 日	322 日	1	
上川阳子	2020 年 9 月 16 日	384 日	0	再任
古川祯久	2021 年 10 月 4 日	在任中	4(截至 2022 年 9 月 25 日)	

(三)死刑执行时间与流程

根据日本《刑事诉讼法》第 475 条的规定,在死刑确定后的 6 个月内,应根据法务大臣的命令执行死刑,但在死刑确定者请求恢复上诉权或提起再审请求、非常上告、申请恩赦的场合,需等待该程序终了后方可执行,由此造成日本死刑犯等待执行的时间极为漫长。

关于执行等待时间过长的问题,日本法务大臣古川祯久对此有过解释[①]:《刑事诉讼法》规定判决确定后 6 个月内执行,但一般认为这是宣示性规定;因为死刑是一种极为重大的刑罚,所以在执行死刑时,有必要采取慎重的态度;在法治国家,确定的审判必须严格执行,这也是不言而喻的,死刑判决经法院慎重审理作出,法务大臣应该尊重法院的裁判,并根据法律的规定慎重、严正地处理。

关于死刑执行日期,日本立法体现了人道关怀。日本《刑事收容设施及被收容者处遇法》第 32 条规定,死刑确定者的处遇,应当注意使其情绪稳定。第 178 条第 2 款规定,星期日、星期六、《关于国民节日的法律》(昭和 23 年法律第 178 号)规定的假日[②]、1 月 2 日、1 月 3 日以及 12 月 29 日至 31 日,不得执行死刑。日本《刑事诉讼法》第 476 条规定,法务大臣命令执行死刑时,必须在五天内执行死刑。据笔者统计的 1982 年 11 月 25 日以来的 147 例死刑执行可见,八成以上的死刑执行发生在星期四、星期五。一般认为,星期四、星期五执行,更利于执行机构

① 「法務大臣臨時記者会見の概要」(2021 年 12 月 21 日)による,法務省ウエブサイト。坂本敏夫『死刑執行命令:死刑はいかに執行されるのか』(日本文芸社,2010 年)。

② 该法规定了包括元旦、成人日、宪法纪念日、天皇诞辰纪念日在内的 15 个法定假日。

(刑务所)准备执行手续。

表43　1982年以来147例死刑执行星期分布

	星期一	星期二	星期三	星期四	星期五
执行数	4人	20人	6人	61人	56人
备注	2006年12月25日执行4人		1987年9月30日执行2人 2002年9月18日执行2人 2010年7月28日执行2人		

根据日本法务省公布的《执行事务规程》等的规定，死刑执行的基本流程①包括：(1)死刑确定的通知。死刑确定后，检察官应通知死刑囚羁押场所(一般为拘置所)的长官，如果该羁押场所没有死刑执行设施，应将死刑确定者移送到设有死刑执行设施的拘置所②。(2)提出死刑执行申请。死刑确定后，负责指挥死刑执行的检察官(以下简称执行指挥检察官)所属检察厅③的长官应向法务大臣提交案件全部诉讼记录、判决书，申请执行死刑。(3)法务省审查。法务省刑事局负责审查死刑案件的执行申请，重点审查内容包括是否存在停止执行死刑、再审、非常上告、恩赦等事由，审查确认完全没有前述事由后④，制作“死刑执行起案书”。(4)法务大臣签署死刑执行命令。前述“死刑执行起案书”依次经法务省刑事局长、矫正局长、保护局长的审阅同意后，更名为“死刑执行命令书”，报法务省法务次官审阅，法务次官请示法务大臣同意后，最后报法务大臣签署。(5)指挥执行死刑。法务大臣签署后，将“死刑执行命令书”移送至案件执行管辖检察厅，该检察厅确定执行指挥检察官和检察事务官等，并制作“死刑执行指挥书”，执行指挥检察

① 法務省「執行事務規程」(2019年7月1日施行)，法務省ウエブサイト，坂本敏夫『死刑執行命令：死刑はいかに執行されるのか』(日本文芸社，2010年)306頁。

② 日本在7个拘置所设置有死刑执行设施：札幌拘置支所(附设于札幌刑务所)、仙台拘置支所(附设于宫城刑务所)、东京拘置所(设置死刑执行设施前，都移送仙台拘置支所执行，“送仙台”曾是死刑执行的代名词)、名古屋拘置所、大阪拘置所、广岛拘置所、福冈拘置所。

③ 根据《刑事诉讼法》第472条之规定，一审生效的死刑裁判的执行指挥，由提起公诉的检察厅管辖；二审及三审确定的死刑裁判的执行指挥，由参与二审程序的高等检察厅管辖；如果诉讼记录保存在下级检察厅，则由下级检察厅管辖，主要指未经实质审理的撤回上诉、撤回上告确定的死刑裁判。

④ 在著名的死财田川案件中，因为高松地方检察厅遗失了部分审判记录，造成了原死刑囚谷口翻义的死刑执行被无限延期的状态，后来其在死刑确定27年后被再审改判无罪。佐久間哲『死刑に処す：現代死刑囚ファイル』(自由国民社，2005年)56頁参閲。

官根据“死刑执行指挥书”指挥拘置所所长执行死刑，参与死刑执行的检察事务官制作“死刑执行始末书”。(6)死刑执行指挥的委托。在死刑囚被移送(转所羁押)的场合，法务大臣下达死刑执行命令后，执行指挥检察官应立即向(羁押待执行死刑囚的)拘置所当地的地方检察厅发送“裁判执行委托书”，委托当地检察官指挥执行死刑，同时附送“死刑执行命令书”副本、判决书副本。(7)死刑确定者提出再审请求的处理。执行指挥检察官接到法务大臣的死刑执行命令后，如果死刑确定者提出再审请求、恢复上诉权请求、赦免申请等，须迅速向法务大臣报告并接受其指挥。接受执行指挥检察官委托的检察官，应立即通知执行指挥检察官，并向法务大臣报告。

关于死刑执行前被执行人对执行时间的知情权。日本的死刑执行，直到执行当日才提前一两个小时告知被执行者。对此，两名死刑囚曾提起行政诉讼①，主张在执行当日告知被执行事宜于法无据，导致被执行死刑的死刑囚没有机会与律师会见，也没机会提出异议，有违《日本国宪法》第31条规定的正当程序，认为“以无法面对自己死亡的残酷方法执行，被执行者没有义务接受违反法定程序的死刑执行”，要求将死刑执行时间提前告知死刑被执行者，并提出损害赔偿诉求。法务省的回应是：提前告知反而会给被执行者带来更大的痛苦，执行当天告知是不得已的。1975年日本曾尝试过提前两天告知拟执行事宜②，出现了死刑囚无法面对死刑而自杀的情况，以此为契机，变更为执行当天告知。③

(四)死刑被执行者的选择

日本死刑执行的一个惯例是同案犯原则上同日执行，理由在于如果共犯不同日执行，可能遭受不平等处理的指责，也有避免给未执行的同案死刑囚造成重大不安感的考虑，亦即防止共犯自杀。随着反死刑理念的传播，同日执行多人死刑，会遭受“残虐”的指责，承担死刑执行的拘置所职员一日执行多人死刑，会面临巨大的心理压力，在实务操作上也面临困难。正是基于此，2018年7月6日、7月26日执行死刑的“奥姆真理教”13名死刑囚，原本都羁押于东京拘置所，6名死刑囚

---

① 「死刑執行“当日直前の本人告知は違法”死刑囚2人が国を提訴」，NHK(2021年11月4日)，2021－12－21閲覧。

② 戸谷喜一『死刑執行の現場から—元看守長の苦悩と死刑存続の可否』(恒友出版，1997年)91－97頁。

③ 「法務大臣臨時記者会見の概要」(2021年12月21日)による，法務省ウエブサイト。

在东京拘置所被执行,7 名死刑囚在执行前三个月被分别移送至 5 个拘置所准备执行,包括大阪拘置所(2 人)、福冈拘置所(1 人)、广岛拘置所(1 人)、名古屋拘置所(2 人)、仙台拘置支所(1 人)。

在等待执行的死刑囚数量远大于执行数量的情况下,被执行者的选择策略也是受到关注的问题。根据过往执行经验推测可知,在没有提出再审请求的情况下,死刑囚才会被纳入被执行者待选库。长期以来,在提出再审请求的情况下,一般不会考虑执行问题,2017 年后,出现了提出再审请求却被执行死刑的情况,法务省提高了对再审请求的审查力度,单纯提出再审请求不足以阻却死刑囚进入被执行者待选库,只有提出实质性再审理由的,才有可能被排除在待选库之外。基于人道的立场,在死刑执行命令审查、签发环节,如果发现死刑囚处于身体、精神方面的重病状态,或者女性死刑囚处于怀孕期间时,会中止死刑执行命令的签发,或撤回已签发的死刑执行命令,所涉死刑囚也会暂时被排除在待选库之外。

关于死刑被执行者的选择基准的问题,日本法务大臣古川祯久对此有过解释[①]:死刑执行是极其慎重之事,对每个案件,在充分调查相关资料、记录的基础上,慎重研究是否存在停止执行刑罚或再审的事由(是否有再审理由),在确认没有这些事由的情况下,才发出死刑执行命令。对于 2021 年 12 月 21 日的三例死刑执行,其中二人在再审请求期间被执行死刑的问题,在 2022 年 3 月 1 日日本第 208 届国会第 2 次法委员会会议上,议员镰田小百合提出质问,认为此举“剥夺了审查误判和冤案的可能机会”,有违《日本国宪法》第 31 条要求的“正当程序保障”,要求就“死刑对犯罪的威慑力、死刑执行的选择基准和程序”答辩。法务大臣古川祯久答辩称:“关于执行对象的选定基准和选定过程,因为涉及到等待执行的死刑确定者的情绪安定等理由,不能公开。”[②]

2008 年 6 月 17 日,制造“东京－埼玉连续诱拐幼女杀人案”的宫崎勤被执行死刑后,时任法务大臣鸠山邦夫透露过死刑被执行者的选择基准:“原则上考虑(死刑确定的)顺序,但会考虑各种各样的情况,选择并慎重研究确定可执行者。”[③]

---

① 「法務大臣臨時記者会見の概要」(2021 年 12 月 21 日)による,法務省ウエブサイト。

② 衆議院「会議録」(第 208 回国会　法務委員会　第 2 号,2022 年 3 月 1 日)による。

③ 「連続幼女誘拐殺人、宮崎死刑囚の刑執行」,日本経済新聞(2008 年 6 月 17 日),2021－12－21 閲覧。

(五)死刑执行信息公开

长期以来,日本死刑执行奉行密行主义,执行时间、被执行者等信息均不会被公布。1966年时任法务大臣田中伊三次在签署死刑执行命令后的记者招待会上,公开了即将执行23例死刑的情况,告诉记者可以报道,并应产经新闻记者的要求,做出一手拿念珠一手签署死刑执行命令的姿势供记者拍照。此举被日本媒体评论为给死刑执行的密行主义打开了一个缺口①。

1998年,时任法务大臣中村正三郎开始推动死刑执行信息公开,法务省在死刑执行后会向媒体通报死刑执行的部分信息,但不公布被执行者姓名,仅公布死刑执行时间和被执行人数,由此开始了死刑执行信息部分公开的惯例。日本律师协会认为死刑执行信息公开不足,曾要求公开更多关于死刑执行的信息,法务省列举的不公开的理由主要是死刑确定者及其家属的隐私。②

2007年,时任法务大臣鸠山邦夫开始进一步推动死刑执行信息公开,在法务大臣记者会上,鸠山邦夫亲自披露被执行者的犯罪事实和姓名。12月7日,3位死刑囚(池本登、府川博树、藤间静波)被执行死刑后,根据法务大臣的命令,相关部门向媒体公开了被执行者的实名、出生年月日、犯罪事实、执行场所。鸠山邦夫对此曾有过解释:"法务省下决心公布死刑被执行者的姓名、犯罪事实和执行场所。在犯下重大犯罪并被判死刑后,在国民看来案件就进入了黑匣子,完全不知道什么时候被执行了死刑,这实在是太奇怪了。为了获得国民对死刑被适当执行的理解,考虑到有必要公开信息,经过深思熟虑,基于法务大臣的责任做出了信息公开的判断。"③

2009年3月13日,法务省应网站运营者要求,全面公开了宫崎勤的死刑执行命令书,考虑到死刑被执行者及其家属的隐私,公开时将部分内容进行了涂黑处理。④日本不断加强死刑案件信息公开的力度,被学者作正面解读:"死刑信息公开,有

---

① 籏智広太『死刑執行数、上川法相は「歴代最多」ではない　23人同時サインの法相も』,BuzzFeed News(2018年7月26日),2021-12-21閲覧。

② 日本弁護士連合会「死刑制度問題に関する提言」(2002年)による,日本弁護士連合会ウエブサイト。

③ 衆議院「会議録」(第169回国会　法務委員会　第1号,2008年2月22日)による。

④ 小松隆次郎「死刑囚の執行、選んだ理由は黒塗り　法務省の公開文書」,朝日新聞(2017年12月30日),2021-12-21閲覧。

利于促进国民对于死刑问题的认知。”[①]

社会各界不断提出加大死刑执行信息公开力度的要求。2018 年,有人曾就全部公开死刑执行及被执行者信息的问题向法务大臣提出咨询,认为与死刑执行相关的部分信息不公开,使外界无法判断法务省选择执行对象的理由,在废除死刑呼声越来越强烈的情况下,要求进一步加强死刑执行信息的公开力度。法务省的答复书对此有比较详细的说明[②]:部分公开死刑执行信息的做法妥当,广泛公开死刑被执行者的信息,可能给被执行死刑者及相关人员带来不利和精神痛苦,也可能破坏其他死刑确定者(未执行者)的情绪,需要极其慎重地考量和处理;对于死刑被执行者,应该尽可能避免对其带来比被执行死刑更大的不利,对其人格利益应给予最大限度的保护。

(六)死刑确定后的恩赦

在日本,死刑确定后,还存在因恩赦而不被执行死刑的情况。恩赦的决定权在内阁,恩赦经由天皇认证生效。因为恩赦与国家刑罚权高度相关,会使司法权行使的效果发生变动,也有将恩赦视为司法权行使之例外的主张。

根据 1947 年颁行的日本《恩赦法》,恩赦分为大赦、特赦、减刑、免予行刑、复权。大赦,是指对政令规定的犯罪,除特别规定外,使相关犯罪的已生效裁判归于无效,未生效裁判的公诉权消灭。特赦针对被判有罪的特定人,使其有罪判决归于无效。减刑针对被判有罪的特定人,可以减轻原判刑期或者缩短执行。免于行刑针对被判有罪、实刑的特定人,使得不再执行剩余刑期。复权针对因被判有罪而被处资格刑(丧失或停止资格)的特定人,使其恢复资格。恩赦方式有两种:国家遇到重大喜事时的政令恩赦和根据特殊情况实施的个别恩赦。

“二战”后,日本死刑囚因恩赦减刑的情况主要有[③]:因《旧金山和平条约》[④]生效于1952—1954 年实施政令恩赦,犯下杀人罪、尊属杀人罪的 14 名(有 12—14 名

---

① 佐藤舞「日本の世論は死刑を支持しているのか」法律時報 87 巻 2 号(2015 年)71 頁。

② 法務大臣答申書「平成 30 年度(行情)316「特定個人に係る死刑執行上申書等の一部開示決定に関する件」(2018 年 11 月 13 日)による,総務省ウエブサイト。

③ 斎藤充功『恩赦と死刑囚』(洋泉社,2018 年)27 - 28 頁。

④ 即《旧金山对日和平条约》,是第二次世界大战 48 个战胜国与战败国日本在美国旧金山所签订的条约,旨在解决日本的领土及国际地位问题,是确定身为战败国的日本战后再次崛起、国家走向的决定性和约,1952 年 4 月 28 日生效。该和约签订时,中华人民共和国尚未恢复联合国合法席位,未参与该和约的准备、拟制和签订,故始终未予承认该和约,始终主张该和约非法、无效。

的不同说法)死刑囚,全部被减刑为无期徒役。11名死刑囚因《少年法》修订、共犯罪刑均衡、诉讼资料遗失、重度精神病等事由被个别恩赦。1975年6月17日,"福冈事件"①的共犯石井健次郎被恩赦减刑为无期徒役,就在其获悉被恩赦减刑的当日,共犯西武雄被执行死刑,甚至来不及写遗书,石井健次郎也成为日本死刑史中迄今为止最后一位被恩赦的死刑囚。② 1989年裕仁天皇驾崩,明仁天皇即位,改元"平成",当年实施了两次政令恩赦("大丧之礼""即位之礼"),惠及1267万人,均未涉及有被害人的杀人、伤害类案件。③ 2019年明仁天皇退位,德仁天皇即位,改元"令和",也实施了"即位之礼"政令恩赦,惠及55万人。④ 1989年、2019年的两次大面积恩赦,死刑确定者均未被纳入恩赦对象范围。

值得一提的是,作为"福冈事件"⑤共犯的石井健次郎和西武雄,一日之间,生死两分,一人被恩赦,另一人被行刑。古罗马帝国曾一度盛行过一种被称为"勒索死"的死刑方法,在日本被译为"克雷乌斯"(「クレウス」),该刑罚是一种溺刑,在溺死之前,将犯人和一只猴子、一只公鸡、一只狗、一只猫、一条蛇一起装入皮袋,并将袋口用线缝好后,投入水中使犯人溺死。⑥ 西武雄的死刑执行,被认为遭受了比"克雷乌斯"更残酷的刑罚。石井健次郎88岁时回忆当日情况时泪流满面:"在执行之前,(我)在运动场见到了西(武雄),并且很高兴地将自己被恩赦的事情告诉了西(武雄),我们隔着铁丝网模仿了握手。"⑦西武雄在狱中经常吟诵的俳句"喊冤震碎寒满月",在日本广泛流传,也成为"福冈事件"的常用指代。⑧

---

① 1947年5月发生于福冈市的杀害两位中国人的案件,也被称为"福冈黑市商人被杀案",西武雄、石井健次郎为本案嫌犯,虽然二人一直坚称无罪,但在1956年4月日本最高法院确定二人死刑。1975年6月,西武雄被执行死刑,石井健次郎被恩赦减刑。石井健次郎1989年12月假释出狱后,不断申请本案再审,2008年以91岁高龄去世。该案在日本被指为冤案,对该案侦查、审判的疑问至今仍在探讨。详见:内田博文編著『冤罪・福岡事件:届かなかった死刑囚の無実の叫び』(現代人文社,2011年),今井幹雄『誤殺』(東方出版,1983年)。

② 佐久間哲『死刑に処す:現代死刑囚ファイル』(自由国民社,2005年)11頁。

③ 『「即位の礼」の恩赦10月にも、軽微犯罪限定・規模縮小か」』産経新聞(2019年5月2日),2021-12-21閲覧。

④ 『「即位恩赦」閣議決定 政府 交通違反など55万人』日本経済新聞(2019年10月18日),2021-12-21閲覧。

⑤ 斎藤充功『恩赦と死刑囚』(洋泉社,2018年)62-83頁。

⑥ [法]马丁・莫内斯蒂埃:《人类死刑大观》,袁筱一等译,漓江出版社1999年版,第22页。

⑦ 毛利甚八「福岡事件 その2・国家の保身のための生贄」刑事弁護40号〔2004年〕4-7頁。

⑧ 古川泰龍『叫びたし寒満月の割れるほど』(法藏館,1991年)。

附表:日本死刑被执行者、狱死者、待执行者

说明:

(1)以田锁麻衣子博士设立的“特定活动非营利法人”CrimeInfo 官网公布的“死刑确定者全名单”等信息为基础,并结合日本最高法院官网检索获得的相关裁判文书,日本大百科全书网络版、日文搜索引擎(yahoo、goo、excite 等)检索所得信息,细致比对,最终确认信息,以此为基础整理、总结成表。

(2)未注明国籍的死刑囚均为日本籍。

(3)为尊重原文,法院名称均使用了“裁判所”,为表达简练,法院名称均用简称,“地裁”即地方裁判所,“高裁”即高等裁判所,“最高裁”即最高裁判所。

(4)为便于读者检索,死刑被执行者、狱死者、待执行者的姓名未做翻译,选用了作案时姓名(“旧姓”),姓名下括号内注明现在姓名或不同于作案时的曾用姓名,主要是基于领养、结婚、离婚等原因的“改姓”。

(5)作案时间:为被判死刑的罪行的实施时间(段)。

(6)作案时年龄:为被判死刑的罪行实施时的年龄。

(7)执行时年龄:有法务省公开的死刑执行信息的,从其信息;无公开信息的,以网络公开信息为基础进行推算。

(8)裁判时间:以判处死刑的裁判文书落款时间为准;有些死刑被告人未上诉(控诉、上告),或在上诉期内撤回,其死刑确定的日期系按照日本刑诉法计算得出。根据日本刑诉法的规定,对判决的控诉、上告期限为 14 日,从宣判或送达次日起算,最后一日是法定节假日的顺延。

(9)表中个别日期无法确定的部分,以“?”标示。计算相关数据时,根据情况取可能极值。具体为:作案、裁判日期取极大值,如“1 月”取“1 月 31 日”;执行日期取极小值,如“1 月”取“1 月 4 日”,因为 12 月 29 日至次年 1 月 3 日为日本新年,法定不可执行。并在计算结果前用“≤”“≥”予以标示。

(10)对于死刑确定后,尚未执行的死刑待执行者的等待执行时间,以本书截稿日(2022 年 6 月 10 日)为时间节点进行计算获得。

(11)表 44 之“案发后年数”,多个作案时间的,以最后一个作案时间为计算基准。

表 44　死刑被执行者信息一览表(1981 年 1 月—2022 年 8 月)

序号	姓名及 作案、执行 死刑年龄	案件及作案日期	判决情况及羁押地	罪行情节及备注	执行日期 星期 时任首相 时任法相	作案/ 死刑确定 距死刑 执行年数
1	加藤治成 45 岁作案 55 岁执行	东京连续诱拐杀人案 1966 年 1 月 21 日/ 1970 年 10 月 17 日	1973 年 1 月 31 日东京地裁　死刑 1976 年 10 月 7 日东京高裁　死刑 1978 年 1 月 26 日最高裁　死刑确定 东京拘置所	同性恋男劫持男童 两次作案致死 2 人	1981 年 1 月？日① 铃木善幸 奥野诚亮	≥10.22/ ≥2.94
2	佐藤虎美 26 岁作案 41 岁执行	藤泽市女高中生被杀案 1967 年 1 月 13 日	1969 年 3 月 18 日横滨地裁　无期惩役 1971 年 11 月 8 日东京高裁　死刑 1972 年 7 月 18 日最高裁　死刑确定 东京拘置所	奸杀女学生 致 1 人死亡	1982 年 11 月 25 日 星期四 铃木善幸 坂田道太	15.88/ 10.36
3	堀川俊彦 20 岁作案 47 岁执行	广岛高龄女性被杀案 1966 年 10 月 7 日	?? 1975 年 5 月 27 日最高裁　死刑确定 广岛拘置所	致 1 人死亡	1983 年 11 月 29 日 星期二 中曾根康弘 秦野章	17.16/ 8.52
4	中山实 39 岁作案 54 岁执行	群马县二女被杀案 1968 年 9 月 9 日/ 1971 年 3 月 12 日	1974 年 7 月 26 日前桥地裁 高崎支部　死刑 1975 年 10 月 8 日东京高裁　死刑 1978 年 6 月 22 日最高裁　死刑确定 东京拘置所	盗抢获刑假释期间去往被害人家谢罪遭遇责骂怒起行凶入室行窃败露杀人两次作案致死 2 人	1984 年 10 月 30 日 星期二 中曾根康弘 佳荣作	13.65/ 6.36

① 根据日本法规定,1981 年最早可执行死刑日期为 1 月 4 日,等待执行时间以假定 1 月 4 日执行计算。

续表

序号	姓名及作案、执行死刑年龄	案件及作案日期	判决情况及羁押地	罪行情节及备注	执行日期 星期 时任首相 时任法相	作案/死刑确定距死刑执行年数
5	古谷惣吉 47 岁作案 71 岁执行	古谷宗吉连续杀人案 1965 年 10 月 30 日—1965 年 12 月 12 日	1971 年 4 月 1 日神户地裁　死刑 1975 年 12 月 13 日大阪高裁　死刑 1978 年 11 月 28 日最高裁　死刑确定 大阪拘置所	抢劫老人致 8 人死 另有 2 起杀人已判 4 起杀人存疑不诉 警察厅广域重要指定 105 号案	1985 年 5 月 31 日 星期五 中曽根康弘 岛崎均	19.60/ 6.51
6	大島卓士 39 岁作案 53 岁执行	爱知武丰町一家三人被杀案 1971 年 5 月 1 日	1974 年 5 月 20 日名古屋地裁　死刑 1975 年 4 月 21 日名古屋高裁　死刑 1978 年 4 月 17 日最高裁　死刑确定 名古屋拘置所	意图杀人夺资产 入户行凶致 3 死	1985 年 5 月 31 日 星期五 中曽根康弘 岛崎均	14.09/ 7.13
7	阿部利秋 ？岁作案 ？岁执行	大分－福冈连续杀人案 1977 年 2 月 28 日/1977 年 3 月 8 日	1979 年 1 月？　死刑 1979 年 1 月？未提出控诉　死刑确定 福冈拘置所	致 2 人死亡	1985 年 7 月 25 日 星期四 中曽根康弘 岛崎均	8.39/ ≥6.48
8	木村繁治 40 岁作案 52 岁执行	上野灭火器商一家五人被杀案 1974 年 2 月 7 日	1975 年 12 月 22 日东京地裁　死刑 1977 年 3 月 17 日东京高裁　死刑 1979 年 12 月 25 日最高裁　死刑确定 东京拘置所	同业竞争生怨 二人合谋行凶 杀害同行 5 人	1986 年 5 月 20 日 星期二 中曽根康弘 铃木省吾	12.29/ 6.41
9	德永励一 37 岁作案 49 岁执行				1986 年 5 月 20 日 星期二 中曽根康弘 铃木省吾	12.29/ 6.41

续表

序号	姓名及 作案、执行 死刑年龄	案件及作案日期	判决情况及羁押地	罪行情节及备注	执行日期 星期 时任首相 时任法相	作案/ 死刑确定 距死刑 执行年数
10	大坪清隆 33 岁作案 43 岁执行	芦屋市夫妇遭强盗杀人案 1976 年 12 月 24 日	1977 年 3 月 30 日神户地裁尼崎支部　无期惩役 1977 年 10 月 18 日大阪高裁　死刑 1979 年 4 月 17 日最高裁　死刑确定 大阪拘置所	抢劫杀人 致死 2 人 同监死囚关系紧张 险遭古谷惣吉杀害	1987 年 9 月 30 日 星期三 中曾根康弘 远藤要	10.77/ 8.46
11	矢部光男 24 岁作案 35 岁执行	铫子市民宿母女被杀案 1976 年 6 月 15 日	1977 年 3 月 24 日千叶地裁　死刑 1979 年 3 月 15 日东京高裁　死刑 1980 年 3 月 11 日最高裁　死刑确定 东京拘置所	施工期间入住民宿 奸杀民宿女经营者 勒死 2 个月大女婴 行凶致母女 2 人死 曾因强奸杀人入狱	1987 年 9 月 30 日 星期三 中曾根康弘 远藤要	11.30/ 7.56
12	松田吉孔 23 岁作案 35 岁执行	德岛上那贺母女被杀案 1976 年 3 月 12 日	1978 年 6 月 29 日德岛地裁　无期惩役 1980 年 7 月 22 日高松高裁　死刑 1980 年 8 月 11 日撤回上告　死刑确定 大阪拘置所	入室窃财行凶 致母女 2 人死	1988 年 6 月 16 日 星期四 竹下登 林田悠纪夫	12.27/ 7.85
13	渡辺健一 38 岁作案 51 岁执行	寝屋川新婚夫妇被杀案 1975 年 8 月 23 日	1977 年 9 月 6 日大阪地裁　死刑 1978 年 3 月 31 日大阪高裁　死刑 1980 年 11 月 6 日最高裁　死刑确定 大阪拘置所	利用捡到钥匙 深夜入户劫财 杀害夫妻 2 人 妻被断脚剁指 仅剩一指报警	1988 年 6 月 16 日 星期四 竹下登 林田悠纪夫	12.82/ 7.61

续表

序号	姓名及 作案、执行 死刑年龄	案件及作案日期	判决情况及羁押地	罪行情节及备注	执行日期 星期 时任首相 时任法相	作案/ 死刑确定 距死刑 执行年数
14	近藤武数 43 岁作案 62 岁执行	熊本县妻姐一家被杀案 1970 年 7 月 4 日	1972 年 10 月 26 日熊本地裁　死刑 1977 年 7 月 27 日福冈高裁　死刑 1979 年 7 月 10 日最高裁　死刑确定 福冈拘置所	婚后妻子离家出走 怀疑妻姐夫妇作梗 行凶报复 1 死 3 伤 抢劫前科被判无期 假释期间再犯本案	1989 年 12 月 10 日 星期五 海部俊树 后藤正夫	19.37/ 10.35
15	近藤清吉 30 岁作案 55 岁执行	山林买卖强盗杀人案 1970 年 7 月 28 日/ 1971 年 5 月 20 日	1974 年 3 月 29 日福岛地裁 白河支部　死刑 1977 年 6 月 28 日仙台高裁　死刑 1980 年 4 月 25 日最高裁　死刑确定 仙台拘置支所	意图骗保劫财杀人 两次作案致 2 人死 4 次再审请求 全部被驳回	1993 年 3 月 26 日 星期五 宫泽喜一 后藤田正	21.87/ 12.93
16	立川修二郎 40 岁作案 62 岁执行	骗取保险金杀人案 1971 年 1 月 12 日— 1972 年 7 月 1 日	1976 年 2 月 18 日松山地裁　死刑 1979 年 12 月 18 日高松高裁　死刑 1981 年 6 月 26 日最高裁　死刑确定 大阪拘置所	与姐合谋骗保 杀害亲生母亲 与兄合谋杀妻 行凶致 2 人死 兄姐被判 15 年	1993 年 3 月 26 日 星期五 宫泽喜一 后藤田正	20.75/ 11.76
17	川中鉄夫 30 岁作案 48 岁执行	广域连续杀人案 1975 年 4 月 3 日— 1977 年 8 月 24 日	1980 年 9 月 13 日神户地裁　死刑 1982 年 5 月 26 日大阪高裁　死刑 1984 年 9 月 13 日最高裁　死刑确定 大阪拘置所	两次入狱达 12 年 服刑期间受欺凌 预谋杀害未得逞 决意犯案泄不满 致 3 人死 4 人伤	1993 年 3 月 26 日 星期五 宫泽喜一 后藤田正	15.60/ 8.54

续表

序号	姓名及作案、执行死刑年龄	案件及作案日期	判决情况及羁押地	罪行情节及备注	执行日期 星期 时任首相 时任法相	作案/死刑确定距死刑执行年数
18	斎藤忠夫 (小島忠夫) 42 岁作案 61 岁执行	钏路市一家三人被杀案 1974 年 8 月 6 日	1975 年 9 月 17 日钏路地裁　死刑 1977 年 8 月 23 日札幌高裁　死刑 1981 年 3 月 19 日最高裁　死刑确定 札幌拘置支所	借钱遭拒行窃被发现后行凶杀死 3 人灭门	1993 年 11 月 26 日 星期五 细川护熙 三月章	19.32/ 12.70
19	出口秀夫 51 岁作案 70 岁执行	大阪电解案 1974 年 7 月 10 日/ 1974 年 10 月 3 日	1978 年 2 月 23 日大阪地裁　死刑 1980 年 11 月 28 日大阪高裁　死刑 1984 年 4 月 27 日最高裁　死刑确定 大阪拘置所	二犯预谋劫财杀害公司专务伪造潜逃假象先后致 2 人死	1993 年 11 月 26 日 星期五 细川护熙 三月章	19.16/ 9.59
20	坂口徹 37 岁作案 56 岁执行				1993 年 11 月 26 日 星期五 细川护熙 三月章	19.16/ 9.59
21	関幸生 31 岁作案 47 岁执行	世田谷老妇遭强盗杀人案 1977 年 12 月 3 日	1979 年 5 月 17 日东京地裁　死刑 1982 年 9 月 1 日东京高裁　死刑 1982 年 9 月 16 日未提出上告　死刑确定 东京拘置所	老妇出手亿元房产暴力团体合谋夺产致 1 人死绑砖沉尸	1993 年 11 月 26 日 星期五 细川护熙 三月章	15.99/ 11.20
22	安島幸雄 27 岁作案 44 岁执行	群马县三女被杀案 1977 年 4 月 16 日	1978 年 3 月 8 日前桥地裁　死刑 1980 年 2 月 20 日东京高裁　死刑 1985 年 4 月 26 日最高裁　死刑确定 东京拘置所	婚外恋情纠纷决意报复殉情行凶致 3 人死	1994 年 12 月 1 日 星期四 村山富市 前田勋男	17.64/ 9.61

续表

序号	姓名及 作案、执行 死刑年龄	案件及作案日期	判决情况及羁押地	罪行情节及备注	执行日期 星期 时任首相 时任法相	作案/ 死刑确定 距死刑 执行年数
23	佐々木和三 56 岁作案 65 岁执行	青森旅馆杀人案 1984 年 9 月 9 日	1985 年 6 月 17 日青森地裁　死刑 1985 年 7 月 2 日撤回控诉　死刑确定 仙台拘置支所	入住旅馆劫财 抢劫致 2 人死	1994 年 12 月 1 日 星期四 村山富市 前田勋男	10.23/ 9.42
24	須田房雄 45 岁作案 53 岁执行	小裕士被诱拐杀害案 1986 年 5 月 9 日	1986 年 12 月 22 日东京地裁　死刑 1987 年 1 月 19 日撤回控诉　死刑确定 东京拘置所	筹措开店经营资金 诱拐杀害 6 岁男童	1995 年 5 月 26 日 星期五 村山富市 前田勋男	9.05/ 8.35
25	藤岡英次 23 岁作案 40 岁执行	德岛二老人被杀案 1978 年 11 月 12 日/ 1978 年 12 月 16 日	1983 年 4 月 14 日德岛地裁　死刑 1983 年 5 月 2 日撤回控诉　死刑确定 大阪拘置所	劫财杀人 两次作案 致 2 人死	1995 年 5 月 26 日 星期五 村山富市 前田勋男	16.45/ 12.07
26	小宅重穂 （田中重穂） 51 岁作案 70 岁执行	东村山警察署杀人案 1976 年 10 月 18 日	1977 年 11 月 18 日东京地裁 八王子支部　死刑 1981 年 7 月 7 日东京高裁　死刑 1987 年 10 月 23 日最高裁　死刑确定 东京拘置所	预谋伪装警察绑架 为抢夺手枪和证件 袭击警察致 1 人死 缓刑期间再犯本案	1995 年 5 月 26 日 星期五 村山富市 前田勋男	18.61/ 7.59
27	木村修治 30 岁作案 45 岁执行	名古屋诱拐女大学生 杀人案 1980 年 12 月 2 日	1982 年 3 月 23 日名古屋地裁　死刑 1983 年 1 月 26 日名古屋高裁　死刑 1987 年 7 月 9 日最高裁　死刑确定 名古屋拘置所	身负巨债预谋劫财 诱拐杀害女大学生 致 1 人死抛尸河中	1995 年 12 月 21 日 星期四 村山富市 宫泽弘	15.06/ 8.46

续表

序号	姓名及作案、执行死刑年龄	案件及作案日期	判决情况及羁押地	罪行情节及备注	执行日期 星期 时任首相 时任法相	作案/死刑确定距死刑执行年数
28	平田直人 47岁作案 63岁执行	女中学生被诱拐杀害案 1979年3月28日/ 1979年5月15日	1980年10月2日熊本地裁　死刑 1982年4月27日福冈高裁　死刑 1987年12月18日最高裁　死刑确定 福冈拘置所	诈骗案发被通缉 逃亡中诱拐杀人 行窃熟人再行凶 两次作案致2人死	1995年12月21日 星期四 村山富市 宫泽弘	16.61/ 8.01
29	篠原德次郎 54岁作案 68岁执行	群马县二女被杀案 1981年10月2日/ 1982年7月3日	1983年12月26日前桥地裁　死刑 1985年1月17日东京高裁　死刑 1988年5月20日最高裁　死刑确定 东京拘置所	强奸遭遇反抗失败 掩盖形迹杀人灭口 恶作剧遇老人惊叫 受惊勒颈堵口杀人 两次作案致2人死 警察监控期间作案 负责警察被捕查办	1995年12月21日 星期四 村山富市 宫泽弘	13.48/ 7.59
30	杉本嘉昭 33岁作案 49岁执行	北九州医院院长被杀案 1979年11月4日	1982年3月16日福冈地裁小仓支部　死刑 1984年3月14日福冈高裁　死刑 1988年4月15日最高裁　死刑确定 福冈拘置所	二人合谋劫财 残忍杀害熟人 索要赎金失败 碎尸沉入大海 行凶致1人死 1人被害2人死刑 “二战”以来第11例	1996年7月11日 星期四 桥本龙太郎 长尾立子	16.70/ 8.24
31	横山一美 27岁作案 43岁执行				1996年7月11日 星期四 桥本龙太郎 长尾立子	16.70/ 8.24

续表

序号	姓名及作案、执行死刑年龄	案件及作案日期	判决情况及羁押地	罪行情节及备注	执行日期 星期 时任首相 时任法相	作案/死刑确定距死刑执行年数
32	石田三樹男 33岁作案 48岁执行	神田大厦放火杀人案 1981年7月6日	1982年12月7日东京地裁　死刑 1984年3月15日东京高裁　死刑 1988年7月1日最高裁　死刑确定 东京拘置所	贪污公司资金 放火烧毁账簿 卷款潜逃遇阻 球棒连杀2人	1996年7月11日 星期四 桥本龙太郎 长尾立子	15.02/ 8.03
33	平田光成 42岁作案 60岁执行	银座妈妈桑等被杀案 1978年5月21日/ 1978年6月10日	1980年1月18日东京地裁　死刑 1982年1月21日东京高裁　死刑 1988年10月17日撤回上告　死刑确定 东京拘置所	经营资金周转难 与下属合谋劫财 先杀银座妈妈桑 后害陪浴从业女 两次作案致2人死	1996年12月20日 星期五 桥本龙太郎 松浦功	18.54/ 8.18
34	野口悟 31岁作案 50岁执行		1980年1月18日东京地裁　死刑 1982年1月21日东京高裁　死刑 1990年2月1日最高裁　死刑确定 东京拘置所		1996年12月20日 星期五 桥本龙太郎 松浦功	18.54/ 6.89
35	今井義人 42岁作案 55岁执行	原昭和石油董事一家被杀案 1983年1月29日	1984年6月5日东京地裁　死刑 1985年11月29日东京高裁　死刑 1988年10月24日撤回上告　死刑确定 东京拘置所	向伯父借款遭拒 入室劫财杀3人	1996年12月20日 星期五 桥本龙太郎 松浦功	13.90/ 8.16

续表

序号	姓名及 作案、执行 死刑年龄	案件及作案日期	判决情况及羁押地	罪行情节及备注	执行日期 星期 时任首相 时任法相	作案/ 死刑确定 距死刑 执行年数
36	永山則夫 19 岁作案 48 岁执行	少年连续射击杀人案 1968 年 10 月 11 日— 1968 年 11 月 5 日	1979 年 7 月 10 日东京地裁　死刑 1981 年 8 月 21 日东京高裁　无期惩役 1983 年 7 月 8 日最高裁　发回重审 1987 年 3 月 18 日东京高裁　死刑 1990 年 4 月 17 日最高裁　死刑确定 东京拘置所	美军基地盗取枪支 不足一月连杀 4 人 “永山基准”肇始 狱中著书十五部	1997 年 8 月 1 日 星期五 桥本龙太郎 松浦功	28.76/ 7.30
37	日高安政 40 岁作案 54 岁执行	夕张市骗保放火杀人案 1984 年 5 月 5 日	1987 年 3 月 9 日札幌地裁　死刑 1988 年 10 月 13 日撤回控诉　死刑确定 札幌拘置支所	夫妻合谋骗保 自营餐厅纵火 致 6 死 1 重伤 “二战”后第 4 位 女性死刑犯 夫妇同日死刑执行	1997 年 8 月 1 日 星期五 桥本龙太郎 松浦功	13.25/ 8.81
38	日高信子 37 岁作案 51 岁执行		1987 年 3 月 9 日札幌地裁　死刑 1988 年 10 月 11 日撤回控诉　死刑确定 札幌拘置支所		1997 年 8 月 1 日 星期五 桥本龙太郎 松浦功	13.25/ 8.81
39	神田英樹 30 岁作案 43 岁执行	父亲等三人被杀案 1985 年 3 月 8 日	1986 年 5 月 20 日浦和地裁　死刑 1986 年 12 月 22 日东京高裁　死刑 1989 年 11 月 20 日最高裁　死刑确定 东京拘置所	弟弟自杀迁怒于父 周密计划向父复仇 生父一家 3 人遇害	1997 年 8 月 1 日 星期五 桥本龙太郎 松浦功	12.41/ 7.70

续表

序号	姓名及作案、执行死刑年龄	案件及作案日期	判决情况及羁押地	罪行情节及备注	执行日期 星期 时任首相 时任法相	作案/死刑确定距死刑执行年数
40	村竹正博 33 岁作案 54 岁执行	长崎三人被杀案 1978 年 3 月 21 日— 1978 年 3 月 22 日	1983 年 3 月 30 日长崎地裁佐世保支部　无期惩役 1985 年 10 月 18 日福冈高裁　死刑 1990 年 4 月 27 日最高裁　死刑确定 福冈拘置所	濒临破产向友要债遭其拒绝心生杀意杀害朋友及其朋友杀妻自伤预谋骗保两次作案致 3 人死	1998 年 6 月 25 日 星期四 桥本龙太郎 下稻叶耕吉	20.27/ 8.17
41	武安幸久 47 岁作案 66 岁执行	直方市强盗杀人案 1980 年 4 月 23 日	1981 年 7 月 14 日福冈地裁小仓支部　死刑 1986 年 12 月 2 日福冈高裁　死刑 1990 年 12 月 14 日最高裁　死刑确定 福冈拘置所	入室劫财行凶致 1 死 1 重伤 杀人前科判无期假释一年再犯案	1998 年 6 月 25 日 星期四 桥本龙太郎 下稻叶耕吉	18.18/ 7.53
42	島津新治 51 岁作案 66 岁执行	柏青哥赠品店杀人案 1983 年 1 月 16 日	1984 年 1 月 23 日东京地裁　死刑 1985 年 7 月 8 日东京高裁　死刑 1991 年 2 月 5 日最高裁　死刑确定 东京拘置所	借钱遭拒行凶致 1 老人死亡 杀人前科判无期释放七年再犯案	1998 年 6 月 25 日 星期四 桥本龙太郎 下稻叶耕吉	15.45/ 7.39
43	津田暎 44 岁作案 59 岁执行	福山市诱拐学童杀人案 1984 年 2 月 13 日— 1984 年 2 月 14 日	1985 年 7 月 17 日广岛地裁福山支部　死刑 1986 年 10 月 21 日广岛高裁　死刑 1991 年 6 月 11 日最高裁　死刑确定 广岛拘置所	教练身负巨债诱拐学员索财致学童 1 人死	1998 年 11 月 19 日 星期四 小渊惠三 中村正三郎	14.77/ 7.45

续表

序号	姓名及 作案、执行 死刑年龄	案件及作案日期	判决情况及羁押地	罪行情节及备注	执行日期 星期 时任首相 时任法相	作案/ 死刑确定 距死刑 执行年数
44	西尾立昭 40 岁作案 61 岁执行	日建土木案 1977 年 1 月 7 日	1980 年 7 月 8 日名古屋地裁　死刑 1981 年 9 月 10 日名古屋高裁　死刑 1989 年 3 月 28 日最高裁　死刑确定 名古屋拘置所	日建土木经营者合谋暴力团骗保安排职务并投保行凶三次致 1 人死 西尾系暴力团组长四次前科又行本案主谋被判无期徒役	1998 年 12 月 19 日 星期四 小渊惠三 中村正三郎	21.88/ 9.65
45	井田正道 37 岁作案 56 岁执行	名古屋骗保杀人案 1979 年 11 月 19 日—1983 年 12 月 25 日	1985 年 12 月 2 日名古屋地裁　死刑 1987 年 3 月 31 日名古屋高裁　死刑 1987 年 4 月 15 日未提出上告　死刑确定 名古屋拘置所	为骗保行凶杀人三次作案致 3 人死 主犯竹内敏彦死刑	1998 年 11 月 19 日 星期四 小渊惠三 中村正三郎	14.91/ 11.61
46	佐藤真志 42 岁作案 62 岁执行	幼女被杀案 1979 年 7 月 28 日	1981 年 3 月 16 日东京地裁　死刑 1985 年 9 月 17 日东京高裁　死刑 1992 年 2 月 18 日最高裁　死刑确定 东京拘置所	意图施暴幼女遭遇反抗行凶致 3 岁幼女死 奸杀幼女前科无期刑满五年	1999 年 9 月 10 日 星期五 小渊惠三 阵内孝雄	20.13/ 7.56

续表

序号	姓名及 作案、执行 死刑年龄	案件及作案日期	判决情况及羁押地	罪行情节及备注	执行日期 星期 时任首相 时任法相	作案/ 死刑确定 距死刑 执行年数
47	高田勝利 52 岁作案 61 岁执行	饮食店女经营者被杀案 1990 年 5 月 2 日	1992 年 6 月 18 日福岛地裁郡山支部　死刑 1992 年 7 月 3 日未提出控诉　死刑确定 仙台拘置支所	劫财杀人 致 3 人死 杀人等三次前科 成年后服刑 30 年 出狱二月再犯案	1999 年 9 月 10 日 星期五 小渊惠三 阵内孝雄	9.36/ 7.19
48	森川哲行 55 岁作案 69 岁执行	熊本市母女被杀案 1985 年 7 月 24 日	1986 年 8 月 5 日熊本地裁　死刑 1987 年 6 月 22 日福冈高裁　死刑 1992 年 9 月 24 日最高裁　死刑确定 福冈拘置所	七次前科屡入狱 曾杀岳母伤前妻 无期假释间行凶 收监七年后释放 计划报复杀多人 前妻 2 亲属遇害	1999 年 9 月 10 日 星期五 小渊惠三 阵内孝雄	14.14/ 6.96
49	小野照男 40 岁作案 62 岁执行	长崎避雨借宿杀人案 1977 年 9 月 24 日	1978 年 9 月 18 日长崎地裁　死刑 1979 年 9 月 25 日福冈高裁　死刑 1981 年 6 月 16 日最高裁　死刑确定 福冈拘置所	入户避雨后借宿 奸杀独居 1 老妇 再审请求期间执行 近 40 年来行刑特例	1999 年 12 月 17 日 星期五 小渊惠三 臼井日出男	22.24/ 18.52
50	佐川和男 30 岁作案 48 岁执行	大宫市母女被杀案 1981 年 4 月 4 日	1982 年 3 月 30 日浦和地裁　死刑 1987 年 6 月 23 日东京高裁　死刑 1991 年 11 月 29 日最高裁　死刑确定 东京拘置所	为钱所困共谋劫财 深夜行窃熟人露形 行凶致死母女 2 人 共犯逃亡途中病死	1999 年 12 月 17 日 星期五 小渊惠三 臼井日出男	18.72/ 8.05

续表

序号	姓名及作案、执行死刑年龄	案件及作案日期	判决情况及羁押地	罪行情节及备注	执行日期 星期 时任首相 时任法相	作案/死刑确定距死刑执行年数
51	勝田清孝 （藤原清孝） 24 岁作案 52 岁执行	胜田清孝连续杀人案 1972 年 9 月 13 日—1983 年 1 月 31 日	1986 年 3 月 24 日名古屋地裁　死刑 1988 年 2 月 19 日名古屋高裁　死刑 1994 年 1 月 17 日最高裁　死刑确定 名古屋拘置所	消防队长犯案 自供杀死 22 人 审判认定 8 人 1980 年曾判缓刑 两段犯罪被分案 检方求刑二死刑 一人被判二死刑 “二战”以来第二人 警察厅广域重要 指定 113 号案 被称为“近代日本最邪恶的罪犯”	2000 年 11 月 30 日 星期四 森喜朗 保冈兴治	17.84/ 6.87
52	宮脇喬 45 岁作案 57 岁执行	前妻亲属三人被杀案 1989 年 2 月 14 日	1989 年 12 月 14 日岐阜地裁　死刑 1990 年 7 月 16 日名古屋高裁　死刑 1994 年 3 月 7 日撤回上告　死刑确定 名古屋拘置所	男子出轨离婚 事后意图复婚 前妻家人阻拦 报复杀害 3 人	2000 年 11 月 30 日 星期四 森喜朗 保冈兴治	11.80/ 6.74
53	大石国勝 38 岁作案 55 岁执行	邻居一家三人被杀案 1982 年 5 月 16 日	1987 年 3 月 12 日佐贺地裁　死刑 1989 年 10 月 24 日福冈高裁　死刑 1995 年 4 月 21 日最高裁　死刑确定 福冈拘置所	邻里纠纷动杀心 动手行凶致 3 死	2000 年 11 月 30 日 星期四 森喜朗 保冈兴治	18.56/ 5.62

续表

序号	姓名及作案、执行死刑年龄	案件及作案日期	判决情况及羁押地	罪行情节及备注	执行日期 星期 时任首相 时任法相	作案/死刑确定距死刑执行年数
54	朝倉幸治郎 48 岁作案 66 岁执行	练马区一家五人被杀案 1983 年 6 月 28 日	1985 年 12 月 20 日东京地裁　死刑 1990 年 1 月 23 日东京高裁　死刑 1996 年 11 月 14 日最高裁　死刑确定 东京拘置所	买人二手房屋 房主拒不搬离 无奈行凶杀人 致一家 5 人死	2001 年 12 月 27 日 星期四 小泉纯一郎 森山真弓	18.51/ 5.12
55	竹内敏彦 （長谷川敏彦） 29 岁作案 51 岁执行	名古屋骗保杀人案 1979 年 11 月 19 日—1983 年 12 月 25 日	1985 年 12 月 5 日名古屋地裁　死刑 1987 年 3 月 31 日名古屋高裁　死刑 1993 年 9 月 21 日最高裁　死刑确定 名古屋拘置所	为骗保行凶杀人 三次作案致 3 人死 同犯井田正道死刑	2001 年 12 月 27 日 星期四 小泉纯一郎 森山真弓	18.02/ 8.27
56	田本竜也 （春田竜也） 21 岁作案 36 岁执行	大学生被绑架杀害案 1987 年 9 月 14 日—1987 年 9 月 15 日	1988 年 3 月 30 日熊本地裁　死刑 1991 年 3 月 26 日福冈高裁　死刑 1998 年 4 月 23 日最高裁　死刑确定 福冈拘置所	三人合谋劫财 绑架中学同学 行凶致 1 人死	2002 年 9 月 18 日 星期三 小泉纯一郎 森山真弓	15.02/ 4.41
57	浜田美輝 43 岁作案 51 岁执行	坂祝町一家三人被杀案 1994 年 6 月 3 日	1998 年 5 月 15 日岐阜地裁　死刑 1998 年 6 月 3 日撤回控诉　死刑确定 名古屋拘置所	家暴吓跑女友 怀疑岳父隐藏 行凶致 3 人死	2002 年 9 月 18 日 星期三 小泉纯一郎 森山真弓	8.30/ 4.30
58	前原伸二 （向井伸二） 24 岁作案 42 岁执行	母子等三人被杀案 1985 年 11 月 29 日/1985 年 12 月 3 日	1988 年 2 月 26 日神户地裁　死刑 1990 年 10 月 3 日大阪高裁　死刑 1996 年 12 月 17 日最高裁　死刑确定 大阪拘置所	服刑期间谋劫财 出狱三天即作案 两次抢劫致 3 人死	2003 年 9 月 12 日 星期五 小泉纯一郎 森山真弓	17.79/ 6.74

续表

序号	姓名及 作案、执行 死刑年龄	案件及作案日期	判决情况及羁押地	罪行情节及备注	执行日期 星期 时任首相 时任法相	作案/ 死刑确定 距死刑 执行年数
59	宅間守 (吉岡守) 37 岁作案 40 岁执行	大阪池田小学校杀人案 2001 年 6 月 8 日	2003 年 8 月 28 日大阪地裁　死刑 2003 年 9 月 26 日撤回控诉　死刑确定 大阪拘置所	诸事不顺报复社会 闯入小学行凶杀人 致 8 人死 15 人伤 一心求死毫无悔意 死刑确定后 353 天被执行,近年特例	2004 年 9 月 14 日 星期二 小泉纯一郎 野泽太三	3.27/ 0.97
60	嶋崎末男 42 岁作案 59 岁执行	熊本骗保杀人案 1988 年 3 月 13 日/ 1988 年 3 月 25 日/ 1988 年 5 月 17 日	1992 年 11 月 30 日熊本地裁　无期懲役 1995 年 3 月 16 日福冈高裁　死刑 1999 年 3 月 9 日最高裁　死刑确定 福冈拘置所	暴力团组长欲骗保 骗保失败杀人灭口 三次作案致 3 人死	2004 年 9 月 14 日 星期二 小泉纯一郎 野泽太三	16.34/ 5.52
61	北川晋 36 岁作案 58 岁执行	千叶－高知连续杀人案 1983 年 8 月 16 日/ 1989 年 2 月 6 日	1994 年 2 月 23 日高知地裁　死刑 1995 年 3 月 30 日高松高裁　死刑 2000 年 2 月 4 日最高裁　死刑确定 大阪拘置所	顺风车搭讪女性 施暴劫财致 3 人死 两案间因强奸入狱	2005 年 9 月 16 日 星期五 小泉纯一郎 南野知惠子	16.62/ 5.62
62	秋山芳光 46 岁作案 77 岁执行	秋山兄弟杀人案 1975 年 8 月 25 日	1976 年 12 月 16 日东京地裁　死刑 1980 年 3 月 27 日东京高裁　死刑 1987 年 7 月 17 日最高裁　死刑确定 东京拘置所	与兄合谋骗保 杀妻计划失败 劫财致 1 人死 其兄被判无期 77 岁被执行死刑 “二战”以来最高龄 死刑确定后 19 年 为史上最长记录	2006 年 12 月 25 日 星期一 安倍晋三 长势甚远	31.36/ 19.45

续表

序号	姓名及作案、执行死刑年龄	案件及作案日期	判决情况及羁押地	罪行情节及备注	执行日期 星期 时任首相 时任法相	作案/死刑确定距死刑执行年数
63	藤波芳夫 49 岁作案 75 岁执行	前妻一家被杀案 1981 年 3 月 29 日	1982 年 2 月 19 日宇都宫地裁 死刑 1987 年 11 月 11 日东京高裁 死刑 1993 年 9 月 9 日最高裁 死刑确定 东京拘置所	妄想前妻不贞 离婚后欲报复 杀害妻兄一家 致 2 人死 2 人重伤 与死刑囚宫崎 知子狱中结婚	2006 年 12 月 25 日 星期一 安倍晋三 长势甚远	25.76/ 13.30
64	日高広明 34 岁作案 44 岁执行	广岛四女被杀案 1996 年 4 月 18 日— 1996 年 9 月 14 日	2000 年 2 月 9 日广岛地裁 死刑 2000 年 2 月 24 日未提出控诉 死刑确定 广岛拘置所	抢劫援交高中女生 四次作案致 4 人死	2006 年 12 月 25 日 星期一 安倍晋三 长势甚远	10.28/ 6.88
65	福岡道雄 36 岁作案 64 岁执行	高知伪装三重杀人案 1978 年 12 月 8 日/ 1980 年 4 月 19 日/ 1981 年 1 月 30 日	1988 年 3 月 9 日高知地裁 死刑 1994 年 3 月 8 日高松高裁 死刑 1999 年 6 月 25 日最高裁 死刑确定 大阪拘置所	口角升级杀死妻姐 伪造书信伪装离家 为灭口再杀代笔女 岳父要债动手杀人 四次作案致 3 人死	2006 年 12 月 25 日 星期一 安倍晋三 长势甚远	25.92/ 7.51
66	名田幸作 32 岁作案 56 岁执行	赤穗市杀害同事母子案 1983 年 1 月 19 日	1984 年 7 月 10 日神户地裁姬路支部 死刑 1987 年 1 月 23 日大阪高裁 死刑 1992 年 9 月 29 日最高裁 死刑确定 大阪拘置所	赌博巨债难还 诈骗同事妻子 杀害母子 2 人	2007 年 4 月 27 日 星期五 安倍晋三 长势甚远	24.28/ 14.58

续表

序号	姓名及作案、执行死刑年龄	案件及作案日期	判决情况及羁押地	罪行情节及备注	执行日期 星期 时任首相 时任法相	作案/死刑确定距死刑执行年数
67	小田義勝 42 岁作案 59 岁执行	福冈赤池町骗保杀人案 1990 年 12 月 25 日—1990 年 12 月 26 日	2000 年 3 月 15 日福冈地裁　死刑 2000 年 3 月 30 日撤回控诉　死刑确定 福冈拘置所	二犯共谋骗保 伪装殉情自杀 行凶致 2 人死	2007 年 4 月 27 日 星期五 安倍晋三 长势甚远	16.35/ 7.08
68	宫下政弘 (田中政弘) 20 岁作案 42 岁执行	东京、神奈川、香川、德岛四地连续杀人案 1984 年 11 月 15 日—1991 年 3 月 8 日	1994 年 1 月 27 日横滨地裁　死刑 1995 年 12 月 20 日东京高裁　死刑 2000 年 9 月 8 日最高裁　死刑确定 东京拘置所	琐事纠纷行凶杀人 四次作案致 4 人死	2007 年 4 月 27 日 星期五 安倍晋三 长势甚远	16.15/ 6.64
69	竹澤一二三 52 岁作案 69 岁执行	栃木县连续杀人案 1990 年 9 月 13 日/ 1993 年 7 月 28 日	1998 年 3 月 24 日宇都宫地裁　死刑 2000 年 12 月 11 日东京高裁　死刑 2000 年 12 月 26 日未提出上告　死刑确定 东京拘置所	怀疑妻子出轨 行凶致 3 人死 放火烧屋焚尸	2007 年 8 月 23 日 星期四 安倍晋三 长势甚远	14.08/ 6.66
70	瀬川光三 44 岁作案 60 岁执行	富山市夫妇被杀案 1991 年 5 月 7 日	1993 年 7 月 15 日富山地裁　死刑 1997 年 3 月 11 日名古屋高裁 金泽支部　死刑 2001 年 1 月 30 日最高裁　死刑确定 名古屋拘置所	为钱所困共谋劫财 持枪抢劫致 2 人死 同犯被判无期惩役	2007 年 8 月 23 日 星期四 安倍晋三 长势甚远	16.31/ 6.56
71	岩本義雄 51 岁作案 63 岁执行	东京连续强盗杀人案 1996 年 6 月 10 日/ 1999 年 7 月 8 日	2001 年 2 月 1 日东京地裁　死刑 2001 年 2 月 16 日撤回控诉　死刑确定 东京拘置所	赌博输光预谋抢劫 作案两次致 2 人死 审判中求死刑赎罪	2007 年 8 月 23 日 星期四 安倍晋三 长势甚远	8.13/ 6.52

续表

序号	姓名及作案、执行死刑年龄	案件及作案日期	判决情况及羁押地	罪行情节及备注	执行日期 星期 时任首相 时任法相	作案/死刑确定距死刑执行年数
72	池本登 52 岁作案 74 岁执行	猎枪杀害近邻三人案 1985 年 6 月 3 日	1988 年 3 月 22 日德岛地裁　无期惩役 1989 年 11 月 28 日高松高裁　死刑 1996 年 3 月 4 日最高裁　死刑确定 大阪拘置所	邻里纠纷生怨 持枪杀害 3 人 死刑执行后,法务省首度公开罪犯姓名、年龄、犯罪事实等	2007 年 12 月 7 日 星期五 福田康夫 鸠山邦夫	22.53/ 11.77
73	府川博樹 33 岁作案 42 岁执行	江户川抢劫杀害老年母女案 1999 年 4 月 19 日	2001 年 3 月 21 日东京地裁　死刑 2001 年 12 月 19 日东京高裁　死刑 2003 年 1 月 5 日撤回上告　死刑确定 东京拘置所	为讨女友欢心 借钱遭拒行凶 致母女 2 人死 91 岁高龄被害	2007 年 12 月 7 日 星期五 福田康夫 鸠山邦夫	8.64/ 4.92
74	藤間静波 21 岁作案 47 岁执行	藤泽市母女三人被杀案 1981 年 10 月 6 日/ 1982 年 5 月 27 日/ 1982 年 6 月 5 日	1988 年 3 月 10 日横滨地裁　死刑 2000 年 1 月 24 日东京高裁　死刑 2004 年 6 月 15 日最高裁　死刑确定 东京拘置所	共犯盗窃起纠纷 杀害同犯掩形迹 向少女求爱遭拒 狱友共犯杀母女 逃亡路上杀共犯 三次作案致 5 人死 警察厅广域重要指定 112 号案	2007 年 12 月 7 日 星期五 福田康夫 鸠山邦夫	25.52/ 3.48
75	松原正彦 44 岁作案 63 岁执行	二主妇连续遭强盗杀人案 1988 年 4 月 18 日/ 1988 年 6 月 1 日	1990 年 5 月 22 日德岛地裁　死刑 1992 年 1 月 23 日高松高裁　死刑 1997 年 4 月 28 日最高裁　死刑确定 大阪拘置所	入室劫财杀人 致主妇 2 人死	2008 年 2 月 1 日 星期五 福田康夫 鸠山邦夫	19.68/ 10.77

续表

序号	姓名及作案、执行死刑年龄	案件及作案日期	判决情况及羁押地	罪行情节及备注	执行日期 星期 时任首相 时任法相	作案/死刑确定距死刑执行年数
76	名古圭志 32 岁作案 37 岁执行	德之岛兄长一家被杀案 2002 年 8 月 16 日	2004 年 6 月 18 日鹿儿岛地裁　死刑 2004 年 8 月 26 日撤回控诉　死刑确定 鹿儿岛拘置支所 福冈拘置所(疑似执行前)	琐事对兄生怨 暴怒杀人灭门 致 3 人死 1 人重伤	2008 年 2 月 1 日 星期五 福田康夫 鸠山邦夫	5.47/ 3.44
77	持田孝 54 岁作案 65 岁执行	日本烟草白领强奸逆恨杀人案 1997 年 4 月 18 日	1999 年 5 月 27 日东京地裁　无期惩役 2000 年 2 月 28 日东京高裁　死刑 2004 年 10 月 13 日最高裁　死刑确定 东京拘置所	强奸案发被判刑 怨恨被害人报案 出狱后伺机报复 行凶致 1 人死亡 曾因杀人被判刑	2008 年 2 月 1 日 星期五 福田康夫 鸠山邦夫	10.80/ 3.30
78	岡下香 (秋永香) 42 岁作案 61 岁执行	资产家老妇被杀案 1989 年 10 月 1 日—1989 年 10 月 4 日	1999 年 3 月 11 日东京地裁　无期惩役 2001 年 5 月 17 日东京高裁　死刑 2005 年 3 月 3 日最高裁　死刑确定 东京拘置所	合谋诈骗独居老人 得逞金额二亿日元 事后灭口杀害 2 人 老人和共犯均遇害	2008 年 4 月 10 日 星期四 福田康夫 鸠山邦夫	18.53/ 3.11
79	坂本正人 36 岁作案 41 岁执行	群马县大胡町诱拐高中女生杀人案 2002 年 7 月 19 日	2003 年 10 月 9 日前桥地裁　无期惩役 2004 年 10 月 29 日东京高裁　死刑 2004 年 12 月 13 日未提出上告　死刑确定 东京拘置所	诱拐 16 岁少女 行凶致 1 人死亡 一审判处无期惩役 检方控诉量刑不当 被告控诉自求死刑 希望行刑放弃三审 76 万人签名求死刑	2008 年 4 月 10 日 星期四 福田康夫 鸠山邦夫	5.73/ 3.45

续表

序号	姓名及作案、执行死刑年龄	案件及作案日期	判决情况及羁押地	罪行情节及备注	执行日期 星期 时任首相 时任法相	作案/死刑确定距死刑执行年数
80	中元勝義 38 岁作案 64 岁执行	宝石商夫妻被杀案 1982 年 5 月 20 日	1985 年 5 月 16 日大阪地裁堺支部　死刑 1991 年 10 月 27 日大阪高裁　死刑 1997 年 1 月 28 日最高裁　死刑确定 大阪拘置所	琐事纠纷起杀意 夫妻 2 人被杀害	2008 年 4 月 10 日 星期四 福田康夫 鸠山邦夫	25.91/ 11.21
81	中村正春 42 岁作案 61 岁执行	原同事等二人被杀案 1989 年 10 月 10 日/ 1989 年 12 月 26 日	1995 年 5 月 19 日大津地裁　死刑 1999 年 12 月 22 日大阪高裁　死刑 2004 年 9 月 9 日最高裁　死刑确定 大阪拘置所	下药杀人再抢劫 刀锯碎尸后抛尸 两次作案 2 人死	2008 年 4 月 10 日 星期四 福田康夫 鸠山邦夫	18.30/ 3.59
82	山崎義雄 50 岁作案 73 岁执行	宫城－香川骗保杀人案 1985 年 11 月 12 日/ 1990 年 3 月 24 日	1997 年 2 月 18 日高松地裁　无期惩役 2000 年 10 月 26 日高松高裁　死刑 2005 年 1 月 25 日最高裁　死刑确定 大阪拘置所	合谋杀人骗保 伪装自杀得逞 亲属怀疑追问 哑铃砸碎头部 先后致 3 人死	2008 年 6 月 17 日 星期二 福田康夫 鸠山邦夫	18.25/ 3.39
83	陸田真志 25 岁作案 37 岁执行	SM 俱乐部连续杀人案 1995 年 12 月 21 日	1998 年 6 月 5 日东京地裁　死刑 2001 年 9 月 11 日东京高裁　死刑 2005 年 10 月 17 日最高裁　死刑确定 东京拘置所	眼红 SM 俱乐部利润 孪生兄弟共谋夺权 杀害店长和经营者 抹除痕迹继续经营 连续行凶致 2 人死 其兄被判无期惩役 出版《死与生——狱中哲学对话》	2008 年 6 月 17 日 星期二 福田康夫 鸠山邦夫	12.50/ 2.67

续表

序号	姓名及 作案、执行 死刑年龄	案件及作案日期	判决情况及羁押地	罪行情节及备注	执行日期 星期 时任首相 时任法相	作案/ 死刑确定 距死刑 执行年数
84	宫崎勤 26 岁作案 45 岁执行	东京－埼玉连续诱拐幼女杀人案 1988 年 8 月 22 日—1989 年 7 月 23 日	1997 年 4 月 14 日东京地裁　死刑 2001 年 6 月 28 日东京高裁　死刑 2006 年 1 月 17 日最高裁　死刑确定 东京拘置所	诱拐杀害幼女 4 人 猥亵奸尸饮血吃尸 犯罪过程自拍录像 先后三次精神鉴定 警察厅广域重要 指定 117 号案	2008 年 6 月 17 日 星期二 福田康夫 鸠山邦夫	18.92/ 2.42
85	萬谷義幸 47 岁作案 68 岁执行	地铁站大学生被杀案 1988 年 1 月 15 日	1991 年 2 月 7 日大阪地裁　死刑 1997 年 4 月 10 日大阪高裁　死刑 2001 年 12 月 6 日最高裁　死刑确定 大阪拘置所	地铁站持刀行劫 向女大学生索财 行凶致 1 人死亡	2008 年 9 月 11 日 星期四 福田康夫 保冈兴治	20.67/ 6.77
86	山本峰照 64 岁作案 68 岁执行	神户表兄夫妇被杀案 2004 年 7 月 22 日	2006 年 3 月 20 日神户地裁　死刑 2006 年 4 月 4 日撤回控诉　死刑确定 大阪拘置所	沉迷赌博为钱所困 求助表兄遭拒行凶 杀害表兄夫妻 2 人 假释出狱二年犯案	2008 年 9 月 11 日 星期四 福田康夫 保冈兴治	4.14/ 2.44
87	平野勇 47 岁作案 61 岁执行	牧场夫妇被抢劫伤害案 1994 年 12 月 19 日	2000 年 7 月 4 日宇都宫地裁　死刑 2002 年 2 月 17 日东京高裁　死刑 2006 年 9 月 1 日最高裁　死刑确定 东京拘置所	多次杀人盗窃前科 为钱所困入室行窃 形迹败露行凶杀人 致 2 人死放火烧屋	2008 年 9 月 11 日 星期四 福田康夫 保冈兴治	13.74/ 2.03

续表

序号	姓名及作案、执行死刑年龄	案件及作案日期	判决情况及羁押地	罪行情节及备注	执行日期 星期 时任首相 时任法相	作案/死刑确定距死刑执行年数
88	久間三千年 54 岁作案 70 岁执行	饭冢案 1992 年 2 月 20 日	1999 年 9 月 29 日福冈地裁　死刑 2001 年 10 月 10 日福冈高裁　死刑 2006 年 9 月 8 日最高裁　死刑确定 福冈拘置所	杀害七岁幼女 2 人 没有物证也无供述 犯罪动机始终不明 DNA 成为关键证据 首轮再审请求历时 12 年,最高裁驳回;2021 年申请再审,提关键证人	2008 年 10 月 28 日 星期二 麻生太郎 森英介	16.70/ 2.14
89	高塩正裕 50 岁作案 55 岁执行	磐城市母女被杀案 2004 年 3 月 18 日	2006 年 3 月 22 日福岛地裁磐城支部　无期惩役 2006 年 12 月 5 日仙台高裁　死刑 2006 年 12 月 20 日撤回上告　死刑确定 仙台拘置支所	入室抢劫行凶 致母女 2 人死 辩护人代为控诉 被告人撤回控诉	2008 年 10 月 28 日 星期二 麻生太郎 森英介	4.62/ 1.86
90	牧野正 39 岁作案 58 岁执行	北九州母女被杀案 1990 年 3 月 12 日	1993 年 10 月 27 日福冈地裁小仓支部　死刑 1993 年 11 月 16 日撤回控诉　死刑确定 福冈拘置所	入室抢劫致 2 人死 一审后撤回控诉 10 年后主张无效 最高裁认定有效	2009 年 1 月 29 日 星期四 麻生太郎 森英介	18.90/ 15.21

续表

序号	姓名及作案、执行死刑年龄	案件及作案日期	判决情况及羁押地	罪行情节及备注	执行日期 星期 时任首相 时任法相	作案/死刑确定距死刑执行年数
91	野村哲也 （佐藤哲也） 30 岁作案 39 岁执行	汽油桶烧杀二女案 2000 年 4 月 4 日	2002 年 2 月 21 日名古屋地裁　死刑 2003 年 3 月 12 日名古屋高裁　死刑 2006 年 6 月 9 日最高裁　死刑确定 名古屋拘置所	暴力催收借款无果 绑架对方妻子妻妹 油桶放火烧死 2 人 共犯二人被判死刑 二人被判无期惩役 二人被判 12 年惩役	2009 年 1 月 29 日 星期四 麻生太郎 森英介	8.83/ 2.64
92	川村幸也 36 岁作案 44 岁执行				2009 年 1 月 29 日 星期四 麻生太郎 森英介	8.83/ 2.64
93	西本正二郎 27 岁作案 32 岁执行	长野－爱知强盗杀人案 2004 年 1 月 13 日—2004 年 9 月 7 日	2006 年 5 月 17 日长野地裁　死刑 2007 年 1 月 11 日撤回控诉　死刑确定 东京拘置所	四次抢劫 致 4 人死	2009 年 1 月 29 日 星期四 麻生太郎 森英介	4.40/ 2.05
94	陳德通 （中国籍） 31 岁作案 41 岁执行	川崎六名中国人杀伤案 1999 年 5 月 25 日	2001 年 9 月 17 日横滨地裁川崎支部　死刑 2003 年 2 月 20 日东京高裁　死刑 2006 年 6 月 27 日最高裁　死刑确定 东京拘置所	偷渡日本借住远亲 关系恶化报复租户 七人共谋深夜劫财 共犯离开主犯行凶 致中国人 3 人死 3 人伤 1966 年以来首次对来日外国人行刑	2009 年 7 月 28 日 星期二 麻生太郎 森英介	10.18/ 3.09

续表

序号	姓名及作案、执行死刑年龄	案件及作案日期	判决情况及羁押地	罪行情节及备注	执行日期 星期 时任首相 时任法相	作案/死刑确定距死刑执行年数
95	山地悠紀夫 22 岁作案 25 岁执行	大阪浪速区姐妹强盗杀人案 2005 年 11 月 17 日	2006 年 12 月 13 日大阪地裁　死刑 2007 年 5 月 31 日撤回控诉　死刑确定 大阪拘置所	入室抢劫致 2 人死 时隔 40 年众议院解散后执行死刑，时隔 30 年对 20 多岁死刑囚执行死刑	2009 年 7 月 28 日 星期二 麻生太郎 森英介	3.70/ 2.16
96	前上博 36 岁作案 40 岁执行	自杀网站连续杀人案 2005 年 2 月 19 日—2005 年 6 月 10 日	2007 年 3 月 28 日大阪地裁　死刑 2007 年 7 月 5 日撤回控诉　死刑确定 大阪拘置所	利用自杀网站邀约行凶杀人裸体抛尸 三次作案致 3 人死 出狱一年再犯本案	2009 年 7 月 28 日 星期二 麻生太郎 森英介	4.13/ 2.07
97	篠沢一男 49 岁作案 59 岁执行	宇都宫宝石店烧杀案 2000 年 6 月 11 日	2002 年 3 月 19 日宇都宫地裁　死刑 2003 年 4 月 23 日东京高裁　死刑 2007 年 2 月 20 日最高裁　死刑确定 东京拘置所	讨好情人为钱所困 预谋进店抢劫珠宝 放火烧杀 6 名店员 抢劫金额一亿日元	2010 年 7 月 28 日 星期三 菅直人 千叶景子	10.13/ 3.44
98	尾形英紀 26 岁作案 33 岁执行	熊谷市四人杀伤案 2003 年 8 月 18 日	2007 年 4 月 26 日埼玉地裁　死刑 2007 年 7 月 18 日撤回控诉　死刑确定 东京拘置所	勾引少女婚外同居 少女遭遇男性追求 报复行凶施暴致死 掩盖罪行继续施暴 先后致 2 人死 2 人伤	2010 年 7 月 28 日 星期三 菅直人 千叶景子	6.95/ 3.03

续表

序号	姓名及 作案、执行 死刑年龄	案件及作案日期	判决情况及羁押地	罪行情节及备注	执行日期 星期 时任首相 时任法相	作案/ 死刑确定 距死刑 执行年数
99	上部康明 35 岁作案 48 岁执行	下关车站无差别杀人案 1999 年 9 月 29 日	2002 年 9 月 20 日山口地裁 下关支部 死刑 2005 年 6 月 28 日广岛高裁 死刑 2008 年 7 月 11 日最高裁 死刑确定 广岛拘置所	大学毕业优秀人才 诸事不顺报复社会 火车站无差别杀人 致 5 人死 10 人伤	2012 年 3 月 29 日 星期四 野田佳彦 小川敏夫	12.51/ 3.72
100	松田康敏 33 岁作案 44 岁执行	宫崎市连续强盗杀人案 2001 年 11 月 25 日—2001 年 12 月 7 日	2003 年 1 月 24 日宫崎地裁 死刑 2004 年 5 月 21 日福冈高裁 宫崎支部 死刑 2007 年 2 月 6 日最高裁 死刑确定 福冈拘置所	为钱所困劫财杀人 多次作案致 2 人死	2012 年 3 月 29 日 星期四 野田佳彦 小川敏夫	10.32/ 5.15
101	古沢友幸 37 岁作案 46 岁执行	前妻一家被杀案 2002 年 7 月 31 日	2004 年 3 月 30 日横滨地裁 死刑 2005 年 5 月 24 日东京高裁 死刑 2007 年 11 月 15 日最高裁 死刑确定 东京拘置所	怀疑前妻婚内出轨 夜入前妻老家报复 杀害父母继子 3 人 遗属申请被害救助 作为特例申请获批	2012 年 3 月 29 日 星期四 野田佳彦 小川敏夫	9.67/ 4.37
102	服部純也 29 岁作案 40 岁执行	三岛市女大学生遭烧杀案 2002 年 1 月 22 日	2004 年 1 月 15 日静冈地裁 沼津支部 无期惩役 2005 年 3 月 29 日东京高裁 死刑 2008 年 2 月 29 日最高裁 死刑确定 东京拘置所	路遇女大学生 旅行车内强奸 浇油烧杀致死 假释期间犯案	2012 年 8 月 3 日 星期五 野田佳彦 泷实	10.54/ 4.43

续表

序号	姓名及 作案、执行 死刑年龄	案件及作案日期	判决情况及羁押地	罪行情节及备注	执行日期 星期 时任首相 时任法相	作案/ 死刑确定 距死刑 执行年数
103	松村恭造 25岁作案 31岁执行	京都－神奈川连续杀人案 2007年1月16日/ 2007年1月23日	2008年3月17日京都地裁　死刑 2008年4月8日撤回控诉　死刑确定 大阪拘置所	借钱遭拒杀伯母 借宿杀死伯祖父 两次作案致2人死 生日当天被行刑	2012年8月3日 星期五 野田佳彦 泷实	5.53/ 4.32
104	江藤幸子 47岁作案 65岁执行	福岛祈祷师杀人案 1995年1月25日— 1995年6月28日	2002年5月10日福岛地裁　死刑 2005年11月22日仙台高裁　死刑 2008年9月16日最高裁　死刑确定 仙台拘置支所	主妇变身邪教头目 利用驱魔仪式施暴 杀死6人藏尸家中 共犯四人均被判刑 “二战”后第10位 女性死刑犯	2012年9月27日 星期四 野田佳彦 泷实	17.26/ 4.03
105	松田幸則 30岁作案 39岁执行	熊本县松桥町强盗杀人案 2003年10月16日	2006年9月21日熊本地裁　死刑 2007年10月3日福冈高裁　死刑 2009年4月3日撤回上告　死刑确定 福冈拘置所	入室抢劫致2人死 刑前有意捐献器官 法务省表示无成例	2012年9月27日 星期四 野田佳彦 泷实	8.96/ 3.49
106	小林薰 35岁作案 44岁执行	奈良市诱拐幼女杀人案 2004年11月7日	2006年9月26日奈良地裁　死刑 2006年10月11日撤回控诉　死刑确定 大阪拘置所	诱拐七岁幼女施暴 掩盖形迹浴池溺死 拔掉牙齿抛尸水沟 侵犯幼女前科多次 以撤回控诉时无辩护人为由多次申请再审，均被驳回	2013年2月21日 星期四 安倍晋三 谷垣祯一	8.30/ 6.37

续表

序号	姓名及 作案、执行 死刑年龄	案件及作案日期	判决情况及羁押地	罪行情节及备注	执行日期 星期 时任首相 时任法相	作案/ 死刑确定 距死刑 执行年数
107	金川真大 24 岁作案 29 岁执行	土浦市连续杀伤案 2008 年 3 月 19 日— 2008 年 3 月 23 日	2009 年 12 月 18 日水户地裁　死刑 2010 年 1 月 5 日撤回控诉　死刑确定 水户拘置支所 东京拘置所(疑似执行前)	预谋杀人计划落空 路与男子偶然杀人 逃亡车站持刀行凶 共致 2 人死 7 人伤 自杀怕痛杀人求死 精神鉴定人格障碍	2013 年 2 月 21 日 星期四 安倍晋三 谷垣祯一	4.92/ 3.13
108	武藤惠喜 (加納惠喜) 52 岁作案 62 岁执行	名古屋市快餐店杀人案 2002 年 3 月 14 日	2003 年 5 月 15 日名古屋地裁　无期惩役 2004 年 2 月 6 日名古屋高裁　死刑 2007 年 3 月 22 日最高裁　死刑确定 名古屋拘置所	进店行窃败露 口角纠纷升级 行凶致 1 人死 检方控诉改判死刑 曾有杀人前科 遗属重罚诉求强烈 旁听中殴打被告人	2013 年 2 月 21 日 星期四 安倍晋三 谷垣祯一	10.95/ 5.93
109	宫城吉英 48 岁作案 56 岁执行	市原市家庭餐厅枪杀案 2005 年 4 月 25 日	2005 年 12 月 12 日千叶地裁　死刑 2006 年 10 月 5 日东京高裁　死刑 2009 年 6 月 15 日最高裁　死刑确定 东京拘置所	暴力团体间纷争 餐厅开枪致 2 人死 另一共犯开枪自杀	2013 年 4 月 26 日 星期五 安倍晋三 谷垣祯一	8.01/ 3.87
110	浜崎勝次 56 岁作案 64 岁执行		2007 年 10 月 26 日千叶地裁　死刑 2008 年 9 月 26 日东京高裁　死刑 2011 年 12 月 12 日最高裁　死刑确定 东京拘置所		2013 年 4 月 26 日 星期五 安倍晋三 谷垣祯一	8.01/ 1.37

续表

序号	姓名及 作案、执行 死刑年龄	案件及作案日期	判决情况及羁押地	罪行情节及备注	执行日期 星期 时任首相 时任法相	作案/ 死刑确定 距死刑 执行年数
111	熊谷德久 64 岁作案 73 岁执行	横滨中华街店主遭枪杀案 2004 年 5 月 29 日/ 2004 年 6 月 23 日	2006 年 4 月 17 日东京地裁　无期惩役 2007 年 4 月 25 日东京高裁　死刑 2011 年 3 月 1 日最高裁　死刑确定 东京拘置所	前科颇多十次入狱 筹款开店预谋抢劫 抢劫致 1 人死 1 人伤 被害遗属求判死刑	2013 年 9 月 12 日 星期四 安倍晋三 谷垣祯一	9.23/ 2.54
112	藤島光雄 27 岁作案 55 岁执行	山梨－新泻连续杀人案 1986 年 3 月 6 日/ 1986 年 3 月 11 日	1987 年 7 月 6 日甲府地裁　死刑 1988 年 12 月 15 日东京高裁　死刑 1995 年 6 月 8 日最高裁　死刑确定 东京拘置所	软饭男犯罪被逮捕 妻子离婚远走他乡 出狱杀害前妻姨妈 抢劫顾客杀人灭口 两次作案致 2 人死	2013 年 12 月 12 日 星期四 安倍晋三 谷垣祯一	27.78/ 18.53
113	加賀山領治 50 岁作案 63 岁执行	中国留学生被杀案 2000 年 7 月 29 日/ 2008 年 2 月 1 日	2009 年 2 月 27 日大阪地裁　死刑 2009 年 11 月 11 日大阪高裁　死刑 2012 年 7 月 24 日最高裁　死刑确定 大阪拘置所	抢夺女生逃跑 被追行凶杀人 八年后再抢劫 先后致 2 人死	2013 年 12 月 12 日 星期四 安倍晋三 谷垣祯一	5.87/ 1.39
114	川崎政則 61 岁作案 68 岁执行	香川坂出祖孙三人被杀案 2007 年 11 月 16 日	2009 年 3 月 16 日高松地裁　死刑 2009 年 10 月 14 日高松高裁　死刑 2012 年 7 月 12 日最高裁　死刑确定 高松拘置所	金钱纠纷生怨行凶 杀害妻姐祖孙 3 人 3 岁、5 岁幼女遇害	2014 年 6 月 26 日 星期四 安倍晋三 谷垣祯一	6.61/ 1.96
115	小林光弘 42 岁作案 56 岁执行	武富士弘前支店放火杀人案 2001 年 5 月 8 日	2003 年 2 月 12 日青森地裁　死刑 2004 年 2 月 19 日仙台高裁　死刑 2007 年 3 月 27 日最高裁　死刑确定 仙台拘置支所	消费信贷还款困难 泼洒汽油劫财遭拒 放火烧店 致 5 人死 4 人伤	2014 年 8 月 29 日 星期五 安倍晋三 谷垣祯一	13.32/ 7.43

续表

序号	姓名及作案、执行死刑年龄	案件及作案日期	判决情况及羁押地	罪行情节及备注	执行日期 星期 时任首相 时任法相	作案/死刑确定距死刑执行年数
116	高見沢勤 46 岁作案 59 岁执行	暴力团组长枪杀三人案 2001 年 11 月 25 日—2005 年 9 月 6 日	2008 年 2 月 4 日前桥地裁　死刑 2008 年 12 月 12 日东京高裁　死刑 2012 年 10 月 23 日最高裁　死刑确定 东京拘置所	骗保案发杀害同伙 暴力团纷争再杀人 两次作案致 3 人死 十三同犯均被判刑	2014 年 8 月 29 日 星期五 安倍晋三 谷垣祯一	8.98/ 1.85
117	神田司 36 岁作案 44 岁执行	名古屋"暗网"杀人案 2007 年 8 月 24 日—2007 年 8 月 25 日	2009 年 3 月 18 日名古屋地裁　死刑 2009 年 4 月 13 日撤回控诉　死刑确定 名古屋拘置所	暗网回帖相约作案 三人合谋绑架劫财 残忍行凶致 1 人死 同犯川岸健治自首 堀庆末另案获死刑 余同犯均被判无期	2015 年 6 月 25 日 星期四 安倍晋三 上川阳子	7.84/ 6.20
118	津田寿美年 57 岁作案 63 岁执行	川崎公寓三人被杀案 2009 年 5 月 30 日	2011 年 6 月 17 日横滨地裁　死刑 2011 年 7 月 4 日撤回控诉　死刑确定 东京拘置所	生活噪声日久生怨 杀害邻居 3 位老人 首例裁判员法庭 所判死刑被执行	2015 年 12 月 18 日 星期五 安倍晋三 岩城光英	6.56/ 4.46
119	若林一行 29 岁作案 39 岁执行	岩手洋野町母女遭抢劫杀人案 2006 年 7 月 19 日	2007 年 4 月 24 日盛冈地裁　死刑 2009 年 2 月 3 日仙台高裁　死刑 2012 年 1 月 16 日最高裁　死刑确定 仙台拘置支所	入室行劫 施暴杀人 致 2 人死	2015 年 12 月 18 日 星期五 安倍晋三 岩城光英	9.42/ 3.92

续表

序号	姓名及作案、执行死刑年龄	案件及作案日期	判决情况及羁押地	罪行情节及备注	执行日期 星期 时任首相 时任法相	作案/死刑确定距死刑执行年数
120	吉田純子 37 岁作案 56 岁执行	久留米市护士连续骗保杀人案 1997 年 3 月 20 日—2000 年 5 月 29 日	2004 年 9 月 24 日福冈地裁　死刑 2006 年 5 月 16 日福冈高裁　死刑 2010 年 3 月 18 日最高裁　死刑确定 福冈拘置所	护士四人合谋骗保杀害出轨丈夫 2 人 一共犯审判中病死 其他两共犯均获刑 “二战”后第 13 位女性死刑犯	2016 年 3 月 25 日 星期五 安倍晋三 岩城光英	15.83/ 6.02
121	鎌田安利 44 岁作案 75 岁执行	大阪连续碎尸杀人案 1985 年 5 月 28 日—1994 年 3 月 28 日	1999 年 3 月 24 日大阪地裁　死刑 2001 年 3 月 27 日大阪高裁　死刑 2005 年 7 月 8 日最高裁　死刑确定 大阪拘置所	十年之间四次作案 杀人碎尸弃置山林 三任女友等 5 人死 一人被判两项死刑 警察厅广域重要指定 122 号案	2016 年 3 月 25 日 星期五 安倍晋三 岩城光英	21.99/ 10.72
122	田尻賢一 32 岁作案 45 岁执行	宇土市医院院长夫人被杀案/熊本夫妇被杀案 2004 年 3 月 13 日/2011 年 2 月 23 日	2011 年 10 月 25 日熊本地裁　死刑 2012 年 4 月 11 日福冈高裁　死刑 2012 年 9 月 10 日撤回上告　死刑确定 福冈拘置所	入室抢劫 两次作案 致 3 人死	2016 年 11 月 11 日 星期五 安倍晋三 金田胜年	5.72/ 4.17

续表

序号	姓名及 作案、执行 死刑年龄	案件及作案日期	判决情况及羁押地	罪行情节及备注	执行日期 星期 时任首相 时任法相	作案/ 死刑确定 距死刑 执行年数
123	西川正勝 (金田正勝) 35 岁作案 61 岁执行	快餐店等强盗杀人案 1991 年 12 月 13 日—1992 年 1 月 5 日	1995 年 9 月 11 日大阪地裁　死刑 2001 年 6 月 20 日大阪高裁　死刑 2005 年 6 月 7 日最高裁　死刑确定 大阪拘置所	抢劫快餐店经营者流窜四地作案多起致 4 人死致 2 人伤多次前科两次入狱刑释两月再犯本案 警察厅广域重要指定 119 号案 连续十次申请再审被判定无再审理由再审请求期间执行	2017 年 7 月 13 日 星期四 安倍晋三 金田胜年	25.54/ 12.11
124	住田紘一 29 岁作案 34 岁执行	冈山市杀人碎尸案 2011 年 9 月 30 日	2013 年 2 月 14 日冈山地裁　死刑 2013 年 3 月 28 日撤回控诉　死刑确定 广岛拘置所	蓄意抢劫女同事强奸后杀人碎尸	2017 年 7 月 13 日 星期四 安倍晋三 金田胜年	5.79/ 4.30
125	関光彦 19 岁作案 44 岁执行	市川市一家四人被杀案 1992 年 3 月 5 日	1994 年 8 月 8 日千叶地裁　死刑 1996 年 7 月 2 日东京高裁　死刑 2001 年 12 月 3 日最高裁　死刑确定 东京拘置所	遭遇暴力团体勒索入室抢劫致 4 人死第三次再审请求期间被执行	2017 年 12 月 19 日 星期二 安倍晋三 上川阳子	25.81/ 16.05

续表

序号	姓名及作案、执行死刑年龄	案件及作案日期	判决情况及羁押地	罪行情节及备注	执行日期 星期 时任首相 时任法相	作案/死刑确定距死刑执行年数
126	松井喜代司（中村喜代司） 46 岁作案 69 岁执行	安中市一家三人被杀案 1994 年 2 月 13 日	1994 年 11 月 9 日前桥地裁高崎支部　死刑 1995 年 10 月 6 日东京高裁　死刑 1999 年 9 月 13 日最高裁　死刑确定 东京拘置所	交往对象因钱生怨杀害女友一家 3 人曾因强奸入狱十年第四次再审请求期间被执行	2017 年 12 月 19 日 星期二 安倍晋三 上川阳子	23.86/ 18.28
127	麻原彰晃（松本智津夫） 33 岁作案 63 岁执行	“奥姆真理教”案 1989 年 2 月 10 日—1995 年 3 月 20 日	2004 年 2 月 27 日东京地裁　死刑 2006 年 3 月 27 日东京高裁　驳回控诉 2006 年 9 月 15 日最高裁　死刑确定 东京拘置所	“奥姆真理教”创始人主谋犯罪致 27 人死东京高裁驳回控诉，系 1966 年来首例驳回死刑被告人控诉，致死刑确定之案例	2018 年 7 月 6 日 星期五 安倍晋三 上川阳子	23.31/ 11.81
128	早川紀代秀 42 岁作案 68 岁执行	“奥姆真理教”案 1989 年 2 月 10 日—1995 年 1 月 1 日	2000 年 7 月 28 日东京地裁　死刑 2004 年 5 月 14 日东京高裁　死刑 2009 年 7 月 17 日最高裁　死刑确定 东京拘置所 福冈拘置所(2018 年 3 月 15 日转入)	参与男性信徒被杀案、坂本律师一家被杀案等再审请求期间执行	2018 年 7 月 6 日 星期五 安倍晋三 上川阳子	23.53/ 8.98

续表

序号	姓名及 作案、执行 死刑年龄	案件及作案日期	判决情况及羁押地	罪行情节及备注	执行日期 星期 时任首相 时任法相	作案/ 死刑确定 距死刑 执行年数
129	井上嘉浩 24 岁作案 48 岁执行	“奥姆真理教”案 1994 年 1 月 30 日— 1995 年 3 月 20 日	2000 年 6 月 6 日东京地裁　无期懲役 2004 年 5 月 28 日东京高裁　死刑 2010 年 1 月 12 日最高裁　死刑确定 东京拘置所 大阪拘置所(2018 年 3 月 14 日转入)	参与原信徒被杀案、VX 毒气杀人案、目黑公证处事务长被绑架案、地铁沙林毒气案等 再审请求期间执行	2018 年 7 月 6 日 星期五 安倍晋三 上川阳子	23.31/ 8.58
130	新実智光 24 岁作案 54 岁执行	“奥姆真理教”案 1989 年 2 月 10 日— 1995 年 3 月 20 日	2002 年 6 月 26 日东京地裁　死刑 2006 年 3 月 15 日东京高裁　死刑 2010 年 1 月 19 日最高裁　死刑确定 东京拘置所 大阪拘置所(2018 年 3 月 14 日转入)	参与男性信徒被杀案、坂本律师一家被杀案、原信徒被杀案、松本沙林毒气案、原信徒私刑杀人案、地铁沙林毒气案等 再审请求期间执行	2018 年 7 月 6 日 星期五 安倍晋三 上川阳子	23.31/ 8.47
131	土谷正実 29 岁作案 53 岁执行	“奥姆真理教”案 1994 年 5 月 9 日— 1995 年 3 月 20 日	2004 年 1 月 30 日东京地裁　死刑 2006 年 8 月 18 日东京高裁　死刑 2011 年 2 月 15 日最高裁　死刑确定 东京拘置所	参与律师沙林毒气袭击案、松本沙林毒气案、VX 毒气杀人案、地铁沙林毒气案等	2018 年 7 月 6 日 星期五 安倍晋三 上川阳子	23.31/ 7.39

续表

序号	姓名及作案、执行死刑年龄	案件及作案日期	判决情况及羁押地	罪行情节及备注	执行日期 星期 时任首相 时任法相	作案/死刑确定距死刑执行年数
132	中川智正 27 岁作案 55 岁执行	“奥姆真理教”案 1989 年 11 月 4 日—1995 年 3 月 20 日	2003 年 10 月 29 日东京地裁　死刑 2007 年 7 月 13 日东京高裁　死刑 2011 年 11 月 18 日最高裁　死刑确定 东京拘置所 广岛拘置所(2018 年 3 月 14 日转入)	参与坂本律师一家被杀案、原信徒被杀案、律师沙林毒气袭击案、松本沙林毒气案、VX 毒气杀人案、目黑公证处事务长被绑架案、地铁沙林毒气案等 再审请求期间执行	2018 年 7 月 6 日 星期五 安倍晋三 上川阳子	23.31/ 6.64
133	遠藤誠一 34 岁作案 58 岁执行	“奥姆真理教”案 1994 年 6 月 27 日—1995 年 3 月 20 日	2002 年 10 月 11 日东京地裁　死刑 2007 年 5 月 31 日东京高裁　死刑 2011 年 11 月 21 日最高裁　死刑确定 东京拘置所	参与松本沙林毒气案、地铁沙林毒气案、VX 毒气杀人案、律师沙林毒气袭击案 再审请求期间执行	2018 年 7 月 6 日 星期五 安倍晋三 上川阳子	23.31/ 6.63
134	佐伯一明 (岡崎一明) (宮前一明) 28 岁作案 57 岁执行	“奥姆真理教”案 1989 年 2 月 10 日/1989 年 11 月 4 日	1998 年 10 月 23 日东京地裁　死刑 2001 年 12 月 13 日东京高裁　死刑 2005 年 4 月 7 日最高裁　死刑确定 东京拘置所 名古屋拘置所(2018 年 3 月 14 日转入)	参与男性信徒被杀案、坂本律师一家被杀案	2018 年 7 月 26 日 星期四 安倍晋三 上川阳子	28.74/ 13.31

续表

序号	姓名及 作案、执行 死刑年龄	案件及作案日期	判决情况及羁押地	罪行情节及备注	执行日期 星期 时任首相 时任法相	作案/ 死刑确定 距死刑 执行年数
135	横山真人 31 岁作案 54 岁执行	“奥姆真理教”案 1995 年 3 月 20 日	1999 年 9 月 30 日东京地裁　死刑 2003 年 5 月 19 日东京高裁　死刑 2007 年 7 月 20 日最高裁　死刑确定 东京拘置所 名古屋拘置所(2018 年 3 月 14 日转入)	参与地铁沙林 毒气案 再审请求期间执行	2018 年 7 月 26 日 星期四 安倍晋三 上川阳子	23.37/ 11.02
136	端本悟 22 岁作案 51 岁执行	“奥姆真理教”案 1989 年 12 月 4 日/ 1994 年 6 月 27 日	2000 年 7 月 25 日东京地裁　死刑 2003 年 9 月 18 日东京高裁　死刑 2007 年 10 月 26 日最高裁　死刑确定 东京拘置所	参与坂本律师 一家被杀案、 松本沙林毒气案	2018 年 7 月 26 日 星期四 安倍晋三 上川阳子	24.10/ 10.76
137	林泰男 (小池泰男) 37 岁作案 60 岁执行	“奥姆真理教”案 1995 年 3 月 20 日	2000 年 6 月 29 日东京地裁　死刑 2003 年 12 月 5 日东京高裁　死刑 2008 年 2 月 15 日最高裁　死刑确定 东京拘置所 仙台拘置支所(2018 年 3 月 14 日转入)	参与地铁沙林 毒气案 再审请求期间执行	2018 年 7 月 26 日 星期四 安倍晋三 上川阳子	23.37/ 10.45

续表

序号	姓名及作案、执行死刑年龄	案件及作案日期	判决情况及羁押地	罪行情节及备注	执行日期 星期 时任首相 时任法相	作案/死刑确定距死刑执行年数
138	広瀬健一 30岁作案 54岁执行	“奥姆真理教”案 1995年3月20日	2000年7月17日东京地裁　死刑 2004年7月28日东京高裁　死刑 2009年11月6日最高裁　死刑确定 东京拘置所	参与地铁沙林毒气案 广濑健一再审请求期间执行	2018年7月26日 星期四 安倍晋三 上川阳子	23.37/ 8.72
139	豊田亨 27岁作案 50岁执行				2018年7月26日 星期四 安倍晋三 上川阳子	23.37/ 8.72
140	河村啓三 (岡本啓三) 29岁作案 60岁执行	科斯莫公司杀人案 1988年1月29日	1995年3月23日大阪地裁　死刑 1999年3月5日大阪高裁　死刑 2004年9月13日最高裁　死刑确定 大阪拘置所	三人合谋作案 绑架投资顾问 勒索一亿日元 赎金到手撕票 当场杀害2人 犯后水泥封尸 另一共犯被判无期惩役,河村启三再审请求期间执行	2018年12月27日 星期四 安倍晋三 山下贵司	30.93/ 14.30
141	末森博也 36岁作案 67岁执行				2018年12月27日 星期四 安倍晋三 山下贵司	30.93/ 14.30
142	庄子幸一 46岁作案 64岁执行	大和市主妇连续遭抢劫杀人案 2001年8月28日/ 2001年9月19日	2003年4月30日横滨地裁　死刑 2004年4月7日东京高裁　死刑 2007年11月6日最高裁　死刑确定 东京拘置所	二人合谋抢劫主妇 两次作案致2人死 同犯被判无期惩役 令和时代首次执行 再审请求期间执行	2019年8月2日 星期五 安倍晋三 山下贵司	17.88/ 11.75

续表

序号	姓名及作案、执行死刑年龄	案件及作案日期	判决情况及羁押地	罪行情节及备注	执行日期 星期 时任首相 时任法相	作案/死刑确定距死刑执行年数
143	鈴木泰徳 35 岁作案 50 岁执行	福冈市连续强盗杀人案 2004 年 12 月 12 日—2005 年 1 月 18 日	2006 年 11 月 13 日福冈地裁　死刑 2008 年 2 月 7 日福冈高裁　死刑 2011 年 3 月 8 日最高裁　死刑确定 福冈拘置所	破产负债劫财 连续作案三起 抢劫致 2 人死 强奸杀害 1 人	2019 年 8 月 2 日 星期五 安倍晋三 山下贵司	14.55/ 8.41
144	魏巍 （中国籍） 23 岁作案 40 岁执行	中国留学生福冈灭门案 2003 年 6 月 20 日	2005 年 5 月 19 日福冈地裁　死刑 2007 年 3 月 8 日福冈高裁　死刑 2011 年 10 月 20 日最高裁　死刑确定 福冈拘置所	三人合谋入室抢劫 行凶致一家 4 人死 戴上手铐沉尸海港 同犯逃回国内 杨宁被判死刑 王亮被判无期 再审请求期间执行	2019 年 12 月 26 日 星期四 安倍晋三 森雅子	16.53/ 8.19
145	高根沢智明 36 岁作案 54 岁执行	群马县柏青哥店连续杀人案 2003 年 2 月 23 日/ 2003 年 4 月 1 日	2004 年 3 月 26 日埼玉地裁　死刑 2005 年 7 月 13 日撤回控诉　死刑确定 东京拘置所	二人合谋劫财 目标柏青哥店 杀人抛尸河里 两案致 2 人死 再审请求期间执行	2021 年 12 月 21 日 星期二 岸田文雄 古川祯久	18.74/ 16.45
146	小野川光紀 25 岁作案 44 岁执行		2004 年 3 月 26 日埼玉地裁　死刑 2006 年 9 月 29 日东京高裁　死刑 2009 年 6 月 9 日最高裁　死刑确定 东京拘置所		2021 年 12 月 21 日 星期二 岸田文雄 古川祯久	18.74/ 12.54

续表

序号	姓名及 作案、执行 死刑年龄	案件及作案日期	判决情况及羁押地	罪行情节及备注	执行日期 星期 时任首相 时任法相	作案/ 死刑确定 距死刑 执行年数
147	藤城康孝 47 岁作案 65 岁执行	加古川市七人被杀案 2004 年 8 月 2 日	2009 年 5 月 29 日神户地裁　死刑 2013 年 4 月 26 日大阪高裁　死刑 2015 年 5 月 25 日最高裁　死刑确定 大阪拘置所	邻里纠纷生怨 筹划多年报复 行凶致 7 人死	2021 年 12 月 21 日 星期二 岸田文雄 古川祯久	17.40/ 6.58
148	加藤智大 25 岁作案 39 岁执行	秋叶原无差别杀人案 2008 年 6 月 8 日	2011 年 3 月 24 日东京地裁　死刑 2012 年 9 月 12 日东京高裁　死刑 2015 年 2 月 2 日最高裁　死刑确定 东京拘置所	驾驶卡车横冲步行街 车撞刀刺 7 死 10 伤	2022 年 7 月 26 日 星期二 岸田文雄 古川祯久	14.14/ 7.48

表 45　死刑囚狱死者信息一览表(1981 年 1 月—2022 年 5 月)

序号	姓名 及作案、 死亡年龄	案件及 作案日期	判决情况及羁押地	罪行情节、备注、 死亡时间及死因	死刑确定 距死亡 年数
1	平沢貞通 57 岁作案 95 岁病死	帝银案 1948 年 1 月 26 日	1950 年 7 月 24 日东京地裁　死刑 1951 年 9 月 29 日东京高裁　死刑 1955 年 4 月 6 日最高裁　死刑确定 八王子医疗刑务所	氰化物伪装防疫药 蓄谋抢劫帝国银行 致银行职员 12 人死 实力派画家成嫌犯 40 年始终坚称无罪 作为死刑囚收监 32 年 创下当时世界最长纪录 1987 年 5 月 10 日病死	32.12

续表

序号	姓名 及作案、 死亡年龄	案件及 作案日期	判决情况及羁押地	罪行情节、备注、 死亡时间及死因	死刑确定 距死亡 年数
2	佐藤誠 35 岁作案 81 岁病死	牟礼案 1950 年 4 月 13 日	1954 年 10 月 25 日东京地裁　死刑 1957 年 6 月 20 日东京高裁　死刑 1958 年 8 月 5 日最高裁　死刑确定 仙台拘置支所	不动产交易卖主被害 共犯自白犯案后死亡 被两共犯指认成主犯 始终不认罪屡求再审 1989 年 10 月 27 日病死	31.25
3	奥西勝 35 岁作案 89 岁病死	名张葡萄酒投毒案 1961 年 3 月 28 日	1964 年 12 月 23 日津地裁　无罪 1969 年 9 月 10 日名古屋高裁　死刑 1972 年 6 月 15 日最高裁　死刑确定 名古屋拘置所 八王子医疗刑务所(2012 年 6 月转入)	乡村聚会中投毒于葡萄酒中 致其妻和情人等 5 人死 12 人伤 被怀疑为清算三角关系杀人 被逮捕后的第五天坦白犯案 一审无罪检方控诉改判死刑 多年一直主张无罪申请再审 2015 年 10 月 4 日病死 2022 年 3 月 3 日名古屋高裁 驳回第 10 次再审请求	43.33
4	冨山常喜 46 岁作案 86 岁病死	波崎案 1963 年 8 月 26 日	1966 年 12 月 24 日水户地裁 土浦支部　死刑 1973 年 7 月 6 日东京高裁　死刑 1976 年 4 月 1 日最高裁　死刑确定 东京拘置所	投毒骗保 杀害妻兄 致 1 人死 2003 年 9 月 3 日病死	27.44

续表

序号	姓名 及作案、 死亡年龄	案件及 作案日期	判决情况及羁押地	罪行情节、备注、 死亡时间及死因	死刑确定 距死亡 年数
5	大道寺将司 26 岁作案 68 岁病死	连续企业爆炸案 1971 年 12 月 12 日— 1975 年 5 月 19 日	1979 年 11 月 12 日东京地裁　死刑 1982 年 10 月 29 日东京高裁　死刑 1987 年 3 月 24 日最高裁　死刑确定 东京拘置所	东亚反日武装战线“狼” 极左的无政府主义组织 策划炸弹袭击日本天皇 犯下多起大企业爆破案 三菱重工大厦案致 8 人死 2017 年 5 月 24 日病死 同案片冈利明死刑确定	30.19
6	浜田武重 51 岁作案 90 岁病死	三连骗保杀人案 1978 年 3 月 25 日— 1979 年 5 月 9 日	1982 年 3 月 29 日福冈地裁　死刑 1984 年 6 月 17 日福冈高裁　死刑 1988 年 3 月 8 日最高裁　死刑确定 福冈拘置所	出租车司机为钱所困 三次杀人骗保致 3 死 始终不承认两起杀人 2017 年 6 月 26 日病死	29.32
7	綿引誠 39 岁作案 74 岁病死	日立市诱拐女中学生杀人案 1978 年 10 月 16 日	1980 年 2 月 8 日水户地裁　死刑 1983 年 3 月 15 日东京高裁　死刑 1988 年 4 月 28 日最高裁　死刑确定 东京拘置所	生意失败沉迷游戏 为钱所困预谋索财 盯上妻子养父幼女 诱拐成功起意奸淫 致 14 岁中学生死 2013 年 6 月 23 日病死	25.17

续表

序号	姓名 及作案、 死亡年龄	案件及 作案日期	判决情况及羁押地	罪行情节、备注、 死亡时间及死因	死刑确定 距死亡 年数
8	石田富藏 51 岁作案 92 岁病死	埼玉县二女被杀案 1973 年 8 月 4 日/ 1974 年 9 月 13 日	1980 年 1 月 30 日浦和地裁　死刑 1982 年 12 月 23 日东京高裁　死刑 1989 年 6 月 13 日最高裁　死刑确定 东京拘置所	丧妻交往有夫之妇 求婚遭拒起意杀人 偶然拾得餐馆钥匙 入室行窃意图强奸 遭遇反抗行凶杀人 两次作案致 2 女死 2014 年 4 月 19 日病死	24.87
9	田村正 （宇治川正） 24 岁作案 62 岁病死	伊势崎市中学女生被杀案 1976 年 4 月 1 日	1979 年 3 月 15 日前桥地裁　死刑 1983 年 11 月 17 日东京高裁　死刑 1989 年 12 月 8 日最高裁　死刑确定 东京拘置所	抢劫邻居杀人放火 致 2 中学女生死亡 缓刑期间再犯本案 2013 年 11 月 15 日病死	23.95
10	晴山広元 37 岁作案 70 岁病死	空知郡连续杀人案 1972 年 5 月 6 日/ 1972 年 8 月 19 日/ 1974 年 5 月 12 日	1976 年 6 月 24 日札幌地裁 岩见泽支部　无期懲役 1979 年 4 月 12 日札幌高裁　死刑 1990 年 9 月 13 日最高裁　死刑确定 札幌拘置支所	夫妻离婚欲求不满 伺机强奸杀人抛尸 三次作案 2 人死 1 人伤 三审耗时 11 年 5 个月 “二战”后最长刑事三审 2004 年 6 月 4 日病死	13.73
11	荒井政男 44 岁作案 82 岁病死	三崎案 1971 年 12 月 21 日	1976 年 9 月 25 日横滨地裁 横须贺支部　死刑 1984 年 12 月 18 日东京高裁　死刑 1990 年 10 月 16 日最高裁　死刑确定 东京拘置所	借钱不成还受辱 怒杀一家致 3 人死 2009 年 9 月 3 日病死	18.90

续表

序号	姓名 及作案、 死亡年龄	案件及 作案日期	判决情况及羁押地	罪行情节、备注、 死亡时间及死因	死刑确定 距死亡 年数
12	諸橋昭江 42 岁作案 75 岁病死	自杀伪装杀夫案 1974 年 8 月 8 日— 1978 年 4 月 24 日	1980 年 5 月 6 日东京地裁　死刑 1986 年 6 月 5 日东京高裁　死刑 1991 年 1 月 31 日最高裁　死刑确定 东京拘置所	丈夫离家与人同居 妻子酒吧打工外遇 丈夫假称分手归家 妻子生怨谋划杀人 伪装丈夫煤气中毒 再帮同事杀夫骗保 两次作案致 2 男死 “二战”后第 5 位女性死刑犯 2007 年 7 月 17 日病死	16.47
13	永田洋子 26 岁作案 65 岁病死	联合赤军浅间山庄案 1971 年 2 月 15 日— 1972 年 2 月 28 日	1982 年 6 月 18 日东京地裁　死刑 1986 年 9 月 26 日东京高裁　死刑 1993 年 2 月 19 日最高裁　死刑确定 东京拘置所	极左团体“联合赤军” 内部肃反致 14 人死亡 2011 年 2 月 5 日病死 “二战”后第 6 位女性死刑犯 同案坂口弘死刑确定	17.97
14	澤地和夫 45 岁作案 69 岁病死	山中湖连续杀人案 1984 年 10 月 11 日/ 1984 年 10 月 25 日	1987 年 10 月 30 日东京地裁　死刑 1989 年 3 月 31 日东京高裁　死刑 1993 年 7 月 7 日撤回上告　死刑确定 东京拘置所	开店失败为钱所困 共犯三人负债十亿 谋划劫财一夜暴富 两次抢劫致 2 人死 同案猪熊武夫死刑确定 共犯朴龙珠被判无期懲役 2008 年 12 月 16 日病死	15.45

续表

序号	姓名 及作案、 死亡年龄	案件及 作案日期	判决情况及羁押地	罪行情节、备注、 死亡时间及死因	死刑确定 距死亡 年数
15	太田勝憲 35 岁作案 55 岁自杀	北海道平取町猎枪灭门案 1979 年 7 月 18 日	1984 年 3 月 23 日札幌地裁　死刑 1987 年 5 月 19 日札幌高裁　死刑 1993 年 12 月 10 日最高裁　死刑确定 札幌拘置支所	以枪"担保"求缓付款 债主挥枪指胸恶言相向 夺枪怒杀债主一家 4 人 1999 年 11 月 18 日自杀身亡	5.94
16	高田和三郎 39 岁作案 88 岁病死	埼玉县三名熟人被杀案 1972 年 2 月 13 日—1974 年 2 月 22 日	1986 年 3 月 28 日浦和地裁　死刑 1994 年 9 月 14 日东京高裁　死刑 1999 年 2 月 25 日最高裁　死刑确定 东京拘置所	为友出头杀害债主 恐友泄露杀人灭口 谋财害命杀害熟人 三起杀人致 3 人死 主张真凶另有其人 2020 年 10 月 17 日病死	21.66
17	上田大 23 岁作案 33 岁病死	爱知县连续杀人遗弃尸体案 1993 年 2 月 16 日/1993 年 3 月 3 日	1994 年 5 月 25 日名古屋地裁　死刑 1996 年 7 月 2 日名古屋高裁　死刑 2001 年 9 月 20 日最高裁　死刑确定 名古屋拘置所	为给女友汇款 先杀曾经同事 再害拉面摊主 劫财致 2 人死 抛尸木曾河中 2003 年 2 月 28 日病死	1.44
18	石橋栄治 51 岁作案 72 岁病死	神奈川两起强盗杀人案 1988 年 12 月 28 日/1989 年 1 月 1 日	1996 年 3 月 8 日横滨地裁小田原支部　无期懲役 1999 年 4 月 28 日东京高裁　死刑 2004 年 4 月 27 日最高裁　死刑确定 东京拘置所	五日之内 两次抢劫 致 2 人死 2009 年 10 月 27 日病死	5.50

续表

序号	姓名及作案、死亡年龄	案件及作案日期	判决情况及羁押地	罪行情节、备注、死亡时间及死因	死刑确定距死亡年数
19	岡崎茂男 33 岁作案 60 岁病死	千叶－福岛－岩手诱拐杀人案 1986 年 7 月 15 日/ 1989 年 7 月 20 日/ 1991 年 5 月 3 日	1995 年 1 月 27 日福岛地裁　死刑 1998 年 3 月 17 日仙台高裁　死刑 2004 年 6 月 25 日最高裁　死刑确定 仙台拘置支所 东京拘置所(冈崎 2008 年转入)	诱拐索财作案三起 活埋被害人致 2 人死 被害二人,死刑确定三人 其他二共犯审判中病死 二共犯求刑死刑被判无期 警察厅广域重要指定 118 号案 冈崎茂男 2014 年 6 月 26 日病死 迫康裕 2013 年 8 月 15 日病死 熊谷昭孝 2011 年 1 月 29 日病死	10.01
20	迫康裕 45 岁作案 73 岁病死				9.15
21	熊谷昭孝 43 岁作案 67 岁病死				6.60
22	坂本春野 59 岁作案 83 岁病死	高知县连续骗保杀人案 1987 年 1 月 17 日/ 1992 年 8 月 19 日	1998 年 7 月 29 日高松地裁　死刑 2000 年 9 月 28 日高松高裁　死刑 2004 年 11 月 19 日最高裁　死刑确定 大阪医疗刑务所	保险理赔尝到甜头 合谋妹妹夫妻共犯 购买保险杀害丈夫 伪造事故杀害店员 两次作案致 2 人死 妹妹、妹夫被判无期 “二战”后第 8 位女性死刑犯 死刑确定时已 77 岁 2011 年 1 月 27 日病死	6.19

续表

序号	姓名 及作案、 死亡年龄	案件及 作案日期	判决情况及羁押地	罪行情节、备注、 死亡时间及死因	死刑确定 距死亡 年数
23	高橋和利 54 岁作案 87 岁病死	横滨市金融夫妇被杀案 1988 年 6 月 20 日	1995 年 9 月 7 日横滨地裁　死刑 2002 年 10 月 30 日东京高裁　死刑 2006 年 3 月 28 日最高裁　死刑确定 东京拘置所	替妹还债 抢劫杀人 致 2 人死 2021 年 10 月 8 日病死 2021 年 12 月 24 日第三次再审请求	15.54
24	中山進 50 岁作案 66 岁病死	丰中市二人被杀案 1998 年 2 月 19 日	2001 年 11 月 20 日大阪地裁　死刑 2003 年 10 月 27 日大阪高裁　死刑 2006 年 6 月 13 日最高裁　死刑确定 大阪拘置所	婚外情人离婚难 预谋杀害其丈夫 同行女子遭灭口 杀人前科判无期 假释期间再犯案 2014 年 5 月 15 日病死	7.93
25	高橋義博 42 岁作案 71 岁病死	医师等二人被绑架活埋案 1992 年 7 月 23 日—1992 年 7 月 24 日	2000 年 8 月 29 日横滨地裁　死刑 2003 年 4 月 15 日东京高裁　死刑 2006 年 10 月 26 日最高裁　死刑确定 东京拘置所	泡沫经济崩溃资金周转难 绑架熟人索财活埋致 2 人死 三共犯分别被判无期惩役 2021 年 2 月 3 日病死	14.28

续表

序号	姓名及作案、死亡年龄	案件及作案日期	判决情况及羁押地	罪行情节、备注、死亡时间及死因	死刑确定距死亡年数
26	朴日光 （韩国籍） 48 岁作案 62 岁病死	名古屋 - 福冈市连续杀人案 1995 年 1 月 12 日— 1995 年 1 月 28 日	1999 年 6 月 14 日福冈地裁　死刑 2003 年 3 月 28 日福冈高裁　死刑 2006 年 11 月 24 日最高裁　死刑确定 福冈拘置所	前女友结婚生怨杀人 逃亡路上劫财再行凶 两次作案致 2 人死亡 2009 年 1 月 4 日病死	2.12
27	松本昭弘 40 岁作案 61 岁病死	马尼拉连续骗保杀人案 1994 年 12 月 1 日— 1995 年 6 月 22 日	2002 年 1 月 30 日名古屋地裁 一宫支部　死刑 2003 年 7 月 8 日名古屋高裁　死刑 2007 年 1 月 30 日最高裁　死刑确定 名古屋拘置所	为骗取保险金预谋杀人 三人共犯境外杀害 3 人 同胞兄弟同日死刑确定 同案松本和弘死刑确定 同案下浦荣一死刑确定 2016 年 1 月 22 日病死	8.98
28	小田島鐵男 （畠山鐵男） 59 岁作案 74 岁病死	马渊马达公司社长妻女等被抢劫杀害案 2002 年 8 月 5 日— 2002 年 12 月 22 日	2007 年 3 月 22 日千叶地裁　死刑 2007 年 11 月 1 日撤回控诉　死刑确定 东京拘置所	入室抢劫行凶杀人 三次作案致 4 人死 警察厅广域重要指定 124 号案 同犯守田克实被判死刑 2017 年 9 月 16 日病死	9.88

续表

序号	姓名及作案、死亡年龄	案件及作案日期	判决情况及羁押地	罪行情节、备注、死亡时间及死因	死刑确定距死亡年数
29	宇井銈次 62 岁作案 68 岁病死	冈山市女性被杀案 2001 年 8 月 9 日	2003 年 5 月 21 日冈山地裁 死刑 2004 年 2 月 25 日广岛高裁 冈山支部 死刑 2007 年 11 月 30 日最高裁 死刑确定 大阪医疗刑务所	杀害同居残疾女性 两次作案致死 2 人 因杀人被判无期惩役 假释两年内再犯本案 2008 年 2 月 7 日病死 法务省推进死刑信息公开 首次公布病亡死刑囚姓名	0.19
30	山本開一 56 岁作案 62 岁病死	入间市暴力团体五人被杀案 2003 年 12 月 14 日	2005 年 9 月 8 日埼玉地裁 死刑 2006 年 6 月 28 日东京高裁 死刑 2008 年 4 月 24 日最高裁 死刑确定 东京拘置所	黑帮头目起争端 聚会拔枪杀 5 人 2010 年 1 月 2 日病死	1.69
31	伊藤稔 （藁科稔） 47 岁作案 56 岁病死	高冈市暴力团组长夫妇被枪杀案 2000 年 7 月 13 日	2004 年 3 月 26 日富山地裁 死刑 2006 年 2 月 16 日名古屋高裁 金泽支部 死刑 2009 年 1 月 22 日最高裁 死刑确定 名古屋拘置所	黑帮内部夺权起纷争 合谋雇凶事败恐报复 枪杀组长夫妇致 2 死 伊藤稔 2009 年 5 月 2 日病死 大田贤治 2014 年 7 月 16 日病死	0.27
32	大田賢治 （幾島賢治） 53 岁作案 67 岁病死		2005 年 1 月 27 日富山地裁 死刑 2006 年 10 月 12 日名古屋高裁 金泽支部 死刑 2009 年 3 月 23 日最高裁 死刑确定 名古屋拘置所		5.32

续表

序号	姓名 及作案、 死亡年龄	案件及 作案日期	判决情况及羁押地	罪行情节、备注、 死亡时间及死因	死刑确定 距死亡 年数
33	関根元 51 岁作案 75 岁病死	埼玉县爱犬家连续杀人案 1993 年 4 月 20 日— 1993 年 8 月 26 日	2001 年 3 月 21 日浦和地裁　死刑 2005 年 7 月 11 日东京高裁　死刑 2009 年 6 月 22 日最高裁　死刑确定 东京拘置所	夫妻合营宠物养殖 犬只高价买卖纠纷 合谋投毒杀人灭口 三次作案致 4 人死 残忍分尸毁尸灭迹 同案风间博子死刑确定 2017 年 3 月 27 日病死	7.77
34	手柴勝敏 52 岁作案 66 岁病死	虚构建设交易连续杀人案 1996 年 6 月 8 日/ 1996 年 12 月 19 日	2004 年 3 月 11 日福冈地裁　死刑 2006 年 5 月 16 日福冈高裁　死刑 2009 年 12 月 11 日最高裁　死刑确定 福冈拘置所	虚构建设规划骗购土地 两家公司影响骗局实施 杀害经理 2 人埋尸空地 同案营峰夫死刑确定 2010 年 4 月 14 日病死	0.34
35	片岡清 72 岁作案 84 岁病死	广岛 - 冈山独居老人被抢劫被杀案 2003 年 9 月 28 日/ 2004 年 12 月 10 日	2006 年 3 月 24 日冈山地裁　无期惩役 2008 年 2 月 27 日广岛高裁 冈山支部　死刑 2011 年 3 月 24 日最高裁　死刑确定 广岛拘置所	两次入室抢劫施暴 致高龄老人 2 人死 2016 年 2 月 14 日病死	4.90
36	岩森稔 61 岁作案 76 岁病死	本庄市夫妇被杀案 2007 年 2 月 12 日	2008 年 3 月 21 日埼玉地裁　无期惩役 2009 年 3 月 25 日东京高裁　死刑 2012 年 3 月 2 日最高裁　死刑确定 东京拘置所	借钱遭拒翻脸杀人 锤杀熟人夫妇 2 人 2021 年 12 月 11 日病死	9.78

续表

序号	姓名 及作案、 死亡年龄	案件及 作案日期	判决情况及羁押地	罪行情节、备注、 死亡时间及死因	死刑确定 距死亡 年数
37	阿佐吉広 51 岁作案 70 岁病死	山梨县露营地杀人案 1997 年 3 月？日/ 2000 年 5 月 14 日	2006 年 10 月 11 日甲府地裁　死刑 2008 年 4 月 21 日东京高裁　死刑 2012 年 12 月 11 日最高裁　死刑确定 东京拘置所	员工多次投诉拖欠工资 建筑老板施暴致 3 人死 事后埋尸于自营露营地 公司倒闭员工举报案发 2020 年 2 月 11 日病死	7.17
38	野崎浩 40 岁作案 61 岁病死	菲律宾二女被杀案 1999 年 4 月 22 日/ 2008 年 4 月 3 日	2009 年 12 月 16 日东京地裁　无期懲役 2010 年 10 月 8 日东京高裁　死刑 2012 年 12 月 14 日最高裁　死刑确定 东京拘置所	杀同居女友并碎尸 时隔十年再杀女友 两次作案致 2 人死 2020 年 12 月 13 日病死	8.00
39	沖倉和雄 60 岁作案 66 岁病死	秋留野市资产家姐弟被杀案 2008 年 4 月 9 日— 2008 年 4 月 13 日	2009 年 5 月 12 日东京地裁 立川支部　死刑 2010 年 11 月 10 日东京高裁　死刑 2013 年 12 月 17 日最高裁　死刑确定 东京拘置所	经营失败沉迷赌博 债台高筑预谋劫财 麻友合谋一拍即合 入室抢劫致 2 人死 共犯伊丸冈赖明被判无期懲役 2014 年 7 月 2 日病死	0.54
40	矢野治 53 岁作案 71 岁自杀	前桥市快餐店乱枪杀人案 2002 年 2 月 21 日/ 2003 年 1 月 25 日	2007 年 12 月 10 日东京地裁　死刑 2009 年 12 月 10 日东京高裁　死刑 2014 年 3 月 14 日最高裁　死刑确定 东京拘置所	暴力团体间纷争起杀意 乱枪杀人致 7 人死 2 人重伤 共犯山田健一郎死刑确定 共犯小日向将人死刑确定 2020 年 1 月 26 日自杀身亡	5.87

表 46　死刑被释放、暂停执行者信息一览表（截至 2022 年 8 月 6 日）

序号	姓名及被捕、释放年龄	案件及发案日期	判决、再审情况	罪行情节及备注	羁押年数
1	免田荣 25 岁被捕 59 岁释放	免田事件 1948 年 12 月 30 日	1950 年 3 月 23 日熊本地裁八代支部　死刑 1951 年 3 月 19 日福冈高裁　死刑 1951 年 12 月 25 日最高裁　死刑确定 1956 年 8 月 10 日熊本地裁八代支部　裁定开始再审 1959 年 4 月 15 日福冈高裁　撤销再审裁定 1959 年 12 月 6 日最高裁　驳回特别抗告 1976 年 4 月 30 日熊本地裁八代支部　驳回再审请求 1979 年 9 月 27 日福冈高裁　裁定开始再审 1980 年 12 月 11 日最高裁　确定开始再审 1981 年 5 月 16 日熊本地裁八代支部　开始再审 1982 年 11 月 5 日熊本地检　求刑死刑 1983 年 7 月 15 日熊本地裁八代支部　无罪	一家四口深夜遇袭 2 人死亡 2 人重伤 不在场证明未采认 五次再审请求被驳回 该案真凶未知 已过追诉时效 终成未解谜 刑事补偿 9071 万日元 2020 年 12 月 5 日去世	34.5

续表

序号	姓名及被捕、释放年龄	案件及发案日期	判决、再审情况	罪行情节及备注	羁押年数
2	谷口繁義 19岁被捕 53岁释放	财田川事件 1950年2月28日	1952年2月20日高松地裁　死刑 1956年6月8日高松高裁　死刑 1957年1月22日最高裁　死刑确定 1972年9月？日高松地裁　驳回再审请求 1974年12月？日高松高裁　维持驳回裁定 1976年10月12日最高裁　发回重新裁定 1979年6月7日高松地裁　裁定开始再审 1981年3月14日高松地裁　驳回即时抗告 1984年3月12日高松地裁　无罪	黑市粮贩被害惨死 不良少年成为嫌犯 一审翻供指称刑讯 依口供和血型定案 矢野伊吉重审遇阻 辞职转任律师辩护 中风偏瘫左手著书 十五年努力终雪冤 检方案件记录遗失 导致死刑执行延期 刑事补偿7500万日元 2005年7月26日去世	34.0
3	斋藤幸夫 24岁被捕 53岁释放	松山事件 1955年10月18日	1957年10月29日仙台地裁　死刑 1959年5月26日仙台高裁　死刑 1960年11月1日最高裁　死刑确定 1979年12月6日仙台地裁　裁定开始再审 1983年1月31日仙台高裁　维持再审裁定 1983年7月12日仙台地裁　开始再审 1984年7月11日仙台地裁　无罪	农家房屋被烧毁 一家四口全遇害 尸体有刀伤立案 刑事补偿7516万日元 2005年7月26日去世	28.6

续表

序号	姓名及被捕、释放年龄	案件及发案日期	判决、再审情况	罪行情节及备注	羁押年数
4	赤堀政夫 25 岁被捕 60 岁释放	岛田事件 1954 年 3 月 10 日	1958 年 5 月 23 日静冈地裁 死刑 1960 年 2 月 17 日东京高裁 死刑 1960 年 12 月 26 日最高裁 死刑确定 1977 年 3 月 11 日静冈地裁 驳回再审请求 1983 年 5 月 23 日东京高裁 发回重审 1986 年 5 月 30 日静冈地裁 裁定开始再审 1987 年 3 月 25 日东京高裁 裁定开始再审 1987 年 10 月 19 日静冈地裁 开始再审 1988 年 8 月 8 日静冈地检 求刑死刑 1989 年 1 月 31 日静冈地裁 无罪	六岁女童失踪遇害 轻度智障男成嫌犯 一审翻供指称刑讯 不在场证明未采信 连续四次再审请求 再审共开庭十二次 历时两年改判无罪 刑事补偿 1.2 亿日元 2013 年开始领养老金	34.7
5	袴田巌 30 岁被捕 77 岁出狱	袴田案 1966 年 6 月 30 日	1968 年 9 月 11 日静冈地裁 死刑 1976 年 5 月 18 日东京高裁 死刑 1980 年 11 月 19 日最高裁 死刑确定 2008 年 4 月 25 日提起第二次再审请求 2014 年 3 月 27 日静冈地裁 裁定开始再审 释放出狱候审 2018 年 6 月 11 日东京高裁 撤销再审裁定 2020 年 12 月 22 日最高裁 发回重新裁定	夜入老板家 行劫杀 4 人 获吉尼斯世界纪录认定 “世界上被关押时间最长的死刑犯”	47.6

表 47　死刑待执行者信息一览表(截至 2022 年 8 月 6 日)

序号	姓名及作案年龄	案件及作案日期	判决情况及羁押地	罪行情节及备注	死刑确定年数
1	尾田信夫 20 岁作案	川端町案 1966 年 12 月 5 日	1968 年 12 月 24 日福冈地裁　死刑 1970 年 3 月 20 日福冈高裁　死刑 1970 年 11 月 12 日最高裁　死刑确定 福冈拘置所	深夜侵入曾经打工店铺抢劫 行凶伤人抢劫得手放火烧店 店铺烧毁过半致 1 人死 1 人重伤 死刑确定已 51 年 目前最长收监纪录 第七次申请重审中 日本法规定死刑案件的裁判 记录自死刑确定后保存 50 年, 法院裁定本案记录保存 60 年	51.52
2	大濱松三 46 岁作案	钢琴噪音杀人案 1974 年 8 月 28 日	1975 年 10 月 20 日横滨地裁 小田原支部　死刑 1977 年 4 月 16 日撤回控诉　死刑确定 东京拘置所	邻居钢琴噪声扰民 不堪其扰连杀 3 人 司法鉴定为偏执狂 自愿求死却未执行	45.09
3	片岡利明 (益永利明) 26 岁作案	企业连续爆炸案 1971 年 12 月 12 日— 1975 年 5 月 19 日	1979 年 11 月 12 日东京地裁　死刑 1982 年 10 月 29 日东京高裁　死刑 1987 年 3 月 24 日最高裁　死刑确定 东京拘置所	东亚反日武装战线“狼” 极左的无政府主义组织 策划炸弹袭击日本天皇 犯下多起大企业爆破案 三菱重工大厦案致 8 人死 同案死刑囚大道寺将司病死	35.15

续表

序号	姓名及作案年龄	案件及作案日期	判决情况及羁押地	罪行情节及备注	死刑确定年数
4	渡边清 19 岁作案	四人被杀案 1967 年 4 月 24 日— 1973 年 3 月 20 日	1975 年 8 月 29 日大阪地裁　无期惩役 1978 年 5 月 30 日大阪高裁　死刑 1988 年 6 月 2 日最高裁　死刑确定 大阪拘置所	抢劫卖淫女 六年作四案 致 4 人死亡	33.96
5	関口政安 （藤井政安） 28 岁作案	“杀手”连续杀人案 1970 年 2 月 13 日— 1973 年 4 月 15 日	1977 年 3 月 31 日东京地裁　死刑 1982 年 7 月 1 日东京高裁　死刑 1989 年 10 月 13 日最高裁　死刑确定 东京拘置所	雇凶杀人致 3 人死亡 杀害外遇对象的丈夫 借债不还活埋债务人 无力还债活埋债权人 二“杀手”求刑死刑判无期 二“杀手”求刑无期判有期 一“杀手”求刑十五年获准	32.59
6	金川一 29 岁作案	熊本县免田町主妇被杀案 1979 年 9 月 11 日	1982 年 6 月 14 日熊本地裁八代支部　无期惩役 1983 年 3 月 17 日福冈高裁　死刑 1990 年 4 月 3 日最高裁　死刑确定 福冈拘置所	强奸未遂，致 1 人死 抢劫杀人，服刑十年 出狱三月，再犯本案	32.12
7	佐々木哲也 22 岁作案	市原弑亲案 1974 年 10 月 30 日	1984 年 3 月 15 日千叶地裁　死刑 1986 年 8 月 29 日东京高裁　死刑 1992 年 1 月 31 日最高裁　死刑确定	恋爱遭遇父母阻拦 杀害双亲抛尸大海 中上健次小说《蛇淫》、 长谷川和彦导演电影 《青春杀人犯》原型	30.29

续表

序号	姓名及 作案年龄	案件及 作案日期	判决情况及羁押地	罪行情节及备注	死刑确定 年数
8	坂口弘 24 岁作案	联合赤军浅间山庄案 1971 年 2 月 15 日— 1972 年 2 月 28 日	1982 年 6 月 18 日东京地裁　死刑 1986 年 9 月 26 日东京高裁　死刑 1993 年 2 月 19 日最高裁　死刑确定 东京拘置所	极左团体“联合赤军” 内部肃反致 14 人死亡 同案死刑囚永田洋子病死	29.24
9	猪熊武夫 35 岁作案	山中湖连续杀人案 1984 年 10 月 11 日/ 1984 年 10 月 25 日	1987 年 10 月 30 日东京地裁　死刑 1989 年 3 月 31 日东京高裁　死刑 1995 年 7 月 3 日最高裁　死刑确定 东京拘置所	开店失败为钱所困 共犯三人负债十亿 谋划劫财一夜暴富 两次抢劫致 2 人死 共犯朴龙珠被判无期惩役 同案死刑囚泽地和夫病死	26.87
10	大森勝久 26 岁作案	北海道道厅爆破案 1976 年 3 月 2 日	1983 年 3 月 29 日札幌地裁　死刑 1988 年 1 月 21 日札幌高裁　死刑 1994 年 7 月 15 日最高裁　死刑确定 札幌拘置支所	东亚反日战线施暴 炸弹袭击政府大楼 致 2 人死 81 人伤 自始至终坚称无辜 2021 年 12 月 17 日札幌地裁 驳回第三次再审请求	27.84
11	山野静二郎 43 岁作案	房地产公司连续杀人案 1982 年 3 月 21 日— 1982 年 3 月 25 日	1985 年 7 月 22 日大阪地裁　死刑 1989 年 10 月 11 日大阪高裁　死刑 1996 年 10 月 25 日最高裁　死刑确定 大阪拘置所	房地产老板资金周转艰难 杀害同行公司经理和董事 两次作案劫财 5100 万日元	25.55

续表

序号	姓名及作案年龄	案件及作案日期	判决情况及羁押地	罪行情节及备注	死刑确定年数
12	秋好英明 （大城英明） 34 岁作案	未婚妻一家四人被灭门案 1976 年 6 月 13 日	1985 年 5 月 31 日福冈地裁　死刑 1991 年 12 月 9 日福冈高裁　死刑 1997 年 9 月 11 日最高裁　死刑确定 福冈拘置所	结婚诉求遭妻姐阻挠 怒发冲冠灭门杀 4 人	24.67
13	広田雅晴 （神宫雅晴） 41 岁作案	前警察抢劫杀人案 1984 年 9 月 4 日	1988 年 10 月 25 日大阪地裁　死刑 1993 年 4 月 30 日大阪高裁　死刑 1997 年 12 月 19 日最高裁　死刑确定 大阪拘置所	警察盗枪作案判 7 年 假释出狱 5 天犯本案 夺枪行劫致 2 人死 警察厅广域重要指定 115 号案	24.40
14	宫崎知子 （藤波知子） 34 岁作案	富山－长野诱拐二女杀人案 1980 年 2 月 23 日—1980 年 3 月 6 日	1988 年 2 月 9 日富山地裁　死刑 1992 年 3 月 31 日名古屋高裁 金泽支部　死刑 1998 年 9 月 4 日最高裁　死刑确定 名古屋拘置所	开店失败为钱所困 二人合谋诱拐索财 撕票致 2 女性死亡 同犯两审被判无罪 与死刑囚藤波芳夫狱中结婚 2020 年 12 月 25 日福山地裁 驳回第五次再审请求 警察厅广域重要指定 111 号案 “二战”后第 7 位女性死刑犯	23.69
15	柴嵜正一 20 岁作案	中村桥派出所二警察被杀案 1989 年 5 月 16 日	1991 年 5 月 27 日东京地裁　死刑 1994 年 2 月 24 日东京高裁　死刑 1998 年 9 月 17 日最高裁　死刑确定 东京拘置所	退役军人预谋抢银行 为夺枪致 2 人死	23.66

续表

序号	姓名及作案年龄	案件及作案日期	判决情况及羁押地	罪行情节及备注	死刑确定年数
16	村松誠一郎 23岁作案	宫代案 1980年3月21日	1985年9月26日浦和地裁 死刑 1992年6月29日东京高裁 死刑 1998年10月8日最高裁 死刑确定 东京拘置所	兄弟同谋共劫财 夜闯打工同事家 杀人放火致2人死 坚称无罪求再审 弟被判无期惩役	23.60
17	松本美佐雄 25岁作案	妙义山连续杀人案 1990年12月5日/ 1991年7月6日	1993年8月24日前桥地裁 高崎支部 死刑 1994年9月29日东京高裁 死刑 1998年12月1日最高裁 死刑确定 东京拘置所	朋友被人借钱久拖不还 为友出头合谋报复杀人 杀害3人埋尸妙义山中	23.45
18	松本健次 39岁作案	京都－滋贺连续强盗杀人案 1990年9月6日/ 1991年9月25日	1993年9月17日大津地裁 死刑 1996年2月21日大阪高裁 死刑 2000年4月4日最高裁 死刑确定 大阪拘置所	兄弟合谋劫财杀害表弟 销赃房产巨款挥霍殆尽 杀害姐姐邻居谋划夺产 兄为主犯通缉期间自杀 大津地裁时隔38年再判死刑	22.11
19	陳代偉 （中国籍） 31岁作案	多摩市柏青哥店强盗杀人案 1992年5月30日	1995年12月15日东京地裁 八王子支部 死刑 1998年1月29日东京高裁 死刑 2002年6月11日最高裁 死刑确定 东京拘置所	赴日留学居留期限届满 非法滞留期间三人合谋 抢劫柏青哥店致3人死 共犯王刚勇被国际通缉 1966年来经最高裁确定的 首例外国人死刑	19.92
20	何力 （中国籍） 27岁作案				19.92

续表

序号	姓名及作案年龄	案件及作案日期	判决情况及羁押地	罪行情节及备注	死刑确定年数
21	横田謙二 49 岁作案	川口市杀人碎尸案 1999 年 1 月 9 日	2001 年 6 月 28 日埼玉地裁　无期惩役 2002 年 9 月 30 日东京高裁　死刑 2002 年 10 月 25 日撤回上告　死刑确定 东京拘置所	男女暧昧口角升级 杀人碎尸致 1 人死 多次前科三度入狱 假释一年再犯本案	19.55
22	黄奕善 （马来西亚籍） 24 岁作案	金融业者等遭强盗杀人案 1993 年 10 月 27 日—1993 年 12 月 20 日	1996 年 7 月 19 日东京地裁　死刑 1998 年 3 月 26 日东京高裁　死刑 2004 年 4 月 19 日最高裁　死刑确定 东京拘置所	六人共犯合谋抢劫 选定金融相关对象 四次作案致 3 人死 1 人伤 共犯松泽信一死刑确定 四共犯另案审判被判刑 警察厅广域重要指定 112 号案	18.07
23	倉吉政隆 43 岁作案	福冈市连续强盗杀人案 1995 年 3 月 2 日—1996 年 1 月 22 日	1999 年 3 月 25 日福冈地裁　死刑 2000 年 6 月 29 日福冈高裁　死刑 2004 年 12 月 2 日最高裁　死刑确定 福冈拘置所	四人合谋持枪劫财 多次作案致 2 人死 三共犯另案审理被判刑	17.44
24	沢本信之 （森本信之） 45 岁作案	菲律宾二女被杀案 1998 年 12 月 25 日	2000 年 3 月 1 日津地裁　死刑 2001 年 5 月 14 日名古屋高裁　死刑 2004 年 12 月 14 日最高裁　死刑确定 名古屋拘置所	无力还债预谋劫财 三人共犯入室抢劫 行凶致 2 女性死亡 一共犯审判中死亡 一共犯二审改无期	17.41

续表

序号	姓名及作案年龄	案件及作案日期	判决情况及羁押地	罪行情节及备注	死刑确定年数
25	間中博巳 21岁作案	同级生连续杀人案 1989年8月9日/ 1989年9月13日	1994年7月6日水户地裁 下妻支部　死刑 2001年5月1日东京高裁　死刑 2005年1月27日最高裁　死刑确定 东京拘置所	同学帮忙烧车骗保 事后灭口杀害同学 栽赃再杀另一同学 两次作案致2人死 勒索同学家属索财	17.29
26	下山信一 （松沢信一） 33岁作案	金融业者等三人被杀案 1993年10月8日— 1993年12月20日	1998年5月26日东京地裁　死刑 2001年5月30日东京高裁　死刑 2005年9月16日最高裁　死刑确定 东京拘置所	六人共犯合谋抢劫 选定金融相关对象 四次作案致3人死1人伤 共犯黄奕善死刑确定 四共犯另案审理被判刑 警察厅广域重要指定112号案	16.65
27	堀江守男 35岁作案	仙台市抢劫杀害老年夫妇案 1986年2月20日	1988年9月12日仙台地裁　死刑 1991年3月29日仙台高裁　死刑 2005年9月26日最高裁　死刑确定 仙台拘置支所 八王子医疗刑务所(2010年前)	借钱遭拒杀人劫财 致老年夫妇2人死 三审中撤回上告死刑确定 辩护人申请认定撤回无效 异议申请获得最高裁认可 十年间先后三次精神鉴定 有无诉讼能力成争议焦点 最高裁进行两次开庭辩论	16.63

续表

序号	姓名及作案年龄	案件及作案日期	判决情况及羁押地	罪行情节及备注	死刑确定年数
28	上田宜範 37岁作案	大阪爱犬家连续杀人案 1992年6月19日—1993年10月29日	1998年3月20日东京地裁　死刑 2001年3月15日东京高裁　死刑 2005年12月15日最高裁　死刑确定 大阪拘置所	“狗训练师”招募投资 注射肌肉松弛剂致5人死 警察厅广域重要指定120号案	16.41
29	久堀毅彦 (田中毅彦) 28岁作案	右翼团体干部杀人案 1992年2月9日—1994年4月28日	2000年3月16日大阪地裁　无期惩役 2001年12月25日大阪高裁　死刑 2006年2月14日最高裁　死刑确定 大阪拘置所	金钱纠纷合谋杀人 两次作案致2人死 四共犯另案审理被判刑	16.24
30	山口益生 44岁作案	古董商等二人被杀案 1994年3月29日—1995年3月29日	1997年3月28日津地裁 四日市支部　死刑 1997年9月25日名古屋高裁　发回重审 1999年6月23日津地裁　无期惩役 2001年6月14日名古屋高裁　死刑 2006年2月24日最高裁　死刑确定 名古屋拘置所	泡沫经济崩溃欠巨债 三人共谋抢劫古董商 同犯事后勒索被灭口 余二犯继续抢劫计划 作案过程共致2人死 山口死刑犯以“不被允许给教诲师牧师寄书籍和信件而遭受精神上的痛苦”为由，向国家要求20万日元的损害赔偿，名古屋地裁判决3万日元	16.21
31	豊田義己 (向井義己) 52岁作案	静冈、爱知二女被杀案 1996年8月31日/1997年9月4日	2000年7月19日名古屋地裁　死刑 2002年2月28日名古屋高裁　死刑 2006年3月2日最高裁　死刑确定 名古屋拘置所	为筹资杀死同居女友 为逃债枪杀酒吧老板 两次作案共致2人死	16.20

续表

序号	姓名及作案年龄	案件及作案日期	判决情况及羁押地	罪行情节及备注	死刑确定年数
32	江東恒 55 岁作案	堺市夫妇被杀案 1997 年 10 月 30 日	2001 年 3 月 22 日大阪地裁 堺支部 死刑 2003 年 1 月 20 日大阪高裁 死刑 2006 年 9 月 7 日最高裁 死刑确定 大阪拘置所	欠下巨债无力还 杀人劫财致 2 人死	15.68
33	石川恵子 39 岁作案	宮崎市二女被杀案 1996 年 8 月 29 日/ 1997 年 6 月 13 日	2001 年 6 月 20 日宮崎地裁 死刑 2003 年 3 月 27 日福冈高裁 宮崎支部 死刑 2006 年 9 月 21 日最高裁 死刑确定 福冈拘置所	为父分忧筹货款 杀人劫财致 2 人死 “二战”后第 9 位女性死刑犯	15.64
34	長勝久 22 岁作案	栃木县妻和熟人连续被杀案 1988 年 11 月 19 日/ 1989 年 11 月上旬	2001 年 12 月 18 日宇都宫地裁 死刑 2003 年 9 月 10 日东京高裁 死刑 2006 年 10 月 12 日最高裁 死刑确定 东京拘置所	感情破裂妻离家 复合遭拒起杀心 杀妻埋尸祖父家 虐待致同居男死 两次作案致 2 人死 缓刑期间再犯案 隐藏证据破案难 六年半后被逮捕	15.58
35	松本和弘 40 岁作案	马尼拉连续骗保杀人案 1994 年 12 月 1 日— 1995 年 6 月 22 日	2002 年 1 月 30 日名古屋地裁 一宫支部 死刑 2003 年 7 月 8 日名古屋高裁 死刑 2007 年 1 月 30 日最高裁 死刑确定 名古屋拘置所	为骗取保险金预谋杀人 三人共犯境外杀害 3 人	15.28
36	下浦栄一 23 岁作案			同胞兄弟同日死刑确定 同案死刑囚松本昭弘病死	15.28

续表

序号	姓名及作案年龄	案件及作案日期	判决情况及羁押地	罪行情节及备注	死刑确定年数
37	西山省三 39岁作案	福山市强盗杀人案 1992年3月29日	1994年9月30日广岛地裁 无期懲役 1997年2月4日广岛高裁 无期懲役 1999年12月10日最高裁 发回重审 2004年4月23日广岛高裁 死刑 2007年4月10日最高裁 死刑确定 广岛拘置所	抢劫杀人被判无期 无期假释期间犯案 劫财杀害独居老妇 一、二审均判无期 检方控诉终判死刑	15.09
38	造田博 23岁作案	池袋街口无差别杀人案1999年9月8日	2002年1月18日东京地裁 死刑 2003年9月29日东京高裁 死刑 2007年4月19日最高裁 死刑确定 东京拘置所	手持铁锤和菜刀 大街上随机杀人 致2人死6人伤	15.07
39	中原澄男 50岁作案	太州会内争连续杀人案 1997年10月6日—1997年10月13日	2003年5月1日福冈地裁 死刑 2005年4月12日福冈高裁 死刑 2007年6月12日最高裁 死刑确定 福冈拘置所	黑帮内争 预谋杀人 两次作案 致2人死	14.92
40	薛松 （中国籍） 27岁作案	春日部市中国夫妇被杀案 2000年9月22日	2002年2月22日埼玉地裁 死刑 2004年1月23日东京高裁 死刑 2007年6月19日最高裁 死刑确定 东京拘置所	筑波大学留学研究生 追求已婚女博士遭拒 博士夫妇2人遭伏杀	14.90
41	浜川邦彦 34岁作案	三重县连续射击杀人案 1994年7月19日/1994年12月20日	2002年12月18日津地裁 死刑 2004年3月22日名古屋高裁 死刑 2007年7月5日最高裁 死刑确定 名古屋拘置所	抢劫两次枪杀2人 共犯被判无期懲役	14.85

续表

序号	姓名及作案年龄	案件及作案日期	判决情况及羁押地	罪行情节及备注	死刑确定年数
42	後藤良次 42 岁作案	水户－宇都宫杀人案 2000 年 7 月 30 日—2000 年 8 月 20 日	2003 年 2 月 24 日宇都宫地裁　死刑 2004 年 7 月 6 日东京高裁　死刑 2007 年 9 月 28 日最高裁　死刑确定 东京拘置所	黑帮头目拘禁杀人 致 2 人死 3 人重伤 日本电影《凶恶》原型	14.62
43	外尾計夫 45 岁作案	佐贺－长崎骗保杀人案 1992 年 9 月 11 日/1998 年 10 月 27 日	2003 年 1 月 31 日长崎地裁　死刑 2004 年 5 月 21 日福冈高裁　死刑 2008 年 1 月 31 日最高裁　死刑确定 福冈拘置所	与情妇合谋将其夫沉海 亲生儿女成为被害对象 三次骗保杀人致 2 人死 共犯情妇被判无期惩役	14.28
44	長谷川静央 63 岁作案	宇都宫市杀害亲弟案 2005 年 5 月 8 日	2007 年 1 月 23 日宇都宫地裁　死刑 2007 年 8 月 16 日东京高裁　死刑 2008 年 3 月 19 日撤回上告　死刑确定 东京拘置所	借钱遭拒雇凶杀死亲弟 曾因杀人被判无期 假释两年内再犯案 凶手被判 30 年惩役	14.15
45	加賀聖商 40 岁作案	伊势原同居母女被杀案 2001 年 8 月 4 日	2004 年 2 月 4 日横滨地裁　死刑 2005 年 7 月 19 日东京高裁　死刑 2008 年 6 月 5 日最高裁　死刑确定 东京拘置所	琐事纠纷杀害同居母女	13.93
46	八木茂 50 岁作案	埼玉县本庄骗保杀人案 1995 年 6 月 3 日—1999 年 5 月 29 日	2002 年 10 月 1 日埼玉地裁　死刑 2005 年 11 月 13 日东京高裁　死刑 2008 年 7 月 17 日最高裁　死刑确定 东京拘置所	指使共犯伪装结婚 杀人骗保致 3 人死	13.82

续表

序号	姓名及作案年龄	案件及作案日期	判决情况及羁押地	罪行情节及备注	死刑确定年数
47	林眞須美 37 岁作案	和歌山市毒咖喱杀人案 1998 年 7 月 25 日	2002 年 12 月 11 日和歌山地裁 死刑 2005 年 6 月 28 日大阪高裁 死刑 2009 年 4 月 21 日最高裁 死刑确定 大阪拘置所	夏日祭典咖喱锅中投毒 致 4 人死 63 人砷中毒 虽有多次巨额骗保前科 坚称本案无罪备受关注 “二战”后第 11 位女性死刑犯	13.06
48	風間博子 36 岁作案	埼玉县爱犬家连续杀人案 1993 年 4 月 20 日—1993 年 8 月 26 日	2001 年 3 月 21 日浦和地裁 死刑 2005 年 7 月 11 日东京高裁 死刑 2009 年 6 月 22 日最高裁 死刑确定 东京拘置所	夫妻合营宠物养殖 犬只高价买卖纠纷 合谋投毒杀人灭口 三次作案致 4 人死 残忍分尸毁尸灭迹 风间博子系“二战”后第 12 位女性死刑犯 同案死刑囚关根元病死	12.89
49	高橋秀 （石川秀） 38 岁作案	仙台市暴力团干部强盗杀人案 2001 年 1 月 8 日/2001 年 2 月 3 日	2004 年 3 月 25 日仙台地裁 死刑 2005 年 7 月 26 日仙台高裁 死刑 2009 年 6 月 23 日最高裁 死刑确定 仙台拘置支所	两次作案 致 2 人死 沉尸大海 共犯 4 人均被判无期懲役	12.88
50	小日向将人 33 岁作案	前桥市快餐店乱枪杀人案 2003 年 1 月 25 日	2005 年 3 月 28 日前桥地裁 死刑 2006 年 3 月 16 日东京高裁 死刑 2009 年 7 月 10 日最高裁 死刑确定 东京拘置所	暴力团间起纷争起杀意 多次枪杀致 7 人死 2 人重伤 首谋矢野治死刑确定 共犯山田健一郎死刑确定	12.84

续表

序号	姓名及作案年龄	案件及作案日期	判决情况及羁押地	罪行情节及备注	死刑确定年数
51	窪田勇次 43 岁作案	北见市资产家夫妇被杀案 1988 年 10 月 21 日	2004 年 3 月 2 日钏路地裁 北见支部 死刑 2005 年 12 月 1 日札幌高裁 死刑 2009 年 12 月 4 日最高裁 死刑确定 札幌拘置支所	担心不当行为被告发 入室杀人灭口致 2 人死 伪装自杀逃亡十五年	12.44
52	菅峰夫 45 岁作案	虚构交易连续杀人案 1996 年 6 月 8 日/ 1996 年 11 月 19 日	2004 年 3 月 11 日福冈地裁 死刑 2006 年 5 月 16 日福冈高裁 死刑 2009 年 12 月 11 日最高裁 死刑确定 福冈拘置所	虚构建设规划骗购土地 两家公司影响骗局实施 杀害经理 2 人埋尸空地 同案死刑囚手柴胜敏病死	12.42
53	大橋健治 64 岁作案	大阪－岐阜连续强盗杀人案 2005 年 4 月 27 日/ 2005 年 5 月 11 日	2006 年 11 月 2 日大阪地裁 死刑 2007 年 4 月 27 日大阪高裁 死刑 2010 年 1 月 29 日最高裁 死刑确定 大阪拘置所	为还赌债蓄意抢劫 两次作案致 2 人死 曾遇孕妇放弃抢劫	12.28
54	高尾康司 35 岁作案	馆山市一家四人烧杀案 1998 年 2 月 11 日/ 2003 年 12 月 18 日	2005 年 2 月 21 日千叶地裁 死刑 2006 年 9 月 28 日东京高裁 死刑 2010 年 9 月 16 日最高裁 死刑确定 东京拘置所	六次纵火 致 5 人死	11.65
55	藤崎宗司 43 岁作案	矛田町独居老人连续遭强盗杀人案 2005 年 1 月 18 日/ 2005 年 1 月 28 日	2005 年 12 月 22 日水户地裁 死刑 2006 年 12 月 21 日东京高裁 死刑 2010 年 10 月 14 日最高裁 死刑确定 东京拘置所	两次入室抢劫独居老妇 2 位七旬老人被害身亡	11.58

续表

序号	姓名及作案年龄	案件及作案日期	判决情况及羁押地	罪行情节及备注	死刑确定年数
56	竹本正芳 （尾崎正芳） 27 岁作案	替身骗保杀人案 2002 年 1 月 8 日/ 2002 年 1 月 31 日	2005 年 5 月 16 日福冈地裁小仓支部 死刑 2007 年 1 月 16 日福冈高裁 死刑 2010 年 11 月 8 日最高裁 死刑确定 福冈拘置所	经营亏损欠债难还 二人合谋杀害债主 投保义弟合谋骗保 谋害替身伪装自杀 三次杀人均未得逞 路遇男子不幸遇害	11.51
57	竹本正志 （原正志） 44 岁作案				11.51
58	小林正人 19 岁作案	少年连续私刑杀人案 1994 年 9 月 28 日— 1994 年 10 月 7 日	2001 年 7 月 9 日名古屋地裁 死刑 2005 年 10 月 14 日名古屋高裁 死刑 2011 年 3 月 10 日最高裁 死刑确定 名古屋拘置所	少年团伙无事生非 私刑施暴行凶杀人 致 4 人死 1 人重伤 其他五共犯被判刑	11.17
59	小森淳 （大倉淳） （黒澤淳） 19 岁作案		2001 年 7 月 9 日名古屋地裁 无期惩役 2005 年 10 月 14 日名古屋高裁 死刑 2011 年 3 月 10 日最高裁 死刑确定 名古屋拘置所		11.17
60	河渕匡由 （芳我匡由） 18 岁作案		2001 年 7 月 9 日名古屋地裁 无期惩役 2005 年 10 月 14 日名古屋高裁 死刑 2011 年 3 月 10 日最高裁 死刑确定 名古屋拘置所		11.17
61	小林竜司 21 岁作案	大学生私刑杀人案 2006 年 6 月 19 日— 2006 年 6 月 20 日	2007 年 5 月 22 日大阪地裁 死刑 2008 年 5 月 20 日大阪高裁 死刑 2011 年 3 月 25 日最高裁 死刑确定 大阪拘置所	少年纷争聚众斗殴 施暴活埋致 2 人死 其他六共犯均被判刑	11.13

续表

序号	姓名及作案年龄	案件及作案日期	判决情况及羁押地	罪行情节及备注	死刑确定年数
62	大倉修 （滝修） 35岁作案	烧津市连续杀人案 2004年9月16日/ 2005年9月9日	2007年2月26日静冈地裁　死刑 2008年3月25日东京高裁　死刑 2011年4月11日最高裁　死刑确定 东京拘置所	出轨男两次杀人 杀害同事和妻子 两次作案致2人死 静冈地裁时隔36年再判死刑	11.08
63	渕上幸春 30岁作案	宫崎市灭口连续杀人案 1999年3月25日— 1999年9月20日	2003年5月26日宫崎地裁　死刑 2007年1月23日福冈高裁 宫崎支部　死刑 2011年4月19日最高裁　死刑确定 福冈拘置所	伪造交通事故骗保 分赃不均杀害同犯 掩盖行迹再杀同事 两案均埋尸垃圾场 两次作案致2人死	11.06
64	大山清隆 37岁作案	广岛市连续骗保杀人案 1998年10月11日/ 2000年3月1日	2005年4月27日广岛地裁　死刑 2007年10月16日广岛高裁　死刑 2011年6月7日最高裁　死刑确定 广岛拘置所	伪造事故弑父骗保 灭口骗保杀妻沉海 两次作案致2人死 长子大山宽人出版《我的父亲杀了母亲》，讲述了作为加害者、被害者家属的悲惨体验，描写了从震惊、愤怒、绝望到不希望父亲被判死刑的悲凉心境	10.93
65	池田容之 31岁作案	横滨港碎尸杀人案 2009年6月18日— 2009年6月19日	2010年11月16日横滨地裁　死刑 2011年6月16日撤回控诉　死刑确定 东京拘置所	受雇杀人致2人死亡 电锯断颈并残忍碎尸 走私毒品案发后坦白 裁判员法庭死刑求刑第二例 死刑判处、死刑确定第一例	10.90

续表

序号	姓名及作案年龄	案件及作案日期	判决情况及羁押地	罪行情节及备注	死刑确定年数
66	守田克実 54岁作案	马渊马达公司社长妻女等被杀案 2002年8月5日－2002年12月22日	2006年12月19日千叶地裁　死刑 2008年3月3日东京高裁　死刑 2011年11月22日最高裁　死刑确定 东京拘置所	入室抢劫行凶杀人 三次作案致4人死 同犯小田岛铁男被判死刑 警察厅广域重要指定124号案	10.47
67	北村真美 45岁作案	大牟田市连续四人被杀案 2004年9月16日—2004年9月17日	2006年10月17日福冈地裁 久留米支部　死刑 2007年12月25日福冈高裁　死刑 2011年10月3日最高裁　死刑确定 福冈拘置所	暴力团体身负巨债 四人合谋抢劫朋友 入室抢劫连杀4人 母子三人同日遇害 同乘少年亦遭杀害 掩盖形迹沉尸河底 “二战”后第14位女性死刑犯 北村真美(母) 北村実雄(父) 北村　孝(长子) 北村孝纮(次子) 一家四口被判死刑 第三子2015年自杀	10.61
68	北村孝紘 (井上孝紘) 20岁作案				10.61
69	北村実雄 60岁作案		2007年2月27日福冈地裁 久留米支部　死刑 2008年3月27日福冈高裁　死刑 2011年10月17日最高裁　死刑确定 广岛拘置所(北村实雄) 大阪拘置所(北村孝)		10.57
70	北村孝 23岁作案				10.57
71	兼岩幸男 41岁作案	交往女被碎尸杀害案 1999年8月15日/2003年5月25日	2007年2月23日岐阜地裁　死刑 2008年9月12日名古屋高裁　死刑 2011年11月29日最高裁　死刑确定 名古屋拘置所	感情纠纷杀害女友 碎尸后抛尸焚化炉 两次作案致2人死	10.45

续表

序号	姓名及作案年龄	案件及作案日期	判决情况及羁押地	罪行情节及备注	死刑确定年数
72	松永太 34 岁作案	小仓监禁连续杀人案 1996 年 2 月 26 日—2002 年 3 月 6 日	2005 年 9 月 28 日福冈地裁小仓支部　死刑 2007 年 9 月 26 日福冈高裁　死刑 2011 年 12 月 12 日最高裁　死刑确定 福冈拘置所	夫妻共犯,监禁多人 电击虐待,肢解抛尸 致 7 人死,重伤 1 人 共犯绪方纯子被判无期懲役	10.41
73	福田孝行 (大月孝行) 18 岁作案	光市母子被杀害案 1999 年 4 月 14 日	2000 年 3 月 22 日山口地裁　无期懲役 2002 年 3 月 14 日广岛高裁　无期懲役 2006 年 6 月 20 日最高裁　发回重审 2008 年 4 月 22 日广岛高裁　死刑 2012 年 2 月 20 日最高裁　死刑确定 广岛拘置所	入室强奸杀人,致母女 2 人死 1966 年以来最年轻死刑犯 门田隆将小说和同名纪录片《为何与绝望奋斗:本村洋的 3300 个日子》原型,被害人丈夫本村洋出版《来自天国的情书》,也被改编为同名电影	10.22
74	謝依俤 (中国籍) 24 岁作案	品川制面所夫妇被杀案 2002 年 8 月 31 日	2006 年 10 月 2 日东京地裁　死刑 2008 年 10 月 9 日东京高裁　死刑 2012 年 10 月 19 日最高裁　死刑确定 东京拘置所	抢劫房东夫妇 行凶致 2 人死	9.56

续表

序号	姓名及作案年龄	案件及作案日期	判决情况及羁押地	罪行情节及备注	死刑确定年数
75	渡辺純一 28 岁作案	诈骗集团内争杀人案 2004 年 10 月 13 日—2004 年 10 月 16 日	2007 年 8 月 7 日千叶地裁　无期惩役 2009 年 3 月 19 日东京高裁　死刑 2013 年 1 月 29 日最高裁　死刑确定 东京拘置所	电信诈骗集团分赃不均 下属合谋雇凶绑架劫财 计划败露高层出手制裁 监禁施暴下属致 4 人死 一案 3 人死刑确定 其余共犯无期惩役	9.35
76	清水大志 25 岁作案		2007 年 8 月 7 日千叶地裁　死刑 2009 年 5 月 12 日东京高裁　死刑 2013 年 1 月 29 日最高裁　死刑确定 东京拘置所		9.28
77	伊藤玲雄 30 岁作案		2007 年 5 月 21 日千叶地裁　死刑 2009 年 8 月 28 日东京高裁　死刑 2013 年 2 月 28 日最高裁　死刑确定 东京拘置所		9.20
78	山田健一郎 36 岁作案	前桥市快餐店乱枪杀人案 2003 年 1 月 25 日	2008 年 1 月 21 日前桥地裁　死刑 2009 年 9 月 10 日东京高裁　死刑 2013 年 6 月 7 日最高裁　死刑确定 东京拘置所	暴力团间起纷争起杀意 多次枪杀致 7 死 2 重伤 首谋矢野治死刑确定 共犯山小日向将人死刑确定	8.93
79	高柳和也 38 岁作案	姬路市碎尸杀人案 2005 年 1 月 9 日	2009 年 3 月 17 日神户地裁 姬路支部　死刑 2010 年 10 月 15 日大阪高裁　死刑 2013 年 11 月 25 日最高裁　死刑确定 大阪拘置所	情侣买包争议 口角升级行凶 闺蜜发觉灭口 钢锯碎尸抛海 一案致 2 女死	8.46

续表

序号	姓名及 作案年龄	案件及 作案日期	判决情况及羁押地	罪行情节及备注	死刑确定 年数
80	小川和弘 46 岁作案	大阪录像厅放火杀人案 2008 年 10 月 1 日	2009 年 12 月 15 日大阪地裁　死刑 2011 年 7 月 26 日大阪高裁　死刑 2014 年 3 月 6 日最高裁　死刑确定 大阪拘置所	离婚离职晚景凄凉 抑郁重症纵火自杀 难忍烟熏逃离现场 火势失控烧死 16 人	8.18
81	小泉毅 46 岁作案	前厚生次官夫妇被杀案 2008 年 11 月 17 日—2008 年 12 月 18 日	2010 年 3 月 30 日埼玉地裁　死刑 2011 年 12 月 26 日东京高裁　死刑 2014 年 6 月 13 日最高裁　死刑确定 东京拘置所	偏执狂为宠物报仇 预谋杀害厚生次官 两度行刺 2 死 1 伤	7.91
82	松原智浩 39 岁作案	长野一家三人被杀案 2010 年 3 月 24 日—2010 年 3 月 25 日	2011 年 3 月 25 日长野地裁　死刑 2012 年 3 月 22 日东京高裁　死刑 2014 年 9 月 2 日最高裁　死刑确定 东京拘置所	员工合谋劫杀老板 一家 3 人被害身亡 共犯过野和史死刑确定 第三共犯获刑无期惩役 第四共犯被判惩役 18 年	7.69
83	奥本章寛 22 岁作案	宫崎市杀亲灭门案 2010 年 3 月 1 日	2010 年 12 月 7 日宫崎地裁　死刑 2012 年 3 月 22 日福冈高裁 宫崎支部　死刑 2014 年 10 月 16 日最高裁　死刑确定 福冈拘置所	家庭矛盾升级 杀妻屠子弑母 致 3 人死灭门	7.57

续表

序号	姓名及作案年龄	案件及作案日期	判决情况及羁押地	罪行情节及备注	死刑确定年数
84	桑田一也 39岁作案	静冈县二女被杀案 2005年10月26日/2010年2月23日	2011年6月21日静冈地裁沼津支部　死刑 2012年7月10日东京高裁　死刑 2014年12月2日最高裁　死刑确定 东京拘置所	婚外女友追债 杀人油桶抛尸 为护前妻安宁 杀害再婚少妻 行凶致2人死	7.44
85	新井竜太 38岁作案	横滨－深谷连续杀人案 2008年3月13日/2009年8月7日	2012年2月24日埼玉地裁　死刑 2013年6月27日东京高裁　死刑 2015年12月4日最高裁　死刑确定 东京拘置所	合谋骗保杀害堂兄养母 金钱纠纷刺死六旬亲叔 两次作案杀死尊亲2人 共犯高桥隆宏被判无期惩役	6.43
86	高見素直 41岁作案	大阪柏青哥店放火杀人案 2009年7月5日	2011年10月31日大阪地裁　死刑 2013年7月31日大阪高裁　死刑 2016年2月23日最高裁　死刑确定 大阪拘置所	无力欠债而报复社会 纵火烧店5死18伤 裁判员法庭60天庭审	6.21
87	横倉明彦 （高橋明彦） 45岁作案	会津美里町夫妇被杀案 2012年7月26日	2013年3月14日福岛地裁郡山支部　死刑 2014年6月3日仙台高裁　死刑 2016年3月8日最高裁　死刑确定 仙台拘置支所	入室抢劫，致2人死	6.17

续表

序号	姓名及作案年龄	案件及作案日期	判决情况及羁押地	罪行情节及备注	死刑确定年数
88	伊藤和史（辻野和史）31 岁作案	长野一家三人被杀案 2010 年 3 月 24 日—2010 年 3 月 25 日	2011 年 12 月 27 日長野地裁 死刑 2014 年 2 月 20 日东京高裁 死刑 2016 年 4 月 26 日最高裁 死刑确定 东京拘置所	员工合谋劫杀老板 一家 3 口悉数被害 共犯松原智浩死刑确定 第三共犯获刑无期懲役 第四共犯被判 18 年懲役	6.04
89	浅山克己 44 岁作案	山形－东京连续放火杀人案 2010 年 10 月 2 日/2011 年 11 月 24 日	2013 年 6 月 11 日东京地裁 死刑 2014 年 10 月 1 日东京高裁 死刑 2016 年 6 月 13 日最高裁 死刑确定 东京拘置所	同性恋纠纷嫉恨对方父母 两次放火行凶致 3 老人死 夫妻共犯，妻被判 18 年懲役	5.91
90	千葉祐太郎 18 岁作案	石巻市三人被杀案 2010 年 2 月 10 日	2010 年 11 月 25 日仙台地裁 死刑 2014 年 1 月 31 日仙台高裁 死刑 2016 年 6 月 16 日最高裁 死刑确定 仙台拘置支所	未成年男子家暴成习 殴打母亲保护观察中 同居未成年女友逃离 上门行凶致 3 人死亡 裁判员法庭第二例死刑， 首例未成年人被判死刑； 1969 年来首例宣判时 被告人未满 20 岁	5.90
91	筒井郷太 27 岁作案	长崎跟踪狂杀人案 2011 年 12 月 16 日	2013 年 6 月 14 日长崎地裁 死刑 2014 年 6 月 24 日福冈高裁 死刑 2016 年 7 月 21 日最高裁 死刑确定 福冈拘置所	难耐变态男软禁控制 同居女友逃回父母家 上门行凶致 2 人死亡 女友母亲和祖母遇害	5.80

续表

序号	姓名及作案年龄	案件及作案日期	判决情况及羁押地	罪行情节及备注	死刑确定年数
92	木嶋佳苗 （土井佳苗） （井上佳苗） 33 岁作案	首都圈连续可疑死亡案 2008 年 9 月 2 日— 2009 年 9 月 3 日	2012 年 4 月 13 日埼玉地裁　死刑 2014 年 3 月 12 日东京高裁　死刑 2017 年 4 月 14 日最高裁　死刑确定 东京拘置所	网络社交女王 攻略大龄宅男 捞金一亿日元 杀害 3 任男友 狱中三次结婚 “二战”后第 15 位女性死刑犯 裁判员庭审 100 天，首例 裁判员法庭判处死刑的女性	5.07
93	上田美由紀 35 岁作案	鸟取市连续杀人案 2009 年 4 月 4 日/ 2009 年 10 月 6 日	2012 年 12 月 4 日鸟取地裁　死刑 2014 年 3 月 20 日广岛高裁 松江支部　死刑 2017 年 7 月 27 日最高裁　死刑确定 广岛拘置所	精准定位中年已婚男 黑颜知己治愈受伤心 感情诈骗吸金被揭穿 伪装事故致 6 人死亡 “二战”后第 16 位女性死刑犯	4.79
94	鈴木勝明 37 岁作案	大阪前社长夫妇被杀案 2004 年 12 月 3 日	2013 年 6 月 26 日大阪地裁 堺支部　死刑 2014 年 12 月 19 日大阪高裁　死刑 2017 年 12 月 8 日最高裁　死刑确定 大阪拘置所	建筑工杀害雇主夫妇 劫财杀人致 2 人死亡 电锯碎尸汽油桶藏尸 五年后发现尸体破案	4.42

续表

序号	姓名及作案年龄	案件及作案日期	判决情况及羁押地	罪行情节及备注	死刑确定年数
95	林振華 （中国籍） 25 岁作案	爱知县蟹江町母子三人被杀案 2009 年 5 月 1 日	2015 年 2 月 20 日名古屋地裁　死刑 2015 年 10 月 14 日名古屋高裁　死刑 2018 年 9 月 6 日最高裁　死刑确定 名古屋拘置所	留学生活艰难 小偷小摸成习 入室抢劫杀人 致母子 2 人死 三年半后被捕 民事判赔 1.12 亿日元	3.67
96	渡辺剛 43 岁作案	银座资产家夫妇被杀案 2012 年 12 月 7 日	2014 年 9 月 19 日东京地裁　死刑 2016 年 3 月 16 日东京高裁　死刑 2018 年 12 月 21 日最高裁　死刑确定 东京拘置所	经营失败预谋劫财 瞄准相熟富豪夫妇 抢劫杀人致 2 人死	3.38
97	西口宗宏 50 岁作案	堺市连续强盗杀人案 2011 年 11 月 5 日/ 2011 年 12 月 1 日	2014 年 3 月 10 日大阪地裁 堺支部　死刑 2016 年 9 月 14 日大阪高裁　死刑 2019 年 2 月 12 日最高裁　死刑确定 大阪拘置所	富二代败尽家财 放火骗保终入狱 假释后走投无路 两次抢劫致 2 人死	3.24
98	山田浩二 （水海浩二） 45 岁作案	寝屋川市中学生被杀案 2015 年 8 月 13 日	2018 年 12 月 19 日大阪地裁　死刑 2019 年 5 月 18 日撤回控诉　死刑确定 2019 年 5 月 30 日申请撤回控诉无效 2021 年 8 月 25 日最高裁　死刑确定 大阪拘置所	扼杀中学生致 2 人死亡 曾因同类犯罪四次入狱 狱中结婚改姓“水海”	0.70

续表

序号	姓名及 作案年龄	案件及 作案日期	判决情况及羁押地	罪行情节及备注	死刑确定 年数
99	保見光成 63 岁作案	周南市连续放火杀人案 2013 年 7 月 21 日— 2013 年 7 月 22 日	2015 年 7 月 28 日山口地裁　死刑 2016 年 9 月 13 日广岛高裁　死刑 2019 年 7 月 11 日最高裁　死刑确定 广岛拘置所	邻里纠纷结怨 木棒殴打老人 放火烧毁房屋 行凶致 5 人死 2021 年 3 月 21 日山口地裁 驳回再审请求,抗告中	2.83
100	堀慶末 23 岁作案	碧南市夫妇被抢劫杀害案 1998 年 6 月 28 日	2015 年 12 月 15 日名古屋地裁　死刑 2016 年 11 月 8 日名古屋高裁　死刑 2019 年 7 月 19 日最高裁　死刑确定 名古屋拘置所	三人谋财柏青哥店 劫杀经理夫妇 2 人 成功劫取店铺钥匙 防盗设施拦阻事败 时隔八年他罪入狱 十五年后悬案告破 共犯获刑无期懲役 2011 年因“暗网”杀人案 被判无期懲役,本案尊重 “一罪不二罚”原则未做重复评价	2.81
101	植松聖 26 岁作案	相模原残疾人福利院杀人案 2016 年 7 月 26 日	2020 年 3 月 16 日横滨地裁　死刑 2020 年 3 月 30 日撤回控诉　死刑确定 东京拘置所	残疾人福利院前员工 深夜潜入福利院行凶 45 分钟内攻击 45 人 致 19 人死 26 人伤 被诊断为“自恋型人格障碍” 被称为“日本战后最大杀人魔”	2.11

续表

序号	姓名及 作案年龄	案件及 作案日期	判决情况及羁押地	罪行情节及备注	死刑确定 年数
102	土屋和也 25 岁作案	前桥市连续强盗杀伤案 2014 年 11 月 10 日/ 2014 年 12 月 6 日	2016 年 7 月 20 日前桥地裁　死刑 2018 年 2 月 14 日东京高裁　死刑 2020 年 9 月 8 日最高裁　死刑确定 东京拘置所	原生家庭不幸 重度沉迷游戏 两次入室行窃 致 2 人死 1 人重伤	1.67
103	白石隆浩 26 岁作案	座间市公寓九人被杀案 2017 年 8 月 23 日— 2017 年 10 月 23 日	2020 年 12 月 15 日东京地裁 立川支部　死刑 2021 年 1 月 5 日撤回控诉　死刑确定 东京拘置所	推特邀约自杀 先性侵后杀人 共杀 8 女 1 男 钢锯分尸煮尸 缓刑期间再犯本案	1.34
104	肥田公明 60 岁作案	伊东市干货店强盗杀人案 2012 年 12 月 18 日	2016 年 11 月 24 日静冈地裁 沼津支部　死刑 2018 年 7 月 30 日东京高裁　死刑 2021 年 1 月 28 日最高裁　死刑确定 东京拘置所	干货店前员工 解雇纠纷结怨 入店行凶劫财 刺颈致 2 人死	1.28
105	川崎竜弥 32 岁作案	滨名湖连续杀人案 2016 年 1 月 29 日— 2016 年 7 月 5 日	2018 年 2 月 23 日静冈地裁　死刑 2019 年 3 月 15 日东京高裁　死刑 2021 年 2 月 13 日撤回上告　死刑确定 东京拘置所	房产中介杀害同事 焚尸遗尸滨名湖畔 盗用印章侵占财产 再杀熟人分尸遗尸 两次作案致 2 人死	1.23

续表

序号	姓名及 作案年龄	案件及 作案日期	判决情况及羁押地	罪行情节及备注	死刑确定 年数
106	筧千佐子 60 岁作案	近畿氰化物连续杀人案 2007 年 12 月 18 日—2013 年 12 月 28 日	2017 年 12 月 7 日京都地裁　死刑 2019 年 5 月 24 日大阪高裁　死刑 2021 年 6 月 29 日最高裁　死刑确定 大阪拘置所	毒杀前夫和男友 八年间致 8 人死 获遗产 8 亿日元 “二战”后第 17 位女性死刑犯 被日本媒体称为“黑寡妇”； 起诉、审判认定共 4 人被害， 自供的其他 4 案被存疑不诉； 裁判员法庭开庭 38 次， 审理时间 135 天，庭审记录第二长	0.86

第四章　日本死刑之适用基准

1983年，在“永山案件”①的第一次上告审程序中，针对东京高等法院判处永山则夫无期惩役的裁判，日本最高法院在第一次上告审中作出发回重审的判决，并以“旁论”的形式首次详细、明确地阐述了死刑适用基准，即“永山基准”。“永山基准”并非对其他裁判具有约束力的判例，但在其后的裁判中被多次引用，事实上已经成为日本的死刑适用基准，一直沿用至今，对日本死刑适用产生了广泛的影响。

自从20世纪90年代后半期开始，日本犯罪控制形势日趋严峻，犯罪数量出现较大幅度增加，社会治安遭遇挑战，民众的“体感治安”恶化，社会对严惩犯罪的呼声日高。在此背景下，日本启动刑事司法改革，推动犯罪治理转型，推出“严罚化”刑事政策，通过立法、行政、司法三个层面的“严罚化”，实现了犯罪控制的逆转，重塑了国民对司法的信任和信心。“严罚化”刑事政策，对死刑适用带来了一定程度的影响。

2006年，在“光市母子杀害案”②（以下简称“光市案件”）中，被告人以强奸为目的杀害了23岁的主妇及其11个月大的女婴，一审、二审以被告人未成年且犯罪缺乏计划性为由，判处无期惩役。因为被害人丈夫的积极奔走、呼吁死刑，最终在上告审中获得翻转，最高法院以“被告人的罪责非常重大，除非有特别值得斟酌的情况，否则只能选择死刑”为由撤销原判，发回重审。最高法院在该案的第一次上告审判决中，对于罪责确属重大情况下适用死刑的问题，做了进一步的阐释，与

① 1968年，时年19岁的永山则夫潜入美军基地盗窃枪支后，一个月之内，在东京、京都、函馆和名古屋四地，连续枪杀4人。

② 1999年日本山口县光市，时年18岁的福田孝行乔装成水管工人进入被害者家中，强奸杀害了23岁的家庭主妇及其11个月大的女儿。

以往判例相比，体现出“严罚化”的特征，对日本死刑适用产生了一定的影响。

一、“永山基准”的确立

1983年日本最高法院在“永山案件”的第一次上告审判决中，提出了适用死刑时应予考虑的9项因素，确立了死刑适用基准：

> 在保留有死刑的现行法律制度下，应当综合考察犯罪的性质、动机、样态（特别是杀害手段的执拗性和残虐性）、结果的严重性（特别是被害人数）、被害人遗属的情感、社会影响、犯罪人的年龄、犯罪人的前科、犯罪后表现等各种情节。在认为罪责确属重大，无论基于罪刑均衡还是一般预防的立场出发都不得不判处极刑的场合，应当适用死刑。[①]

在该案判决中，日本最高法院重申了死刑合宪的主张，同时强调了死刑作为极刑的性质，其适用范围应尽可能有限，其适用过程必须极度慎重。正如日本学者所言[②]：与同类案件比较，死刑适用的平衡性是必须要保障的问题，选择死刑的基准，乃至量刑本身的客观化、标准化也是必须的。最高法院在永山案发回重审判决中，在肯定死刑制度的基础上，关注了死刑适用的基准问题。

日本最高法院确立的“永山基准”与日本《改正刑法草案》[③]第48条规定的刑罚适用标准基本相同，在犯罪人的性格、经历及环境之外，增加了犯罪的性质，手段方法的执拗性、残虐性，被害人数，被害人遗属的情感，犯罪人的前科等因素。[④]有学者比较1983年前20多年的死刑使用情况后指出[⑤]：“永山基准”并非从无到

---

① 最高裁判所第二小法廷1983年7月8日判决，昭和56(あ)1505号，最高裁判所刑事判例集第37卷6号609頁。

② 三枝有「死刑選択の基準：永山事件判決より」中京法学21卷2号(1987年)148頁。

③ 日本现行《刑法》是1908年施行的，虽然屡经增删，但也出现了一些需要面对全新问题，而且以片假名书写文言体表达，也不利于民众阅读。作为法务大臣咨询机关的法制审议会，1974年形成了《改正刑法草案》，增设了保安处分、新型犯罪类型等，并将行文表达调整为平假名口语体。与一般立法不同，该草案既没有被内阁会议决定，也没有被提交国会，但在市售的《六法全书》中，该草案的总则部分往往作为参考资料被收录。在之后的刑法修改中，该草案很大程度已经被法律化了，如1995年实现了条文的平易化（口语化），《医疗观察法》设立了对精神病患的保安处分制度，以及后来的法定刑调整等。

④ 三枝有「死刑選択の基準：永山事件判決より」中京法学21卷2号(1987年)148頁。

⑤ 永田憲史「永山基準の定立に向けた道程：最高裁において昭和五〇年代に確定した死刑判決の動向」關西大學法學論集64卷3・4号(2014年)173頁。

有的创设，它既没有为死刑适用设定新的罪责标准，也没有调整对个别量刑因素的评价，只是对过往近十年死刑适用基准的维持、确认。也有学者指出：虽然是最高法院首次明示死刑基准，但在以往的刑事审判中，所有法官在量刑时都会将这些方面作为量刑判断的依据，也会在裁判文书中罗列部分。①

最高法院在确立"永山基准"的判决中，虽然并未明示"基准"一词②，对各项因素也未设定相对明确的数值（如被害人数），但是"永山基准"以客观标准的外在形式，明确了死刑适用上的主要考虑因素，一定程度上限缩了法官的自由裁量权，被日本各级法院在死刑裁量时予以恪守和沿袭。然而，"永山基准"实质上并不是一个客观量化标准，在裁判时仍需要结合相关因素进行综合判断。该基准并非为死刑与无期惩役的选择适用提供标准，而是为适用死刑的论证理由提供了更高的标准。③

二、"永山基准"的适用

（一）"永山基准"的构造

在是否选择适用死刑时，作为判断"罪责确属重大，无论基于罪刑均衡还是一般预防的立场出发都不得不判处极刑的场合，应当适用死刑"的依据，日本最高法院在"永山基准"中列举了 9 项因素④。此外，"永山基准"未予列举的两项因素，即"杀害行为计划性""共犯关系中的主导性"，被认为是死刑适用必须考虑的因素⑤，各级法院在斟酌适用死刑时往往会特别关注该两项因素。

1. 犯罪的性质

虽然日本《刑法》规定了 19 个死刑罪名，除了实际未使用过的内乱罪和外患罪（外患诱致罪、外患援助罪）外，其他死刑罪名均以致人死亡为要件，即"致命型

---

① 村野薫『死刑はこうして執行される』（講談社，2006 年）109 – 110 頁。

② 堀川惠子『死刑の基準——「永山裁判」が遺したもの』（日本評論社，2009 年）302 頁。

③ 参见张晶：《日本死刑基准及其逻辑构造——"永山事件"的展开》，载《法律适用（司法案例）》2018 年第 24 期，第 130 页。

④ 国内学者对"永山基准"的构成已有深入研究和细致阐析，详见张晶：《日本死刑基准及其逻辑构造——"永山事件"的展开》，载《法律适用（司法案例）》2018 年第 24 期，第 124 – 127 页。笔者结合日本死刑适用实践，在此仅做补充性说明。

⑤ 川出敏弘 = 金光旭『刑事政策〔第 2 版〕』（成文堂，2018 年）75 頁。

犯罪""命案",司法实践中死刑基本都适用于杀人、强盗杀人罪。一般来说,基于金钱、性目的实施的杀人易被认定"性质恶劣",如为骗取人寿保险金实施的杀人,为劫取财物实施的强盗杀人,为满足扭曲的性欲望实施的诱拐或绑架杀人,与单纯的激情杀人、基于男女关系的杀人、家庭矛盾激化的杀人等相比,适用死刑的可能性更高。笔者统计的299例死刑案例中,被害致死1人的共计32例,其中15例因为犯罪目的卑劣被认定为"性质恶劣"。

2. 犯罪的动机

反映犯罪人主观恶性大小的犯罪动机,是影响刑罚轻重的因素之一。日本学者对犯罪动机的一般分类为利欲、排除障碍、思想信念和情绪等[①]。利欲动机如谋求金钱的有计划杀人,如日本较为多发的骗取保险金杀人案件,即使一人被害也有可能被判死刑;再如以索要赎金为目的的绑架、诱拐杀人案件,即使一人被害往往也会被判死刑。情绪动机如心神丧失或心神耗弱者的行为,根据《刑法》规定一般会减轻刑罚。例如2015年发案的"熊谷连环杀人案",致死6人(包括小学生2人),一审判处死刑,二审法院以被告人心神耗弱为由改判无期惩役,2020年最高法院终审无期惩役确定。[②] 据日本媒体统计,被害致死3人以上、检方求刑死刑的案例中,因为心神耗弱被轻判为无期惩役的案例已有7件。[③] 日本精神病鉴定学者梳理1981—2019年的11例检方求刑死刑的大量杀人(被害者3人以上)案例,加害者均有幻觉、妄想等精神病症状。研究发现[④]:将"动机"和"犯罪本身"分开评价的趋势明显,尤其在"严罚化"政策、裁判员制度的影响下,如果存在被害人数多、家属以外被害、案件社会影响重大等情况,心神丧失或心神耗弱的认定的难度就会增大,适用死刑的可能性就会增加。

---

① 岩井宜子 = 渡邊一弘「死刑の適用基準——永山判決以降の数量化基準」現代刑事法4巻3号(2002年)79頁。

② 『裁判員の「死刑」覆し確定6件目　熊谷6人殺害事件』産経新聞(2020年9月10日),2022年6月5日閲覧。

③ 青沼陽一郎「6人殺害で死刑回避?「心神耗弱者は減刑」の難題」東洋経済オンライン(2020年11月8日),2022年6月5日閲覧。

④ 柏木宏子 = 山下真吾 = 平林直次「責任能力が争点となった死刑求刑事件(大量殺人のケース)の判決文調査一重大事件における精神鑑定と責任能力判断の変遷」精神神経学雜誌第122巻第2号(2020年)118 - 134頁。

3. 犯罪的样态(特别是杀害手段的执拗性和残虐性)

犯罪的样态相当于中国刑法语境中的犯罪的客观方面,即犯罪行为表现出的显著特征,是影响量刑中的重要因素。一般包括共犯关系(是否主犯)、凶器种类(是否使用武器及种类)、危害部位(是否危及生命的身体部位)、行为次数(是否执拗地追求犯罪结果)、犯罪的场合(是否公共场所)、手段方法(是否残忍)等。一般来说,犯罪样态越恶劣,量刑结果越重。"永山基准"特别强调"杀害手段的执拗性和残虐性",观察日本死刑适用实践,判决书一般都会对"杀害手段的执拗性和残虐性"进行特别描述,尤其是杀害行为的计划性、杀害手段的残虐性。在犯罪形态极其残暴的情况下,即便是被害者仅有一人,也有可能判处(共犯)多人死刑。

4. 犯罪结果的严重性(特别是被害人数)

根据日本警察厅发布的犯罪统计资料,日本每年发生的杀人案件约 1000 件,2021 年杀人案件的认知件数为 874 件。观察日本死刑判处情况可知,只有极其严重的杀人、强盗杀人案件,才有可能被判处死刑。在致命型犯罪中,法院历来关注被害致死人数,"因为刑法上最重要的法益是生命,这被认为是杀害个数多 = 刑事责任重"[①]。有学者统计 1975 年前后被害致死人数与死刑、无期惩役判处的数据发现[②]:1949—1950 年的(84 件)死刑、(67 件)无期惩役裁判中,被害致死为 1 人时,适用死刑的比率为 42%;被害致死 2 人以上时,适用死刑的比率为 78%。1975—1978 年的(34 件)死刑、(134 件)无期惩役裁判中,被害致死 1 人时,适用死刑的比率为 7%;被害致死 2 人以上时,适用死刑的比率为 69%。"永山基准"强调"特别是被害人数",用以评价结果的严重性。日本死刑适用情况证明了被害致死人数与死刑判决之间具有很强的相关性,日本司法研修所的报告也明确指出"死刑宣判的最大因素是被害人数"[③],见表 48。"永山基准"中"特别"一词的使用,使得量刑过程更为重视被害致死人数,也对下级法院形成了"被害者为 1 人时,如果没有特别情况,就不能判处死刑"的诱导[④];司法实践中也形成了"一般来说,被害人数为 1 人,适用无期惩役及以下刑罚;被害人数为 3 人时,适用死刑;被

---

① 司法研修所编『裁判員裁判における量刑評議の在り方について』(法曹会,2012 年)109 - 110 頁。

② 村野薫『日本の死刑』(柘植書房,1990 年)65 頁。

③ 司法研修所编『裁判員裁判における量刑評議の在り方について』(法曹会,2012 年)109 頁。

④ 読売新聞社会部『死刑』(中央公論新社,2009)175 頁。

害人数2人,是分界线"[①]的量刑惯例。这种惯例似乎已成为社会共识,2018年发生的"东海道新干线车内杀伤案",法院满足检方求刑,顶格判处无期惩役。该案被告人在侦查供述中曾说"不想被判死刑,无期惩役就行了",庭审中还进一步解释,"如果杀3个人就会被判死刑,所以我想最多只能杀2人"[②]。

表48　被害致死人数与死刑、无期刑判处的比率(1980—2009年)

致死人数/人		求刑合计/件	死刑确定数/人	死刑判处率	无期刑确定数/人	无期刑判处率
1	杀人	48	18	18/48(38%)	30	30/48(63%)
	强盗杀人	52	14	14/52(27%)	38	38/52(73%)
	合计	100	32	32/100(32%)	68	68/100(68%)
2	杀人	65	31	31/65(48%)	34	34/65(52%)
	强盗杀人	99	65	65/99(66%)	34	34/99(34%)
	合计	164	96	96/164(59%)	68	68/164(41%)
≥3	杀人	61	44	44/61(72%)	17	17/61(28%)
	强盗杀人	21	21	21/21(100%)	0	0/21(0%)
	合计	82	65	65/82(79%)	17	17/82(21%)

5. 被害人遗属的情感

刑事司法关注被害人遗属的情感,其根据在于死刑存置论,以满足被害方的报复需求,保障被害人的人权,消解社会冲突。[③] 被害人遗属的情感可以区分为"受害情感"和"处罚情感"。"受害情感"是恢复情感,要求恢复到犯罪前状态的情感需求,以消解因为犯罪所承受的痛苦、悲伤;"处罚情感"是报应情感,指借国家刑罚权实现报应性需求,追求判处被告人死刑的情感需求。[④] 一般来说,报应情

① 「ロー・フォーラム 裁判と争点 被害者1人、異例の死刑判決 闇サイト殺人で名古屋地裁」法学セミナー第54巻第6号(2009年6月)139頁。

② 「新幹線殺傷「死刑になりたくない」適用基準を「逆手」無期求刑に批判も」,産経新聞(2019年12月18日),2021年12月21日閲覧。

③ 高橋則夫「犯罪被害者(遺族)と死刑制度」自由と正義66巻8号(2015年)28頁。

④ 高橋則夫「刑事司法における犯罪被害者施策の課題と展望」犯罪と非行164号(2010年)11頁。

感占支配地位的情况较多,但也不能将被害人遗属情感和追求刑罚报应画等号。日本杀人案发生于亲属间的比例高达45%以上,其中杀人既遂的比例超过50%[①],被害人遗属不表现报应情感的情况也较为多见。日本刑事司法实践中,制度上要求法庭审判中听取被害方的意见,裁判理由中一般也会对被害方意见予以回应。

6. 社会影响

作为"永山基准"中最具主观性的死刑适用影响因素之一,最高法院的判决并未给出社会影响的评价方法。观察日本死刑适用实践,案件的社会影响影响死刑适用的情况,一般是案件的极端性、残忍性对社会公众的心理底线带来震撼、造成冲击,对社会安全感和公序良俗造成破坏的情况。"光市案件"的改判,很大程度上源于被害人的社会活动引起媒体广泛报道,使得社会公众对被害人遗属的悲惨心境感同身受,进而引发呼吁死刑的浪潮。

7. 犯罪人的年龄

"永山基准"将犯罪人年龄确定为死刑适用基准之一,法院对高龄被告人适用死刑时相对更为谨慎,前文死刑囚的高龄化部分已有论述,在此不再赘述。日本《少年法》规定未满20周岁者谓"少年",同时规定未满18周岁者,不得适用死刑。对于已满18周岁未满20周岁的人,在日本被称为"年长少年"。对于"年长少年",由于和成人的精神成熟度不同等原因,依然可以推导出原则上不适用死刑的结论。但作为"年长少年",又与"少年"有所不同,在犯下极为严重的犯罪的情况下,也不会绝对排除死刑的适用。事实上,在永山则夫被二审法院撤销死刑、改判无期惩役后,东京高等检察厅提起上告时,在上告旨趣书之外提交了附表,即"犯罪时少年被判死刑的判例",其中列举了"二战"后死刑确定的"少年"共计37人[②],其中6人在1948年《少年法》修正后获恩赦被减刑为无期惩役。据笔者统计,"永山基准"确立后,死刑确定的"少年"已有8人。[③] 对此,有日本学者认为"《少年法》允许对'年长少年'适用死刑,但其适用标准与成人并不相同,应该予

---

① 警察庁「令和元年の刑法犯に関する統計資料」第20頁「既遂・未遂、被疑者と被害者の関係別殺人検挙件数 H22-R元の推移」(2020年8月)による。

② 佐木隆三『死刑囚 永山則夫』(講談社,1994年)390-391頁。

③ 详见第三章附表,第1列中记录了作案时年龄。

以更严格的控制”[①]。

8. 犯罪人的前科

前科对于死刑适用具有重要影响。对于具有无期刑前科，再次犯下杀人罪的人，最高法院的基本立场是适用死刑。在“福山市强盗杀人案”中，被告人西山省三于无期惩役假释期间强盗杀人致死1人，最高法院于1999年撤销了广岛高等法院所做的无期惩役判决，发回重审。其理由是：1983年最高法院确立“永山基准”后，“对于无期刑假释期间再犯强盗杀人罪致人死亡者，无一例外地适用了死刑”[②]。据笔者统计，即便不是无期刑前科，杀人前科对适用死刑存在重大影响。如“日本烟草白领强奸逆恨杀人案”的死刑确定者持田孝，曾有杀人前科，因犯强奸罪被判7年惩役，因怨恨被害女性报案，出狱后报复杀害报案人，一审被判无期惩役，二审改判死刑，最高法院终审死刑确定。[③] 据笔者统计，武安幸久、岛津新治、西尾立昭、佐藤真志、小林薰、武藤恵喜、熊谷德久、横田谦二等死刑囚[④]，都是身负前科，再次犯罪中均为致死1人，最终都被判处死刑。当然，最高法院也通过判例明确了死刑适用中对前科的考量思路[⑤]：对于身负有期刑前科，对出狱后再犯罪的谴责程度，应当具体考察前科与再犯罪之间的关联性、再犯罪的经过等，分别判断，应当避免死刑适用中过度重视前科的情况。

9. 犯罪后表现

当量刑处于死刑、无期刑的临界时，被告人的犯罪后表现往往会成为至为关键的“最后一根稻草”。犯罪后表现主要包括犯罪后的行为、庭审中的表现、有无积极赔偿、是否获得被害人遗属的谅解等。例如“奈良市诱拐幼女杀人案”中，小林薰诱拐七岁幼女施暴，为掩盖形迹投入浴池溺死，拔掉幼女牙齿后抛尸水沟，并向被害幼女的父母发送遗体图像和“下一个是妹妹”的威胁性信息等，被认为是犯

---

① 菅原由香「年長少年に対する死刑」総合人間学9号(2015年)148頁。

② 最高裁判所第二小法廷1999年12月10日判決，平成9(あ)479号，最高裁判所刑事判例集第53巻9号1160頁。

③ 最高裁判所第二小法廷2004年11月13日判决，平成12(あ)425号，最高裁判所裁判集刑事第286号357頁。

④ 详见第三章附表。

⑤ 最高裁第二小法廷2015年2月3日決定，平成25(あ)1127号，最高裁判所裁判集刑事第69巻1号1頁。

罪后表现极为恶劣的事例。[①] 庭审中的表现,主要指有无悔罪及具体的悔罪表现,与共犯相互推诿罪责也会被当作影响量刑的不利因素。曾有一审被判无期刑,在二审庭审中行凶刺伤证人,被逆转改判死刑的事例。[②] 如果犯罪后积极赔偿,支付相当数额的赔偿金,特别是获得了被害人遗属的宽恕和谅解,就会成为回避死刑的有利因素。

10. 杀害行为的计划性

在适用死刑的致命型犯罪中,杀害行为的计划性,也是法院适用死刑时高度关注的因素之一。笔者统计的 299 例死刑案例中,被害致死 1 人的案例共计 32 个,其中 13 例符合"从一开始的计划性"特征。在一起入室强盗杀人案中,被告人以劫财为目的,进入未上锁的室内,遇到熟睡的 74 岁老人,决定杀人劫财,进而行凶杀人。一审裁判员法庭以被告人杀意坚决、犯罪性质恶劣、致死二人的杀人前科、假释半年内再犯罪等理由判处死刑,二审被改判为无期惩役。三审中最高法院维持无期惩役裁判,并对死刑适用中的"杀害行为的计划性"进行了阐释[③]:在适用死刑时,必须极为慎重,必须确保裁判的公平性;本案不能确定入室时即存在杀人意图,必须与事先计划杀人、以杀人的决心实施犯罪的案件有所区别。事先计划的杀人,并坚决地执行计划实施杀害的行为,侵害生命的危险性更高,对生命法益的漠视程度更大,应受谴责性也就越高。最高法院在综合评判该案前科之外的其他情节后,认为"很难说死刑的选择是不得已的",并作出了维持无期惩役的终审裁判。

11. 共犯关系中的主导性

共犯关系中所处的主导性、支配性地位,是共同犯罪案件适用死刑的主要考虑因素。根据最高法院的判例,个案中选择死刑还是无期刑,其主要影响因素包括:共犯之间的主导性、对犯罪的参与程度、主犯是否具有压倒性的影响力、共犯

---

① 奈良地方裁判所刑事部 2006 年 9 月 26 日判决,判例タイムズ第 1257 号 336 頁。

② 「古屋栄雄 埼玉・失恋人違いバラバラ殺人——鬼畜が出した恐るべき手紙(総力特集 昭和 & 平成 世にも恐ろしい13の「死刑囚」事件簿)」新潮 45 第 25 巻 10 号(2006 年)34 - 36 頁。

③ 最高裁第二小法廷 2015 年 2 月 3 日決定,平成 25(あ)1127 号,最高裁判所裁判集刑事第 69 巻 1 号 1 頁。

间的罪刑均衡等。[①] 在共同正犯的场合,如果是共犯一体、缺一不可的情况,有可能对全部正犯均判处死刑。例如"北九州医院院长被杀案"[②]中,二人合谋劫财,残忍杀害熟人,索要赎金失败,碎尸后沉尸大海;三级法院判处二人共犯全员死刑,成为"永山基准"确立以来唯一的一人被害、二人死刑的典型案例。

(二)"永山基准"的运行

观察日本的死刑适用情况,经过"二战"结束初期死刑适用偏多的时期后,自1965年开始,日本死刑适用越来越谨慎,尤其是1972年开始,宽刑化的趋势越发明显,死刑适用日趋严格,日本法学界甚至开始畅想死刑废止后的社会。

对于"永山基准"在司法审判中的运用,日本学者永田宪史教授梳理"永山基准"确立后日本最高法院确定的171例死刑裁判,总结出日本死刑适用的半结构化量刑构造,即"四阶段裁量模式"[③],详见图15。

第一阶段,在故意致人死亡的致命型犯罪中,检方在求刑阶段提出死刑适用诉求,这是适用"永山基准"的前提条件。

第二阶段,确认犯罪致死人数(被害人数),一般以2人为分界线,被害致死2人以下,一般不考虑适用死刑;被害致死2人以上,适用死刑的概率会明显增加。

第三阶段,综合衡量犯罪的性质和目的,是否有杀人前科,是否为初犯,是否为性犯罪,共犯的主导性,杀害的计划性,从而得出是否适用死刑的暂时性结论。

第四阶段,综合考量、全面评判犯罪行为的相关因素,作出是否适用死刑的结论。

---

① 村岡啓一「共犯事件の死刑適用基準:最高裁決定1999年12月16日を分析する」刑事弁護37号(2004年)59-60頁。

② 最高裁判所第二小法廷1988年4月15日判决,昭和59(あ)512号,最高裁判所裁判集刑事第249号335頁。

③ 永田憲史「死刑選択基準——最高裁は死刑の正統性を亡きものにしたのか」龍谷法学47巻4号(2015年)811-813頁。本人指导的硕士研究生王雨琦同学,在其硕士学位论文中,以永田宪史教授的论述为基础总结提炼,形成了图15,见王雨琦:《平成以来日本死刑控制及其借鉴》,燕山大学2022年硕士学位论文,第20页。

第一阶段：适用死刑的必要条件

•①检察官的死刑求刑　　②故意犯罪致人死亡

第二阶段：适用死刑的初筛条件

•被害致死人数

第三阶段：初步确定死刑的主要因素

•①犯罪的性质、目的　②是否有杀人前科　③是否为初犯
•④是否为性犯罪　⑤共犯的主导性　⑥杀害的计划性

第四阶段：最终确定死刑的影响因素

•①动机的形成原因　②杀人方法的执拗性、残虐性　③被害人遗属的情感
•④社会影响　⑤犯罪人的年龄
•⑥主观情况（反省悔悟、生育经历、从前的社会生活状况、改善可能性）

图 15　“永山基准”的四阶段裁量模式

对于“永山基准”存在的不足，日本学者关注较多的主要有[1]：“永山基准”存在着标准不够明确的问题，对“残虐性”“被害人遗属的情感”“犯罪后的表现”等难以客观化的抽象要件，“永山基准”并没有明确其评价方法；对“被害人数”“犯罪人的年龄”等相对容易客观化的要件，“永山基准”没有明确各要素在整体量刑中的比重；对于如何平衡对被告人的不利评价和有利评价，如何判断“罪责确属重大（死刑选择也是不得已）”，“永山基准”也没有明示；“永山基准”在“综合衡量”的名义下，并没有说明应该评价什么，以及应该如何评价。

即便如此，“永山基准”确立后，在其后的死刑裁判中，几乎被无例外地予以适用；裁判员制度确立后，被裁判员法庭在死刑适用中沿袭。[2] “永山基准”的确立，对法官的死刑裁量产生了巨大影响，审判中出现与永山则夫同等程度的案件时，

---

① 村野薫『死刑はこうして執行される』（講談社，2006 年）110 頁，原田國男「裁判員裁判と死刑適用基準」刑事法ジャーナル18 号（2009 年）53 頁。

② 原田國男「わが国の死刑適用基準について」法學研究：法律・政治・社会 86 巻 6 号（2013 年）22 頁。

法官会认为必须判处死刑。宽刑化的趋势被阻断，尤其是 1999 年年底最高法院对 5 例检察官上告案件作出死刑裁判后，被认为这些判决有可能导致了下级法院“死刑判决数”的增加，确实也出现了 1999—2006 年死刑、无期惩役判决的显著增加。① 在裁判员制度实施以前，对一般国民能否胜任死刑适用问题的质疑颇多，“永山基准”的程式化裁量过程，的确为一般国民参与死刑适用提供了基本的量刑指引，便于引入死刑适用的国民视角。

正如日本学者所言，如果死刑裁量基准不稳定，就会导致死刑裁量的“赌博化”或者“抽签化”局面②，“永山基准”被稳定地适用，确实才能保证量刑的公平。“永山基准”确立后，对死刑适用提出了相对明确的要求，短期内确实出现了死刑适用小幅度上升的趋势。未能适用死刑的案件被降格适用无期惩役，由此形成死刑、无期惩役的判处呈现出基本同步的增减趋势（详见图 16、图 17）。③ 因为治安形势变化、“严罚化”刑事政策的叠加，死刑、无期惩役 2000 年后出现较大幅度的增长。此外，因为日本死刑基本只适用于杀人、强盗杀人案件，一些本该适用死刑的案件，因为慎用死刑而降格为无期刑，杀人、强盗杀人由此成为无期惩役适用中占比最高的两类犯罪。

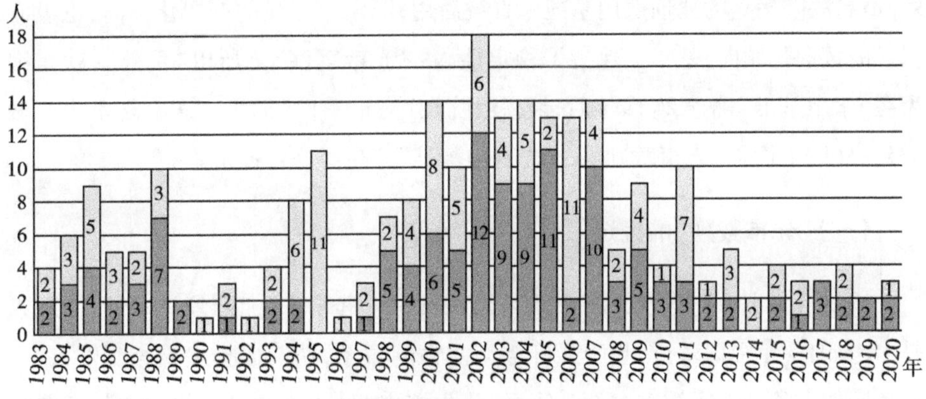

图 16　“永山基准”确立后一审判处死刑人数

① 渡邊一弘 = 岩井宜子「近年の死刑判決の量刑基準：数量化による検討」犯罪学雑誌 72 巻 6 号(2006 年)167 – 170 頁。

② 永田憲史「死刑選択基準：最高裁は死刑の正統性を亡きものにしたのか」龍谷法学 47 巻 4 号(2015 年)815 頁。

③ 法務省「犯罪白書」(1983—2021 年)による。选取“杀人”“强盗杀人”案件中一审被判处死刑和无期惩役的数量，形成图 16、图 17。

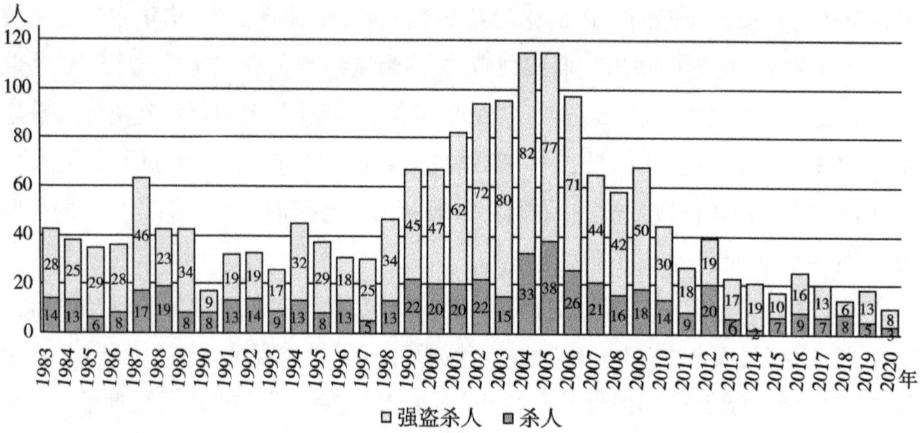

图 17 “永山基准”确立后一审判处无期惩役人数

三、“光市裁判”的波动

日本学者认为：“永山基准”确立近 50 年来，除了“光市案件”这样极少数的例外，最高法院确立的死刑适用基准一直被沿用，既没有明显的严罚化倾向，也没有明显的宽刑化倾向，基本上保持了稳定性。① “光市案件”之所以“例外”，就是因为在“永山基准”确立 20 多年后，最高法院在“光市案件”的第一次上告审中所做的判决（以下简称“光市裁判”），对“永山基准”产生了一定冲击。

（一）“光市裁判”的经过

1999 年 4 月 14 日下午，在山口县光市发生一起杀人、强奸致死案件，作案人是 18 岁的少年福田孝行，基于强奸漂亮女性的意图，伪装成排水检查工作人员，物色犯罪对象。进入被害主妇公寓后，认为该主妇是“年轻可爱的女性”，意图强奸该主妇，遭遇剧烈反抗后，心生杀意行凶杀人，勒颈致死后实施了强奸行为。之后发现该主妇 11 个月大的女婴在旁大声哭泣，恐罪行暴露，便勒死女婴。为延迟犯罪被发现的时间，将主妇和女婴的尸体藏于壁橱之中，盗窃主妇钱包后离开现

① 永田憲史「永山基準の定立に向けた道程：最高裁において昭和五〇年代に確定した死刑判決の動向」關西大學法學論集 64 卷 3・4 号（2014 年）173 頁。

场。[1] 对该案经过简要介绍如下：

1999年4月18日，福田孝行被逮捕。

5月18日，山口地方检察厅将福田孝行移送山口家事法院启动少年审判。

6月4日，山口家事法院确认应予刑事处罚，将福田孝行移送山口地方检察厅。

6月11日，山口地方检察厅以杀人、强奸致死、盗窃罪向山口地方法提出起诉。

8月11日，山口地方法院第一次庭审，确认了起诉事实。

12月22日，山口地方检察厅求刑死刑。

2000年3月22日，山口地方法院一审判处无期惩役。

3月28日，山口地方检察厅向广岛高等法院提起控诉。

9月7日，广岛高等法院第一次庭审，广岛高等检察厅求刑死刑。

2002年3月14日，广岛高等法院二审宣判，维持一审无期惩役判决。

3月27日，广岛高等检察厅向最高法院提起上告。

2005年12月6日，最高法院第三小法庭指定口头辩论日期为2006年3月14日。

2006年2—3月，安田好弘、足立修一律师加入辩护团队，不久旧辩护人退出。

3月7日，辩护人提出变更口头辩论日期申请。

3月8日，最高法院第三小法庭驳回变更请求。

3月13日，辩护人向最高法院提交次日无法出庭的说明。

3月14日，最高法院第三小法庭如期开庭口头辩论，辩护人缺席，检察官提出缺席审判的主张，法庭合议后重新确定口头辩论日期为4月18日。

3月15日，最高法院第三小法庭向辩护人发出史上首次“出庭命令”。

4月18日，最高法院开庭口头辩论。并指定判决日期为6月20日。[2]

6月20日，最高法院作出“光市裁判”，撤销一审、二审判决，发回广岛高等法院重审。

---

① 広島高等裁判所2008年4月22日判决，平成18(う)161号，裁判所ウェブサイト。

② 有关本案中辩护人缺席最高法院口头辩论的经过及讨论，可参见村岡啓一「死刑求刑事件の上告審弁論期日の欠席問題」刑事弁護50号(2007年)66－71頁。

2007 年 5 月 24 日，广岛高等法院重审开庭。检方主张原判无期惩役量刑不当、未确认“杀人的计划性”不当，犯罪性质恶劣，应当适用死刑；辩护人主张没有杀意，不宜适用死刑，应维持无期惩役判决。

6 月 26—28 日，广岛高等法院重审连续开庭，被告人否认杀人、强奸目的。

7 月 24—26 日，广岛高等法院重审连续开庭，辩方申请的精神鉴定专家证人出庭，证明被告人犯罪当时精神未成熟。

9 月 18—20 日，广岛高等法院重审连续开庭，被告人提出从侦查开始未承认杀意。被害人遗属陈述意见，要求判处极刑。

10 月 18 日，检方最终辩论，要求判处死刑。

12 月 4 日，辩方最终辩论，主张没有杀人、强奸目的，建议判处伤害致死罪。

2008 年 4 月 22 日，广岛高等法院重审宣判，判处被告人死刑。辩方提出上告。

2012 年 1 月 23 日，最高法院第一小法庭开庭口头辩论，检方要求维持死刑判决，辩方要求撤销死刑判决。

2 月 20 日，最高法院第一小法庭宣判，驳回辩方上告，维持死刑判决。

3 月 14 日，辩方申请最高法院第一小法庭订正①上告审判决，被驳回，死刑确定。福田孝行(案发时 18 岁 1 个月)成为 1966 年以来最年轻的少年死刑囚。

本案还有两点值得特别说明：

本案审理过程中，本村洋(被害主妇之夫)积极奔走，呼吁死刑，引起了日本社会对被害方权利保障的广泛关注，推动了重大刑事案件被害者参加审判制度的确立。

此案备受日本社会关注，引发了支持死刑的民意与高调反死刑的该案辩护“世纪律师团”间的冲突，律师桥下彻利用民意发起“光市母子杀害案件辩护团惩戒请求”，虽然东京第二律师协会作出“不予惩戒”的决议。桥下彻所为也被指责“降低了刑事辩护的社会品位”，作为“损害律师品位的行为”，被大阪律师协会处以暂停执业 2 个月的惩戒处分。桥下彻也凭由此聚集的巨大人气进入政界，筹组新政党“日本维新会”，历任大阪府知事、大阪市长等，成为日本新右翼急先锋。

---

① 日本《刑事诉讼法》第 415—418 条规定了“订正判决”，对最高法院的上告审判决，如果发现判决有误，可以依据辩护方、检方的申请进行订正。订正期限为宣判之日起 10 日。订正期间届满，或者对订正申请作出订正判决、驳回决定时，上告审判决确定。

(二)"光市裁判"的内容

最高法院做出的"光市裁判"①认为原审"量刑明显不当,不予撤销的话,将被认为严重违反正义",撤销原审的无期惩役裁判,发回重审。裁判内容包括下列两部分。

1."光市裁判"的第一部分,是对原判事实认定和量刑理由的梳理

(1)总结了原判认定的7项事实:本案的犯罪性质是强奸致死、杀人;犯罪后果确属重大;犯罪动机完全没有酌量的余地;犯罪形态属于冷酷、残虐无疑;犯罪后表现不佳;被害人遗属要求判处极刑的心情完全可以理解;本案的社会影响也很大。并指出:被告人的刑事责任极为重大,应慎重研究是否判处死刑。

(2)梳理了原判不适用死刑的几项理由:本案只在强奸行为上是有计划的,对杀人行为并无计划;被告人有一定的反省之情;被告人在犯罪当时18岁零30天,显然尚未成熟;仅有盗窃记录,并无保护处分等犯罪倾向;被告人的生母在其中学时代自杀,家庭环境不佳,生育环境值得同情,不可否定对被告人形成犯罪性格、倾向有一定影响;少年审判程序中的社会调查结果,也未否定矫正教育的可塑性,很难否定被告人存在改善更生的可能。

(3)总结了原判的量刑考量:依照"永山基准",参照近期死刑求刑案件的量刑动向,不能说本案判处死刑是不得已的选择,对一审判处的无期惩役裁判应予维持。

2."光市裁判"的第二部分,是对本案的事实认定和量刑理由的阐释

(1)死刑是终极严刑,应当慎重适用,但比照"永山基准",被告人的罪责确属重大,除非另有特别值得酌量的情节,否则本案只能选择判处死刑。本案的杀人、强奸行为,尤其是杀害婴儿的罪行性质极为恶劣;夺去两人生命的后果极为严重;在强奸和杀人的强烈犯意下,连续践踏毫无过错的被害人的生命和尊严,不得不评价为冷酷、残虐、非人性的行为;犯罪后藏匿尸体、盗窃财物,案发后也没有任何慰藉被害人遗属的行为,犯罪后表现不佳;被害人遗属的被害情感极为强烈;光天化日,母女在自己家里毫无征兆地被残杀,给社会带来的巨大冲击不可轻视。得

---

① 最高裁判所第三小法廷2006年6月20日判决,平成14(あ)730号,最高裁判所裁判集刑事第289号383頁。

出初步结论:被告人的罪责确属重大,除非另有特别酌定情节,否则只能选择适用死刑。

(2)对杀害行为没有计划性,不足以成为本案回避死刑的理由。原判确认被告人仅有强奸的计划,并无杀人的计划,并认为与有完整杀人计划的杀人行为相比,本案被告人的应受谴责性存在差异。本案中,被告人基于强奸的犯意入室施暴,犯罪过程中,为了抑制反抗、防止罪行暴露,产生杀意并逐一实施,并达到了预期的目的,两次杀人行为不能认定为存在偶然性。

(3)原判对被告人反省行为、生育环境、没有前科等情节的评价并不充分。被告人除了基本承认犯罪事实外,从其言行、态度等很难确认其反省程度;被告人生育环境不佳、中学时代生母自杀、生父与年轻外国女性再婚并生育幼子,被告人也接受了高中教育,可以说存在不走运的一面,但也不能认定特别恶劣;被告人虽然没有前科,但从其强奸素未谋面的主妇,并毫不犹豫地连续杀人,之后盗窃财物、藏匿尸体,并向朋友炫耀以窃取所得财物购买游戏币等的行为来看,其明显的犯罪倾向不可轻视。

(4)被告人犯罪当时未成年、存在改善更生的可能性,不能成为回避死刑的决定性因素。被告人犯罪时刚满 18 岁,其可塑性、改善更生的可能性不可否定;根据《少年法》的理念,犯罪时刚满 18 岁,在选择适用死刑时应予慎重考虑。但不能把刚满 18 岁视为回避死刑的决定性因素,只能将其作为依照"永山基准"综合考量时的一个因素。

据此,"光市裁判"的结论是:原判对量刑中应予考虑的事实评价错误,对是否存在足以回避死刑的特别酌情因素评价不当,如果维持原判量刑,会被认为明显违反正义。

(三)"光市裁判"的评价

"光市裁判"重申了"永山基准"的内容:在保留死刑制度的现行法律制度下,综合考虑案件的各种情况时,如果"其罪责确属重大,无论是从罪刑均衡还是一般预防的角度来看,都被认为不得不处极刑的情况下,只能选择死刑"。并认为本案"被告人的罪责确属重大,除非另有特别酌定情节,否则只能选择死刑","杀害手段的非计划性,不能评价为对回避死刑特别有利的情节","犯罪时刚满 18 岁,在斟酌是否适用死刑时应予考虑,但也不足以成为回避死刑的决定性依据”。

对于“光市裁判”,日本学者虽然认为其并未修正“永山基准”,但对“永山基准”的运用“产生了重大影响”[①],因此也招致了日本法学界的颇多批评。

王云海教授认为[②]:“光市裁判”有违“永山基准”,是否适用死刑的判断路径从“原则上不判死刑,例外情况判处死刑”走向了“原则上判处死刑,例外情况不判死刑”。

本庄武教授认为[③]:“光市裁判”对选择死刑、回避死刑的理由分别评价,改变了“永山基准”下“综合衡量”选择适用死刑的模式,是最高法院在“严罚化”背景下调整死刑适用基准,推动死刑适用积极化的一个尝试;甚至被认为确立了杀害二人原则上适用死刑的新基准。虽然其后的死刑裁判多采用了以往的“综合衡量”模式,杀害二人不判死刑的判例也颇多见,但是,2010 年裁判员法庭判处的首例死刑,正是参考了“光市裁判”的分别评价模式。

永田宪史教授认为:最高法院判例变更的惯例是大法庭审理、判决,虽然“光市裁判”并非对“永山基准”的判例变更[④],但其却戏剧性地动摇了稳定多年的死刑适用基准。最高法院相继驳回检方上告案件,试图稳定局势,但“光市裁判”的恶劣影响尚未消除。最高法院只对“光市案件”被告人进行严惩的理由尚不明确。不得不承认,“光市裁判”是迫于舆论的压力,不顾后果的临场判断。不适当的死刑适用会破坏死刑制度的正统性,最高法院应对“光市裁判”导致的“日本死刑的危机”承担责任。[⑤]

2012 年 2 月 20 日,最高法院作出“光市案件”第二次上告审的判决[⑥],判定“被告人的刑事责任过于重大,不得不维持原判死刑”。论证过程沿袭了“永山基

---

① 青木孝之「裁判員裁判初の少年に対する死刑判決」駿河台法学 25 巻 2 号(2012 年)2 頁。

② 王雲海「文化としての犯罪、刑罰、死刑:日本と中国の比較を通じて」高塩博編『刑罰をめぐる法文化』(国際書院,2018 年)137 頁。

③ 本庄武「光市事件第二次上告審判決 死刑の理由は説明されたのか」世界 830 号(2012 年)162 - 163 頁。

④ 永田憲史「死刑選択基準は変化したのか:光市事件を素材に」關西大學法學論集 58 巻 6 号(2009 年)77 - 78 頁。

⑤ 永田憲史「死刑選択基準:最高裁は死刑の正統性を亡きものにしたのか」龍谷法学 47 巻 4 号(2015 年)131 頁。

⑥ 最高裁判所第一小法廷 2012 年 2 月 20 日判決,平成 20(あ)1136 号,最高裁判所裁判集刑事第 307 号 155 頁。

准”的“综合衡量”模式,判决书未出现“光市裁判”原有表达“除非另有特别酌定情节,否则只能选择适用死刑”,可以看作最高法院对“光市裁判”所遭受批判的一种回应。

考察“光市裁判”之后的日本死刑适用情况可知,“光市裁判”确实一度助推了日本死刑适用的积极化,但并未使日本死刑适用滑向过度的“严罚化”。“光市裁判”引发了理论界、实务界对“永山基准”的再审视,其结果是进一步强化了“永山基准”的地位,提升了“永山基准”的精度。

时至今日,“光市裁判”带来的冲击已成过往,引发的“日本死刑的危机”已被化解。日本死刑适用的裁量更加慎重,对死刑适用的论证更加严谨。可以说,作为死刑适用基准的“永山基准”,不是静态的,而是动态的,在司法实践中不断发展完善,其对死刑控制的效用也在不断彰显。

第五章 日本死刑之司法控制

与美国死刑控制模式倚重创设死刑特别程序不同，日本死刑控制强调：通过普通程序实现死刑慎用；死刑案件实行强制上诉，被告人可以撤回上诉终止强制审查，在三审终审的原则与例外间实现了平衡；死刑执行的谨慎留给死刑犯广泛的再审请求空间，严格把关再审启动，缓解了误判防范和司法权威之间紧张冲突。

一、通过普通程序严控死刑

日本刑事司法基于"精密司法"和"同等重视实体和程序、同时追求实体正义和程序正义"[①]的特征，刑事程序法对死刑案件的特别程序设计并不多，并没有专用于死刑案件的特别程序。相关程序立法在强调"死刑"时都会紧跟着"及无期惩役或禁锢"字样，司法程序因"死刑"而异者主要是国选辩护、撤回上诉、裁判员参审三个方面，而且也都同时规定有"及无期惩役或禁锢"情形。美国学者对此进行了尖锐的批评："在日本，死刑作为一种刑罚，但不存在死刑案件的审理，因为直到审理结束前的最后阶段——检察官求刑前，谁也不知道求刑是死刑还是更轻的刑罚……最令人发指的是，既没有确凿的证据来判断是否为死刑案件，也没有特别的正当程序保障，甚至无法期待。"[②]本庄武教授对此的评判是[③]：日本审判程序中几乎不存在死刑案件特有保障措施，但职业法官对死刑案件有依职权慎重审理的倾向，确保了日本死刑适用的谦抑性，所以一般认为没有必要进行特别的法律规制。

---

① 王雲海『死刑の比較研究：中国、米国、日本』（成文堂，2005 年）209 頁。

② David T. Johnson，田鎖麻衣子訳「死刑は特別か？——裁判員制度下の死刑事件審理に関する考察」刑事弁護 66 号（2011 年）106 頁。

③ 本庄武「裁判員時代における死刑事件のデュー・プロセス」刑事弁護 64 号（2010 年）70 頁。

(一)慎用死刑的司法理念

最高法院特别强调慎重适用死刑。早在1948年,最高法院就在判决中宣示“生命尊贵,一个人的生命,重于地球”“死刑是所有刑罚中最严厉的刑罚,也是迫不得已的穷极刑罚”①。1983年最高法院在“永山案件”的第一次上告审判决中,强调“死刑是永远剥夺生命的冷酷无情的极刑,实在是迫不得已的穷极刑罚,其适用必须极为慎重……选择死刑,只有在几乎没有异议余地的情况,才能适用于极其恶劣的犯罪”②,并在本案判决中确立了作为死刑适用一般性标准的“永山基准”。最高法院通过判例不断强调严格限制死刑适用,“在适用死刑时,必须极为慎重,必须确保裁判的公平性”③。

最高法院通过审理第三审死刑案件,引领和影响着日本死刑适用的趋势,回应着日本社会对死刑的需求。有学者分析了20世纪90年代后半期的死刑判例后认为,“检察方对死刑持非常积极的态度,最高裁判所则持极为慎重而谦抑的态度”④。

21世纪以来,随着日本治安形势恶化和“严罚化”刑事政策的推行,最高法院在死刑适用上的谦抑态度也有些许波动,表现出适用死刑的积极倾向,典型表现如“光市案件”⑤,最高法院认为“原审裁判消极判断杀害行为的计划性和被告人的悔罪情况”⑥,撤销了一、二审的无期惩役裁判,发回重审,最终促成了该案的死刑适用⑦,由此也进入了死刑适用相对较多的一个时期。

---

① 最高裁判所大法廷1948年3月12日判决,昭和22年(れ)119号,最高裁判所刑事判例集第2卷3号191頁。

② 最高裁判所第二小法廷1983年7月8日判决,昭和56(あ)1505号,最高裁判所刑事判例集第37卷6号609頁。

③ 最高裁判所第二小法廷2015年2月3日决定,平成25(あ)1127号,最高裁判所裁判集刑事第69卷1号1頁。

④ 神山敏雄「死刑選択基準——死刑か無期懲役か」法学教室233号(2000年)3頁。

⑤ 最高裁判所第三小法廷2006年6月20日判决,平成14(あ)730号,最高裁判所裁判集刑事第289号383頁。

⑥ 武内谦治「光市母子殺害事件 最高裁判決をどうみるか」法学セミナー53卷10号(2008年)4頁。

⑦ 永田憲史「死刑選択基準は変化したのか——光市事件を素材に」關西大學法學論集58卷6号(2009年)75頁。

(二)普通程序的特别关照

日本也曾有过对死刑案件设置特别诉讼程序的尝试,法制审议会的“改正刑法草案”曾规定“死刑案件的判决必须由全体法官一致同意、必须进行精神鉴定、不论被告人的意思如何一律由上诉审进行审查”①。裁判员制度落地后,日本律师协会也曾倡议判处死刑须“法官和裁判员全员一致”,但终未获得学界共识②。日本通过普通程序的最严格执行,实现了死刑适用的特别慎重,“可以明显看出审判中在适用死刑上的特别慎重,不得不承认这发挥了抑制死刑的积极作用”③。

日本学者也认为,“在不能免于适用死刑制度的情况下,对犯罪的认定和量刑的判断,必须提高到可以承受的精度范围内,才可继续适用死刑”④。日本虽未构建针对死刑案件的特别审判程序,但考察日本死刑案件的审判过程,也可发现其通过普通程序慎重适用死刑的特征。

其一,日本最高法院对死刑案件审理有更高要求。对于一般案件很少开庭听审,基本不经过辩论即按照“多数决”作出裁决;但对于死刑案件都要开庭听审,必经口头辩论,这已成司法惯例,而且多年来未有例外⑤。例如前述“光市案件”中,最高法院曾因辩护人的缺席出庭而延迟听审日;该案第二次上告审中,最高法院第一小法庭按照多数意见(1 人反对)作出维持死刑的判决⑥,因为打破了最高法院裁判死刑“全员一致”的不成文规则⑦,成为“特例”而备受批判。

其二,审理过程的特别漫长,体现着对死刑适用的特别慎重。在 1968 年,死刑案件第一审平均审理期限是 14.7 个月,与全部刑事案件平均审理期限(5.1 个

---

① [日]松尾浩也:《日本刑事诉讼法》(下册),张凌译,中国人民大学出版社 2005 年版,第 149－150 页。

② 衆議院調査局法務調査室「死刑制度に関する資料」による,2008 年 6 月,12 頁;小早川義則『裁判員裁判と死刑判決』増補版(成文堂,2012 年)61－64 頁;原田國男『裁判員裁判における量刑傾向:見えてきた新しい姿』慶應法学 27 号(2013 年)181 頁。

③ [日]田宫裕:《犯罪和死刑》,载陈兴良编:《公法》(第 5 卷),法律出版社 2004 年版,第 407 页。

④ 菅原由香「死刑は存置すべきか」第 7 回総合人間学会研究報告(2013 年)127 頁。

⑤ 池田修,前田雅英『刑事訴訟法講義』(東京大学出版会,2004 年)432 頁。

⑥ 最高裁判所第一小法廷 2012 年 2 月 20 日判決,平成 20(あ)1136 号,最高裁判所裁判集刑事第 307 号 155 頁。

⑦ 本庄武「光市事件第二次上告審判決 死刑の理由は説明されたのか」世界 830 号(2012 年)160－161 頁。

月）相比，相差9.6个月；死刑案件平均开庭10.9次，远超出全部刑事案件的平均开庭3.9次；死刑案件平均证人14.4人，远多于全部刑事案件的平均证人1.9人。[①] 笔者根据井上薰法官收集的1984—1995年死刑确定的43例案件[②]统计办理时间得知：自一审审结到三审审结，平均历时8.5年，最长13年。笔者统计1996年后经过三审死刑确定的159例案件的办理时间（见表49）发现：自一审审结到三审审结，平均历时11.7年，最长27年。与1996年前数据相比，死刑案件办理时间呈现出不断增加的趋势。以"东京地铁沙林毒气案"为例，对主犯松本智津夫（教祖麻原彰晃）的审判自1995年10月开始，一审在是否存在精神障碍和诉讼能力的问题上耗费了大量时间，历时8年，二审又历时2年，直到2006年9月15日最高法院驳回特别抗告才死刑确定。[③]

其三，死刑案件的充分审理，体现着对死刑适用的特别慎重。考察死刑案件的庭审时长，也可以发现死刑案件存在"审判长期化"的特点，比其他案件耗时要长很多，也被作为慎重适用死刑的一个表征。[④] 在裁判员制度下，庭审时长还在不断增加，如2007年广岛高等法院对前述"光市案件"的重新审判，6次开庭历时12日；2010年"鹿儿岛高龄夫妇杀害案件"一审，检方以强盗杀人罪求刑死刑，裁判员法庭持续庭审40天，刷新了最长庭审记录[⑤]；2012年"首都圈连环杀人案件"的一审，63位证人出庭作证，开庭38次累计95天，评议耗时10天[⑥]，远超作为庭审时长记录第二（75日）的上田美由纪"鸟取市连续杀人案"，创造了庭审时长的最长纪录[⑦]。

---

① ［日］田宫裕：《犯罪和死刑》，载陈兴良编：《公法》（第5卷），法律出版社2004年版，第407页。

② 井上薫『死刑の理由：裁判資料』（作品社，1999年）25－365頁。

③ 「オウム"真理教"・松本智津夫死刑囚ら7人の死刑執行」日本経済新聞（2018年7月6日），2021年12月21日閲覧。

④ 「法務大臣臨時記者会見の概要」（2021年12月21日）による，法務省ウエブサイト。

⑤ 木村朗「裁判員制度における人権侵害の落とし穴——鹿児島高齢者夫婦殺害事件を題材に」立命館法学333・334号（2010年）562頁。

⑥ 北原みのり『毒婦。木嶋佳苗100日裁判傍聴記』（講談社，2017年）。

⑦ 角田猛之「裁判員裁判の現状の一端と問題点」關西大學法學論集68巻3号（2018年）636頁。

表 49　1996 年以来 159 例死刑确定案件办案时间统计分析

	最长	平均	中位数	<1 年	1—2 年	2—3 年	3—4 年	4—5 年	5—6 年	6—7 年	7—9 年	≥9 年
案发日至一审结	6379	1604	1239	13	27	34	14	17	12	9	20	13
一审结至二审结	4337	908	692	15	74	26	20	11	3	5	3	2
二审结至三审结	5295	1406	1366	0	3	39	58	38	11	7	2	1
	最长	平均	中位数	<3 年	3—5 年	5—7 年	7—9 年	9—11 年	11—13 年	13—15 年	15—17 年	≥17 年
案发日至三审结	9874	3918	3664	0	10	33	24	25	16	23	15	13

注:本表仅统计经过三审程序的死刑案件,未计入被告人撤回上诉致死刑确定的案件;表中“最长”“平均”“中位数”所在列的单位是“日”,其他列的单位均为“例”。

二、强制上诉与有权撤回

日本刑事诉讼审判实行三审终审制,死刑案件的第一审由地方法院管辖,第二审由高等法院管辖,第三审由最高法院管辖。对一审判决不服,可以向高等法院提起“控诉”;对二审裁判不服,可以向最高法院提起“上告”。控诉和上告,被统称为“上诉”。提起控诉、上告的期间为 14 日。对一般刑事案件来说,如果接受一审、二审判决,可以书面放弃上诉;提起上诉后,也有权撤回上诉。对于死刑案件,因为其涉及法益特别重大,立法上对放弃上诉、撤回上诉有特殊要求,司法实践中也会予以特别慎重的应对。

(一)死刑案件的强制上诉

死刑案件强制上诉,被告人不可放弃上诉权。基于刑事判决涉及被告人生命、自由等重大利益的剥夺,日本《刑事诉讼法》第 359 条规定,检察官、被告人或者第 352 条规定之人,可以放弃上诉或撤回上诉。第 360 条之二规定,对于处死刑、无期惩役及无期禁锢判决的上诉,虽有前二条的规定,仍不得放弃。

放弃上诉、撤回上诉,在检方不上诉的情况下,可以使裁判提前确定,及早进入执行程序。对判处有期自由刑、缓刑的被告人来说,是一种诉讼上的利益,而对判处无期刑、死刑的被告人来说,并不存在这种诉讼上的利益。因此,《刑事诉讼法》设置了不得放弃上诉权的制度。据日本法务省《犯罪白书》的数据[①]:1983年,地方法院一审判决的上诉率为9.9%;高等法院受理上诉6797人,其中仅被告方上诉96.7%,仅检方上诉2.6%,双方上诉0.6%;高等法院二审终局处理7136人,其中1134人撤回上诉。日本最高法院2020年度司法统计年报显示[②]:地方法院刑事一审终局处理47117人,有5440人提起控诉;高等法院刑事二审终局处理5332人,其中948人撤回控诉,有1996人提起上告。据日本最高法院统计[③]:自2009年5月21日裁判员制度实施以来,截至2022年3月裁判员法庭所作一审裁判的上诉率为37.0%,其中杀人案件35.4%,强盗杀人案件为63.4%。

根据《刑事诉讼法》的上述规定,如果被告人对地方法院的一审死刑判决不服,可以向高等法院提起控诉;被告人如果对高等法院的二审死刑裁判不服,可以向最高法院提起上告。《刑事诉讼法》也明确规定,被判死刑的被告人(上诉期满前)"不得放弃"上诉权。换言之,在上诉期内,被判死刑的被告人无权通过放弃上诉权的方式,使死刑裁判提前生效;即便其不提出上诉,案件也会自动提交至上一级法院,进入二审或三审程序。

(二)被告人有权终结程序

对于被判死刑的被告人不服一审、二审裁判提起上诉后,能否通过"撤回上诉"主动终结刑事程序而致死刑提前确定的问题,立法上并无明确规定,日本法学界也"尚未有过深入的探讨"[④]。曾有"类推适用说"认为,不论法条如何表达,都应该类推适用,即"不得放弃",也"不得撤回"。日本最高法院通过判例对"类推适用说"持否定态度:《刑事诉讼法》第360条之二对"放弃上诉"的限制不能准用

---

① 法務省「犯罪白書」(1985年版)「再犯防止と市民参加」による。

② 裁判所「司法統計年報」(刑事2020年度)第21表、第63表。

③ 最高裁判所「裁判員裁判の実施状況について(制度施行~令和4年3月末・速報」による,裁判所ウエブサイト。

④ 辻本典央「上訴放棄及び取下の諸問題」近畿大學法學55巻1号(2007年)47頁。

于“撤回上诉”[①]。日本法学界的通说主张也是“不得放弃”“可以撤回”[②]。也有学者基于死刑与惩役、禁锢等自由刑的本质不同，主张对死刑案件应慎重再慎重，实行必要的三审终审制，即应当限制死刑被告人撤回上诉，死刑案件必须经过最高法院审理。[③]

对于死刑案件的放弃上诉、撤回上诉，立法上采取了完全不同的态度，其理由在于：在上诉审程序中撤回上诉，时间相对宽裕，而放弃上诉的时间限定于判决后很短时间，从避免被告人轻率处分上诉权的立场出发，对于放弃上诉理应给予一定的限制，所以立法要求放弃上诉必须以书面形式，而撤回上诉可以口头为之。[④]

最高法院判例的态度是[⑤]：在确保被告人撤回上诉时精神状态正常、诉讼能力健全的前提下，被告人对撤回上诉的后果有充分、明确认识的情况下，撤回上诉行为有效；在提起上诉和撤回上诉的时间间隔比较长的场合，理应尊重被告人行使上诉处分权。

死刑司法实践中，“接到绝命的死刑判决后，也有不提出或撤回控诉、上告而致死刑确定的被告人”[⑥]，因被告人撤回控诉而致死刑一审确定的事例时有出现。例如，一心求死的宅间守正是撤回业已提起的控诉而致死刑确定的[⑦]；作为裁判员法庭所判首例死刑之执行的津田寿美年，撤回了辩护人已经提起的控诉，未经过高等法院、最高法院裁判，横滨地方法院的一审死刑判决成为生效判决。

笔者查阅日本最高法院司法统计[⑧]发现（见表50）：1975年以来因被告人撤回上诉（控诉、上告）而致死刑确定的就有40人之多。死刑被告人基于各种各样的

---

① 最高裁判所第二小法廷1964年9月25日判决，昭和38（あ）2809号，最高裁判所裁判集刑事152号927頁。

② ［日］松尾浩也：《日本刑事诉讼法》（下册），张凌译，中国人民大学出版社2005年版，第149－150页；辻本典央「死刑判決に対する上訴取下の有効性」近畿大學法學55卷1号（2007年）134－135頁。

③ 石塚伸一「刑事裁判における被害者の役割：裁判員、被害者参加そして死刑」現代思想36卷13号（2008年）88頁。

④ 辻本典央「上訴放棄及び取下の諸問題」近畿大学法学55卷1号（2007年）49頁。

⑤ 最高裁判所第二小法廷1995年6月28日決定，平成6（し）173号，最高裁判所刑事判例集第49卷6号785頁。

⑥ 佐久間哲『死刑に処す：現代死刑囚ファイル』（自由国民社，2005年）92頁。

⑦ 佐久間哲『死刑に処す：現代死刑囚ファイル』（自由国民社，2005年）12、97頁。

⑧ 裁判所司法統計・年報「控訴事件の終局総人員－第一審判決と控訴審結果との比較」「上告事件の終局総人員－控訴審判決と上告審結果との比較）」による。详细信息请见表44、表45、表47。

原因怠于行使上诉权，被告人撤回之前自行提起或辩护人代为提起的上诉的情况越来越多；有些死刑案件进入二审程序后，消极行使上诉权，在法院指定期限内（日本《刑事诉讼法》第386条），不提交或者提交无实质理由的控诉旨趣书，导致上诉被裁定驳回，造成事实上的上诉未启动。① 对于被告人撤回上诉、消极上诉的原因，有学者认为主要有二②：一是种种原因导致被告人自暴自弃，尤其在重大犯罪场合被告人本就抱有求死之心，可以称之为“被绝望感支配的死刑志愿”；二是媒体大量渲染被告人“不怕死”，使死刑被告人勇敢地接受死刑判决，成为“犯罪剧场化中的死刑鉴赏”。除此之外，还存在死刑确定者寄希望于政令恩赦而撤回上诉的情况。例如，“银座妈妈桑等被杀案”的平田光成，“夕张市骗保放火杀人案”的日高安政、日高信子夫妻，“原昭和石油董事一家被杀案”的今井义人等死刑确定者，都曾听信天皇病危，驾崩后会恩赦死刑囚的流言而撤回上诉。

表50　1975年以来撤回上诉致死刑确定案件一览表

序号	姓名	生效判决情况	撤回上诉情况	主张撤回无效之结局
1	大濱松三	1975年10月20日横滨地裁 死刑	1976年10月5日撤回控诉	1977年4月11日东京高裁驳回
2	平田光成	1982年1月21日东京高裁 死刑	1988年10月17日撤回上告	
3	藤岡英次	1983年4月14日德岛地裁 死刑	1983年5月2日撤回控诉	
4	佐々木和三	1985年6月17日青森地裁 死刑	1985年7月2日撤回控诉	
5	今井義人	1985年11月29日东京高裁 死刑	1988年10月24日撤回上告	
6	須田房雄	1986年12月22日东京地裁 死刑	1987年1月19日撤回控诉	

---

① 笔者统计的死刑确定者中，就有7人因为消极上诉导致控诉、上告被裁定驳回或不予受理（等于未控诉、上告），由此死刑确定的。详细信息请见表44、表45、表47。

② 石塚伸一「刑事裁判における被害者の役割：裁判員、被害者参加そして死刑」現代思想2008年13号88頁。

续表

序号	姓名	生效判决情况	撤回上诉情况	主张撤回无效之结局
7	日高安政	1987年3月9日札幌地裁 死刑	1988年10月13日撤回控诉	
8	日高信子	1987年3月9日札幌地裁 死刑	1988年10月11日撤回控诉	
9	澤地和夫	1989年3月31日东京高裁 死刑	1993年7月7日撤回上告	
10	宮脇喬	1990年7月16日名古屋高裁 死刑	1994年3月7日撤回上告	
11	牧野正	1993年10月27日福冈地裁 死刑	1993年11月16日撤回控诉	2004年6月14日最高裁驳回
12	浜田美輝	1998年5月15日岐阜地裁 死刑	1998年6月3日撤回控诉	
13	小田義勝	2000年3月15日福冈地裁 死刑	2000年3月30日撤回控诉	
14	岩本義雄	2001年2月1日东京地裁 死刑	2001年2月16日撤回控诉	
15	府川博樹	2001年12月19日东京高裁 死刑	2003年1月5日撤回上告	
16	横田謙二	2002年9月30日东京高裁 死刑	2002年10月25日撤回上告	
17	宅間守	2003年8月28日大阪地裁 死刑	2003年9月26日撤回控诉	
18	高根沢智明	2004年3月26日埼玉地裁 死刑	2005年7月13日撤回控诉	2006年6月6日最高裁驳回
19	名古圭志	2004年6月18日鹿儿岛地裁 死刑	2004年8月26日撤回控诉	
20	山本峰照	2006年3月20日神户地裁 死刑	2006年4月4日撤回控诉	
21	西本正二郎	2006年5月17日长野地裁 死刑	2007年1月11日撤回控诉	

续表

序号	姓名	生效判决情况	撤回上诉情况	主张撤回无效之结局
22	小林薰	2006年9月26日奈良地裁 死刑	2006年10月11日撤回控诉	2008年7月7日最高裁驳回
23	高塩正裕	2006年12月5日仙台高裁 死刑	2006年12月20日撤回上告	
24	山地悠紀夫	2006年12月13日大阪地裁 死刑	2007年5月31日撤回控诉	
25	小田島鐵男	2007年3月22日千叶地裁 死刑	2007年11月1日撤回控诉	
26	前上博	2007年3月28日大阪地裁 死刑	2007年7月5日撤回控诉	
27	尾形英紀	2007年4月26日埼玉地裁 死刑	2007年7月18日撤回控诉	
28	長谷川静央	2007年8月16日东京高裁 死刑	2008年3月19日撤回上告	
29	松田幸則	2007年10月3日福冈高裁 死刑	2009年4月3日撤回上告	
30	松村恭造	2008年3月17日京都地裁 死刑	2008年4月8日撤回控诉	
31	神田司	2009年3月18日名古屋地裁 死刑	2009年4月13日撤回控诉	2011年3月2日最高裁驳回
32	金川真大	2009年12月18日水户地裁 死刑	2010年1月5日撤回控诉	
33	池田容之	2010年11月16日横滨地裁 死刑	2011年6月16日撤回控诉	
34	津田寿美年	2011年6月17日横滨地裁 死刑	2011年7月4日撤回控诉	
35	田尻賢一	2012年4月11日福冈高裁 死刑	2012年9月10日撤回上告	
36	住田紘一	2013年2月14日冈山地裁 死刑	2013年3月28日撤回控诉	

续表

序号	姓名	生效判决情况	撤回上诉情况	主张撤回无效之结局
37	山田浩二	2018年12月19日大阪地裁 死刑	2019年5月18日撤回控诉	2021年8月25日最高裁驳回
38	川崎竜弥	2019年3月15日东京高裁 死刑	2021年2月13日撤回上告	
39	植松聖	2020年3月16日横滨地裁 死刑	2020年3月30日撤回控诉	2020年4月23日提起无效主张
40	白石隆浩	2020年12月15日东京地裁 死刑	2021年1月5日撤回控诉	

注:为便于读者检索,死刑确定者的姓名使用了日文汉字,未做翻译。

(三)严格审查上诉权恢复

对于死刑被告人主张撤回上诉(控诉、上告)无效,申请恢复上诉权,重新启动上诉程序的案件,法院对被告人是否知悉撤回上诉的后果及被告人主张欠缺诉讼能力的审查倾向于严格把握。下面举两例说明。

1. 牧野正申请恢复上诉权案

已于2009年1月29日被执行死刑的牧野正在无期惩役假释期间的1990年3月12日制造了“北九州母女杀害案件”。1993年10月27日被福冈地方法院判处死刑,其国选辩护人当日即向福冈高等法院提起控诉。1993年11月16日牧野正撤回控诉致死刑确定。

2000年5月,牧野正委托新辩护人,主张当初撤回控诉的行为无效,要求继续审理。理由有二:第一,牧野正撤回控诉时无辩护人,违背了《日本国宪法》第37条之三①的规定。第二,牧野正因长期羁押造成慢性头痛的拘禁反应,在获悉寄予厚望的原审辩护人不能继续担任控诉审辩护人时,对控诉审产生了强烈的绝望,未能正确理解撤回控诉这一诉讼行为的重大意义和后果,因而欠缺诉讼能力。

2001年9月10日,福冈高等法院审理后作出“诉讼业已终结”的决定。辩护

① 《日本国宪法》第37条第3款规定,刑事被告人在任何场合,都可以委托有律师资格的辩护人为其辩护,被告人不能自行委托辩护人的,国家为其选任辩护人。

人提起即时抗告。

2003 年 12 月 5 日,福冈高等法院驳回即时抗告。辩护人向最高法院提起特别抗告。

2004 年 6 月 14 日,最高法院驳回特别抗告。理由包括两点[①]:第一,撤回上诉时无辩护人不违反《日本国宪法》第 37 条之三有关辩护权保障的规定。第二,慢性头痛不属于“精神障害”,不影响诉讼能力。牧野正曾因同种犯罪被判无期惩役的经历,使其已预感到本案的死刑判决,根据其在审判中有关反省、悔悟的发言等可推知其对撤回控诉有充分理解,对撤回控诉的利害关系也有明确认识,因此应肯定其具有诉讼能力。

为了防止被判处死刑的被告人消极行使上诉权(“放弃”上诉)、撤回上诉导致误判,日本律师界也有“被判死刑被告人放弃、撤回上诉,律师参与制度化”[②]的倡议。

2. 山田浩二申请恢复上诉权案

山田浩二于2015 年8 月13 日制造“寝屋川市中学生被杀案”[③],2018 年12 月19 日被大阪地方法院判处死刑,山田浩二与其辩护人分别提出了上诉。其控诉过程不断反转,经历了上诉—撤回—主张无效—再撤回的漫长过程[④],简要介绍如下:

2019 年 5 月 18 日,山田浩二在拘置所因迟延归还借用的圆珠笔与狱警发生争执,被视为违纪即将启动调查。因为预计到会有会见、通信限制等处罚,山田浩

---

① 最高裁判所第一小法廷 2004 年 6 月 14 日決定,平成 15(し)360 号,最高裁判所裁判集刑事第 285 号 447 頁;对该判例的介绍与评析可参见辻本典央「死刑判決に対する上訴取下の有効性」近畿大學法學 55 巻 1 号(2007 年)121 – 140 頁。

② 第一東京弁護士会「オウム“真理教”事件に関連する死刑執行に関する会長声明」(2018 年 7 月 25 日)による,第一東京弁護士会ウエブサイト。

③ 身负 8 项前科,曾经 4 次入狱的山田浩二,出狱不到一年再犯罪,2015 年 8 月 13 日两次作案,掐死 2 位中学生。诉讼中保持沉默,犯罪动机、作案过程等一直未能查明,以间接证据起诉、审判。

④ 该案撤回上诉过程,详见山田浩二「寝屋川中学生殺害事件被告手記 死刑を宣告された瞬間は現実を受け止められなかった」「寝屋川中学生殺害事件被告手記(続)死刑を宣告された私の近況と逮捕の経緯」「控訴取り下げ直後の最後の獄中手記! 私が控訴を取り下げた理由とその夜に起きた一部始終」創 48 巻 4 – 6 号(2019),篠田博之「控訴取り下げ無効の申し立てはどうなる 寝屋川事件・山田元被告の死刑をめぐる異例展開の行方」「今は確定死刑囚の処遇に 自ら控訴を取り下げた寝屋川事件・山田死刑囚の近況」創 48 巻 7 – 8 号(2019),村松洋 = 遠藤浩二「突然の幕切れに関係者困惑「真相解明の道閉ざされた」寝屋川中 1 殺害」毎日新聞(2019 年 5 月 21 日),2022 年 5 月 12 日閲覧。

二因此自暴自弃,并于当晚提出撤回上诉(第一次撤回)。辩护人知悉后,向大阪高等法院提出申请认定撤回上诉无效,理由是精神障碍、死刑判决可能对其心理产生了影响,并提交了医师意见书等,同时提出了控诉旨趣书。

12 月 17 日,大阪高等法院裁定撤回上诉无效,重新启动上诉。理由是[①]:因为借用圆珠笔被狱警责备后发生争吵,预见到可能的惩罚会很麻烦,进而自暴自弃,虽然这种轻率的态度很难被认定是精神障碍的影响,但鉴于死刑是剥夺生命的终极刑罚,法院如果不听取其对死刑判决的意见,直接使判决生效,会有强烈的违和感。

12 月 20 日,大阪高等检察院对确认撤回无效的裁定不服,向最高法院提出了特别抗告。因为《刑事诉讼法》并没有关于撤回控诉无效的程序规定,大阪高等检察院同时向大阪高等法院提出了异议。

2020 年 2 月 25 日,最高法院第三小法庭裁定驳回检方特别抗告,理由是[②]:本案不属于向最高法院提出特别抗告的情形,可以向大阪高等法院提出异议。

3 月 16 日,大阪高等法院以"判断有错误,不能承认""没有判断为(无效)的合理根据""不得不说超出了法律解释的范围"为由,裁定"撤回上诉"无效的申请不能成立,撤回上诉有效。[③]

3 月 23 日,山田浩二的辩护人向最高法院提起特别抗告。

3 月 24 日,山田浩二书面提出撤回上诉申请(第二次撤回),后经辩护人劝说后,再次向大阪高院提出申请"撤回上诉无效"。

5 月 14 日,辩护人向大阪高等法院提出申请认定"第二次撤回上诉无效"。

6 月 17 日,最高法院第一小法庭驳回辩护方的特别抗告,发回大阪高等法院重新审查第一次撤回上诉、第二次撤回上诉的效力。

11 月 26 日,大阪高等法院重点审查了第二次撤回上诉,认为拘置所的生活会让人焦虑,但由此质疑诉讼能力的主张不能成立,因为对拘置所的不满而撤回上诉,这样的理由不能被认可,裁定"第二次撤回上诉有效"。

---

① 大阪高等裁判所 2019 年 12 月 17 日决定,平成 31(う)126 号,裁判所ウエブサイト。

② 最高裁判所第三小法廷 2020 年 2 月 25 日决定 令和 1(し)807 号,最高裁判所裁判集刑事第 74 卷 2 号 277 頁。

③ 「控訴取り下げ無効を取り消し、差し戻し　寝屋川中 1 殺害」朝日新聞(2020 年 3 月 16 日),2022 年 5 月 12 日閲覧。

11 月 30 日,辩护人不服,向大阪高等法院提出异议。

2021 年 3 月 22 日,大阪高等法院经过异议审,驳回了辩护人的不服异议。理由是,被告人的信中记录了撤回上诉的经过,足以判断其"充分理解撤回上诉的效果"。

3 月 29 日,辩护人向最高法院提出特别抗告。

8 月 25 日,最高法院第三小法庭裁定以"不符合抗告的理由"驳回辩护方特别抗告,并认定"撤回上诉有效",并确认大阪地方法院的死刑判决生效。

三、谨慎执行与再审救济

死刑确定之后,死刑犯的救济途径主要有向天皇申请恩赦、向法院申请再审。

死刑确定者的恩赦,分为政令恩赦和个别恩赦。1952 年后的 11 次政令恩赦中,除《旧金山和平条约》生效、《少年法》修正外,均未将死刑确定者纳入恩赦对象。个别恩赦,对于死刑确定者而言,理由限定极严,空间极为有限,自 1975 年"福冈事件"共犯之一石井健次郎之后,再无成功者。[①]

死刑确定者的申请再审,是司法领域可能免死的唯一途径,大多数死刑犯会多次申请再审。日本《刑事诉讼法》第四编用 18 个条文规定了申请再审的理由、再审的审判、再审的申请时间等内容。日本死刑案件再审制度的特点可归结为:再审救济机会充分、再审启动谨慎。再审救济机会充分,对于保证死刑慎用、避免错杀意义重大;再审程序启动上的严格谨慎,可防止再审的过于膨胀危及裁判稳定、消损司法权威。

(一)死刑执行"慢"

延缓执行死刑为申请再审留下了广阔空间。根据日本《刑事诉讼法》第 475 条的规定,死刑的执行,须由法务大臣签发死刑执行命令。该命令应当自判决确定之日 6 个月内作出。但在请求恢复上诉权或提起再审请求、非常上告、申请恩赦的场合,该程序终了前,以及对共同被告人的判决确定前的期间,均不计入前述 6 个月。

---

① 斎藤充功『恩赦と死刑囚』(洋泉社,2018 年)30 頁。

“二战”结束以来，从死刑确定到死刑执行平均需等待约7年之久，死刑确定后几十年尚未执行者不少。日本媒体分析近十年间的死刑执行数据显示：从死刑确定到死刑执行，平均超过5年，最短的1年4个月，最长的18年5个月。[①] 笔者统计的死刑被执行者（见表44）显示：1981年来执行的147例死刑中，死刑确定后平均等待7.4年才被执行，最长等待时间为19.45年；近60年来，死刑确定后一年内执行的特例仅有一人，即在大阪池田小学校内杀害8名儿童的宅间守。宅间守一审中要求对其判处死刑，并提出“三个月内被执行”的诉求，二审期间撤回上诉致死刑确定，之后多次给法务大臣写信要求尽快执行死刑。时任法务大臣野泽太三满足了其心愿，死刑确定后353天即被执行[②]。

截至2022年9月25日，日本待执行死刑确定者共计106人。根据日本《刑事诉讼法》，死刑确定者随时可以提出再审请求。事实上，死刑确定后再审改判无罪的“死刑再审四案件”[③]都是在死刑确定多年后被改判无罪的：免田案件33年，财田川案件27年，岛田案件31年，松山案件25年。

当然，再审请求时间充裕和执行慎重也造成死刑确定后执行等待时间过长，导致了死刑犯高龄化现象，甚至有不少死刑犯未及行刑即已年老去世。笔者统计的死刑狱死者信息（表45）显示：1981年以来，已有40名死刑囚执行前死亡，其中病死38人、自杀2人；死刑确定后至死亡前的等待时间为13.2年，最长时间为43.3年；狱死者的平均年龄为71.8岁，最高龄为95岁，年龄超过70岁者共计22人，其中70—79岁有11人，80—89岁有8人，90岁及以上有3人，可以说狱死者的高龄化现象相当严重。

据笔者统计：1981年以来执行的148例死刑中，死刑确定至死刑执行前（见图18），平均等待7.41年才被执行[④]，最长等待时间为19.45年；如果以案发时间为起点（见图19），平均等待时间则为15.67年，最长等待执行时间为31.36年。

---

① 黒川明紘「死刑執行はどう決められる?」NHK政治マガジン（2017年12月27日），2021年12月8日閲覧。

② 佐久間哲『死刑に処す：現代死刑囚ファイル』（自由国民社，2005年）9－10頁。

③ 即免田案件、财田川案件、松山案件、岛田案件，详细信息请见表46。

④ 日本媒体也有平均等待“7年零4个月”的报道，「白石被告の死刑確定へ　弁護人の控訴取り下げ」東京新聞（2021年1月5日），2021年12月8日閲覧。

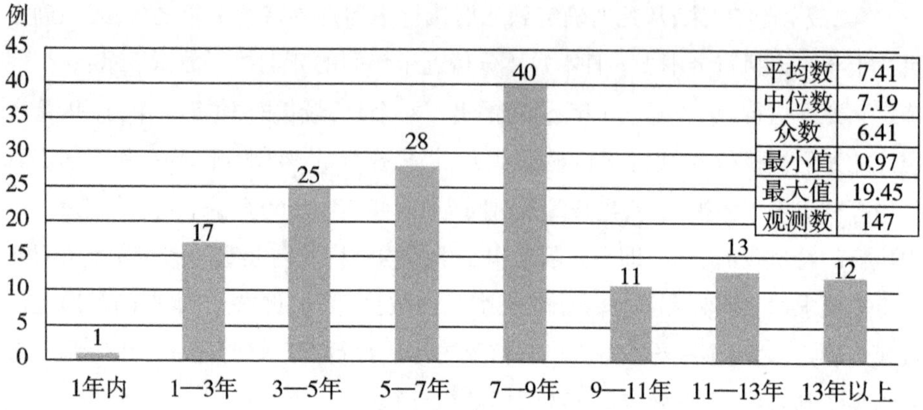

图18　死刑被执行者之“死刑确定—执行”等待时间分布

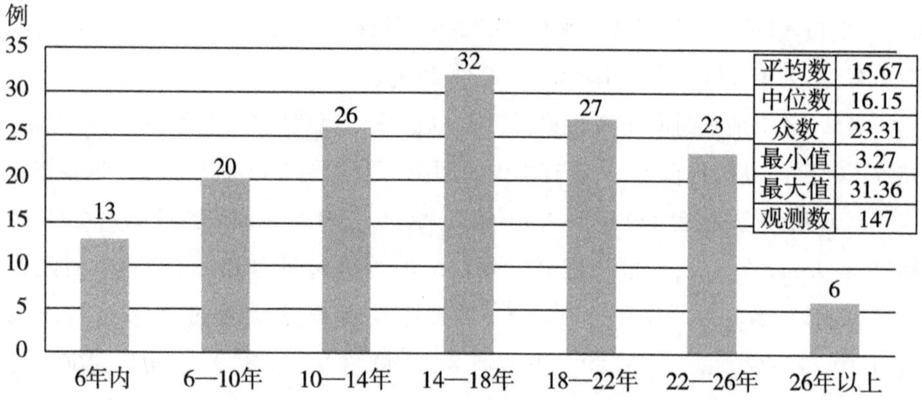

图19　死刑被执行者之“案发—执行”等待时间分布

(二)再审申请“多”

日本死刑执行的流程,前文已有介绍。接到法务大臣签发的“死刑执行命令书”后,该管检察厅确定指挥死刑执行的检察官,并制作“死刑执行指挥书”,执行指挥检察官根据“死刑执行指挥书”指挥拘置所所长执行死刑,执行时间为告知死刑被执行者的当天。也就是说,执行当天提出再审请求的可能性事实上不存在,再审请求只能在随时可能的死刑执行前提出。

执行死刑前,法务省需要花大量时间对拟执行的死刑裁判进行再审查,确认是否存在再审、非常上告、恩赦或停止执行的事由[①],在法定6个月期间执行死刑的可能性极低。对于死刑确定者提出的再审请求,立法上并无明文规定停止执行效果。对于死刑确定者来说,理论上存在随时被执行的可能。日本死刑执行实践中有一条不成文规则,即只要死刑犯提出再审请求,等待再审期间一般不会被执行,法务省有尽可能避免再审请求期间执行死刑的倾向。在2017年7月之前,提出再审请求期间被执行的仅有"长崎避雨借宿杀人案"的小野照男。[②] 这种不成文规则于2017年被打破。据笔者统计,2017年以来,在提出再审请求的情况下被执行的死刑确定者已有15人,包括2017年被执行的西川正胜、关光彦、松井喜代司,2018年被执行的"奥姆真理教"案8名死刑犯(早川纪代秀、井上嘉浩、新实智光、中川智正、远藤诚一、横山真人、林泰男、广濑健一)、末森博也、庄子幸一、魏巍、小野川光纪。

关于提出再审请求情况下执行死刑的问题,多位法务大臣对此有过解释:对于提出再审请求的死刑确定者,要不要排除在执行对象之外?法务省都会经过充分调查、慎重讨论决定。但是,"并不存在因为提出了再审请求,就不执行的做法"[③](金田胜年),"一般来说,因为正在申请再审而不执行的想法是错误的"[④](上川阳子),"根据《刑事诉讼法》,单纯提出再审请求的行为,并不构成命令停止执行的事由"[⑤](古川祯久)。正如法务省刑事局长古田佑纪所言:"如果在提出再审请求期间,不能签发死刑执行命令,就会出现只要死刑确定者反复提出再审请求,死刑永远不被执行的结果,刑罚的目的就不能实现。"[⑥]对此,前述三位法务大臣在记者会上也都有公开表态:即便死刑确定者提出了再审请求,如果可以预见再审请求必然会被驳回,不得已的情况下,也会发出死刑执行命令,执行死刑。

基于上述死刑执行惯例,死刑确定者及其辩护人大多会致力于不断提出再审请求,甚至很多不是为了推翻裁判,而是当作不被执行死刑的"续命符""延命

① 加藤克佳「死刑確定者の再審手続」龍谷法学39巻3号(2006年)468頁。
② 佐久間哲『死刑に処す:現代死刑囚ファイル』(自由国民社,2005年)61-69頁。
③ 「法務大臣臨時記者会見の概要」(2017年7月13日)による,法務省ウエブサイト。
④ 「法務大臣臨時記者会見の概要」(2017年12月19日)による,法務省法務省ウエブサイト。
⑤ 「法務大臣臨時記者会見の概要」(2021年12月21日)による,法務省ウエブサイト。
⑥ 衆議院「会議録」(第47回国会　法務委員会　第16号,2000年4月26日)による。

策"[①]。再加上日本死刑执行的超长等待期间,死刑确定者事实上有充裕的时间寻求再审。笔者查阅法务省 1960—2021 年版《犯罪白书》,收集死刑确定者提起再审请求的数据,只找到了 1957—1961 年相关数据:69 位死刑确定者提出了再审请求,占比为 57%,其中提出 5 次以上再审请求者占比为 7.5%[②]。此后再也没有公布过提出再审请求的死刑确定者人数。

据日本学者统计[③]:截至 2017 年 10 月,待执行死刑囚 124 人中,有 92 人处再审请求、特别抗告等状态。在 2017 年 7 月 13 日的法务大臣临时记者会上,被问到"约 7 成以上的死刑确定者正在请求再审"[④]的问题,时任法务大臣金田胜年明确予以拒绝回答。

曾三次担任法务大臣的上川阳子,多次在记者会上披露死刑确定者申请再审的情况。2017 年 12 月 19 日在法务大臣临时记者会上称,现有的 123 名死刑确定者中,94 人处于再审请求中。[⑤] 2018 年 7 月 6 日在法务大臣临时记者会上说:"法务省掌握的在押死刑确定者为 117 名,其中 92 人处于再审请求中。"[⑥]2020 年 12 月 8 日在法务大臣阁议后记者会上说:"截至昨天,法务省掌握的死刑确定者为 111 人,其中 78 人处于再审请求中。"[⑦]

日本法院对于再审请求并无实质理由的要求,只要提出,就会受理。对于死刑确定者来说,不论是意图推翻死刑判决,还是谋求延缓执行,都有充分的机会提出再审请求,可谓生命不息、再审不止。这样的制度安排,客观上确实对死刑执行有一定的约束效果,但也带来两方面的问题:一方面,对死刑案件确定裁判的执行带来了巨大压力,日本政府不得已改变了再审请求期间不执行的不成文规则;另一方面,也给法院处理再审案件带来了巨大负担,引发了确有理由的死刑案件再审启动难、流程长的现实问题。

---

① 「再審請求中の死刑、是非は?　法務省、慣例破り次々執行」朝日新聞デジタル(2018 年 9 月 24 日),2021 年 12 月 8 日閲覧。

② 法務省「犯罪白書」(1962 年版)「犯罪の動向と犯罪者処遇上の問題点」による。

③ 斎藤充功『恩赦と死刑囚』(洋泉社,2018 年)50 頁。

④ 「法務大臣臨時記者会見の概要」(2017 年 7 月 13 日)による,法務省法務省ウエブサイト。

⑤ 「法務大臣臨時記者会見の概要」(2017 年 12 月 19 日)による,法務省法務省ウエブサイト。

⑥ 「法務大臣臨時記者会見の概要」(2018 年 7 月 6 日)による,法務省ウエブサイト。

⑦ 「法務大臣閣議後記者会見の概要」(2020 年 12 月 8 日)による,法務省ウエブサイト。

(三)再审启动"难"

日本的刑事再审程序可分为再审启动和再审审理两个阶段,前一个阶段主要审查提起的再审申请是否确有理由,如系确有理由即作出再审启动的决定,进入下一阶段的再审审理。日本大多数死刑案件经过三审,再加上实务界对其"精密司法"的高度自信,认为死刑裁判和执行已经极其严格,死刑误判的可能性几乎接近于零①,故对死刑案件的再审启动极为谨慎。实践中,死刑犯的再审申请,大多数止步于再审理由审查阶段,极难进入再审审理阶段。下文简要介绍"名张案件""狭山案件""袴田案件"的再审历程,可感受日本死刑案件的再审启动之难。

1."名张案件"的再审之路

1961年3月28日,三重县名张市发生葡萄酒中毒案,造成5人死亡、12人受伤,被称为"名张案件"②。

1964年12月23日,津地方法院判处奥西勝无罪,主要理由包括被告人口供违背自愿性,目击证人证言不能证明被告人有作案时间,被告人供述和证人证言及鉴定结论存在矛盾等。检方向名古屋高等法院提起控诉。

1969年9月10日,名古屋高等法院改判死刑,理由是:目击证人证言能够证明被告人有作案时间,物证鉴定结论可信。奥西勝向最高法院提起上告。

1972年6月15日,最高法院驳回上告,7月4日,驳回订正判决申请,死刑确定。

奥西勝自一审以来一直坚称无罪,申请再审中辩护方提出被告人有罪供述系受刑讯逼供,有他人作案可能,唯一物证(酒瓶盖牙印)鉴定结论存疑等主张。一审判无罪,检方控诉后二审改判死刑,三审驳回上告死刑确定,成为日本现代死刑

---

① 椎橋隆幸「日本の死刑制度について考える」中央ロー・ジャーナル10巻3号(2013年)93-105頁。

② 有关该案审判和寻求再审的经过,可参见東海テレビ取材班著「名張毒ぶどう酒事件死刑囚の半世紀」(岩波書店,2013年),水谷规男「名張事件の再審開始決定」阪大法学55巻2号(2005年)59-85頁,水谷规男「名張事件——自白神話に科学の目でいどむ」法学セミナー9号(2010年)6-9頁,小田中聰樹『誤判救済の課題と再審の理論』(日本評論社,2008年)143-146頁,鳥毛美範=水谷规男「名張事件・画期的なしかし不十分な最高裁破棄差戻決定」刑事弁護63号(2010年)113頁,「名張毒ぶどう酒事件、名古屋高裁が再審認めず　元死刑囚側の異議棄却」毎日新聞(2022年3月3日),2022年6月9日閲覧。

裁判史上的特例。

2015 年 10 月 4 日,以 90 高龄病死于八王子医疗监狱。死刑确定后至狱死的 43 年间,9 次申请再审,均未能成功启动再审程序,下面简要梳理第 7 次再审请求以来的再审申请历程:

2002 年 4 月 10 日,奥西勝的辩护团向名古屋高等法院提起第 7 次再审请求。

2005 年 4 月 5 日,奥西勝已满 79 岁,名古屋高等法院作出开始再审决定。

2006 年 12 月 26 日,因检方提出即时抗告,名古屋高等法院撤销前述再审决定。

2007 年 1 月 4 日,奥西勝向辩护团最高法院提出特别抗告。

2010 年 4 月 5 日,最高法院第三小法庭作出一致裁决:撤销名古屋高等法院作出的撤销再审之决定,发回名古屋高等法院重审,至此,“名张案件”有望成为“二战”后日本第 5 例死刑再审案件。

2012 年 5 月 25 日,名古屋高等法院仍以“侦查阶段被告人自白高度可信”,认可检方所提异议,驳回奥西勝的再审请求。5 月 30 日,奥西勝向最高法院提出特别抗告。

2013 年 10 月 16 日,最高法院第一小法庭裁定支持名古屋高等法院的裁决,历时 11 年的第 7 次再审请求结束。

2014 年 5 月 28 日,提起第 8 次再审请求,2015 年 1 月 9 日被驳回。

2015 年 5 月 25 日,提起第 9 次再审请求,10 月 4 日因奥西勝死亡而终止。

奥西勝去世后,奥西勝之妹于 2015 年 11 月 6 日向名古屋高等法院提起第 10 次再审请求;2017 年 12 月 8 日,名古屋高等法院驳回再审请求。2020 年 10 月 28 日,辩护团向名古屋高等法院提起第 11 次再审请求;2022 年 3 月 3 日,名古屋高等法院驳回再审请求。

2. “狭山案件”的再审之路

“狭山案件”[①]40 多年来一直真伪难辨。被告人石川一雄及其辩护团自 1976

---

① 有关该案审判和寻求再审的经过,可参见庭山英雄教授的系列论文:「狭山事件と再審」専修大学法学研究所紀要 30 号(2005 年)、「狭山事件 3・16 棄却決定の批判的考察」刑事弁護 43 号(2005 年)、「狭山事件确定判决についての一考察」専修法学論集 96 号(2006 年)、「狭山事件における法医学鑑定に関する一考察」専修法学論集 100 号(2007 年)、「狭山事件と部落差別」専修大学法学研究所紀要 33 号(2008 年)、「再審請求狭山事件と証拠開示問題」専修大学法学研究所紀要 34 号(2009 年)、「狭山事件の再審を求めて」専修大学法学研究所紀要 36 号(2011 年)。

年即开始不断申请再审。由于该案涉及一般居民与“部落居民”(古代从事屠宰业、皮革业等的所谓“贱业者”及乞丐游民)的冲突,俨然演化为隐形的阶级斗争。

1963 年 5 月 1 日,琦玉县狭山市发生高中女生被绑架杀害案,几天后在被害人遗体现场逮捕了正在盗窃的石川一雄,警方获得了有罪供述。

1964 年 3 月 11 日,浦和地方法院一审判处石川死刑,一审中石川始终认罪;宣判次日,石川提起控诉。

1964 年 9 月 10 日,东京高等法院第一次开庭审理,石川翻供称警察对其诱供和刑讯逼供,全面否认一审承认的事实。

1974 年 10 月 31 日,二审程序延宕十年后,东京高等法院撤销一审死刑判决,改判无期惩役。辩护方向最高法院提起上告。

1976 年 8 月 9 日,最高法院驳回上告,8 月 15 日驳回订正判决申请,无期惩役确定。9 月 8 日移送千叶刑务所服刑。

1994 年 12 月 21 日,石川一雄被假释出狱。

石川一雄于 1977 年 8 月即提起第一次再审请求,经过多轮庭审,1985 年 5 月被最高法院驳回特别抗告。1986 年 8 月提起第二次再审请求,2005 年 3 月被最高法院驳回特别抗告。

2006 年 5 月 23 日提起的第三次再审请求,一度前景向好。2010 年 5 月 13 日,东京高等法院、东京高等检察厅、石川辩护团达成了三方协议,检方对 36 项新证据进行了开示。2015 年 1 月 23 日,东京高等检察院向辩护方开示了记载 279 项要点的证据目录,公开了犯罪现场和航拍照片 112 张,辩方针对这些证据,启动调查,至今尚无下文。

“狭山案件”因物证极为薄弱,也没有决定性的证据,由此衍生出“冤狱说”与“真凶说”之争。该案审理和再审申请过程,得到社会各界的广泛关注和强大支持①;日本国民救援会、日本共产党等社会团体在该案审理中就给予了巨大支援;

① 截至 2021 年 12 月 8 日,检索日本国会图书馆可得以“峡山事件”为主题的学术、通俗著作有 78 部,检索 CiNi 可得题名含“峡山事件”的学术论文 368 篇;坊间流传着宫崎俊名作《龙猫》系隐喻此案的说法;很多杂志如『じんけん』『部落解放』等更是辟专栏设特集持续关注和专题研讨此案;日本共产党等社会团体多次举行集会声援此案再审;“狭山事件事实调查和启动再审”签名声援活动参与人数已突破 100 万。

由著名作家鎌田慧①领衔并有多名众议院议员、各界知名人士参加的"要求狭山案件再审公民团体",多次举行集会,要求再审;庭山英雄教授年逾古稀仍然长期坚持研究本案,撰写了多篇学术论文,呼吁再审。即便如此,该案的再审申请已被最高法院两度驳回,第三次再审请求前景不明。成为公众话题的"狭山案件"之再审启动尚且如此不易,一般死刑案件的再审启动之难,可以想见。

3."袴田案件"的再审之路

1966年6月,静冈县发生一公司主管全家四口被放火烧焦的案件,被称为"袴田案件"②。供职于该公司的袴田严,被警方侦讯20天后自白犯案;一审中当庭翻供,指称警方刑讯逼供。

1968年9月11日,静冈地方法院一审判处死刑,袴田严提起控诉。

1976年5月18日,东京高等法院二审宣判,维持一审死刑判决;袴田严提起上告。

1980年11月9日,最高法院驳回上告,维持死刑判决。

12月12日,最高法院驳回订正判决申请,死刑确定。

袴田严,涉案50年多来,始终坚称无罪,不断申请再审,再审请求历程极为曲折。

1981年4月20日,向静冈地方法院提起第1次再审请求。1994年8月9日,静冈地方法院驳回第1次再审请求。辩护方向东京高等法院提起即时抗告。2000年7月13日,东京高等法院对涉案重要证据"衣物"进行了DNA鉴定,并于2004年8月26日驳回辩护方的即时抗告。辩护方向最高法院提起特别抗告,2008年3月24日,最高法院第二小法庭裁定驳回特别抗告,并阐述了驳回理由:

---

① 作家鎌田慧非常关注日本死刑司法问题,推出了多部以死刑案件为主题的著作。如关于狭山案件的『狭山事件:石川一雄、四十一年目の真実』(草思社,2004年);关于财田川案件的『死刑台からの生還:無実! 財田川事件の三十三年』(立風書房,1983年)、『死刑台からの生還』(岩波書店,2007年)。

② 有关该案的经过和申请再审历程,可参见袴田事件弁護団編『はけないズボンで死刑判決:検証・袴田事件』(現代人文社,2003年),高杉晋吾著『袴田事件・冤罪の構造:死刑囚に再審無罪へのゴングが鳴った』(合同出版,2014年),尾形誠規著『袴田事件を裁いた男:無罪を確信しながら死刑判決文を書いた元判事の転落と再生の四十六年』(朝日新聞出版,2014年),斎藤信治「袴田事件:死刑判決(有罪認定)は今や維持し難い!」法学新報122巻1・2号(2015年)457-525頁,堀和幸「誤判と死刑:袴田事件の教訓」龍谷法学47巻4号(2015年)132-135頁,中川孝博「袴田事件第2次請求特別抗告審決定の意義:最決令2・12・20判例評釈」刑事弁護106号(2021年)99-104頁,田中輝和「袴田事件と間接事実のみによる犯人性の証明」東北学院大学法学政治学研究所紀要30号(2022年)1-41頁。

"没有违反宪法等特别上诉的理由",并综合包括新证据在内的所有证据,论证了不开始再审的理据,同时指出生效判决"排除口供后认定袴田严为真凶",并且"事实认定上没有产生合理怀疑的余地"①。

2008年4月24日向静冈地方法院提起第2次再审请求。2009年7月24日,启动了地方法院、地方检察院、辩护方的三方会谈机制,辩护方提出了新证据。2010年9月13日后的历次三方会谈中,应辩方请求,检方分批公开了本案304项未公开的证据材料,包括多项新证据。2011年8月23日,静冈地方法院正式决定,由检方、辩方各推荐2位鉴定人进行DNA鉴定;直到2012年11月2日,经过多轮鉴定,确认在案证据与袴田严DNA不同。检方、辩方针对双方鉴定人进行的公开询问、反询问工作于2013年1月18日结束;之后经过多轮三方会谈,检方、辩方于2013年12月向法院提交了最终意见书。

2014年3月27日,静冈地方法院承认DNA鉴定结果作为新证据,并以"袴田严为真凶存在合理的怀疑"为由裁定再审启动,同时创纪录地(史上首例)裁定停止死刑执行,停止继续羁押,释放袴田严出狱候审。静冈地方检察院对停止羁押的裁定不服,在向静冈地方法院提起异议的同时,向东京高等法院提起抗告,要求撤销停止羁押的裁定。静冈地方法院驳回了检方异议。因为东京高等法院的抗告审需要时间,所以在检方的指挥下,3月28日,已羁押长达47年零7个月的袴田严被释放。东京高等法院也于同日裁定支持停止羁押。3月31日,静冈地方检察院向东京高等法院提起即时抗告。

2014年8月5日,东京高等法院、东京高等检察院、辩护方首次召开三方会谈。

2015年12月7日,东京高等法院决定对(再审启动的决定性因素)辩方DNA鉴定的有效性做再现实验,由于辩方拒绝协助实验,法院将检方推荐的大阪医科大学铃木广一教授选为鉴定人。2017年6月5日,铃木教授向法院提交了无法再现鉴定手法的验证报告;在6月29日的三方会谈中,辩方对验证方法提出了异议,指责其未按照法院要求进行验证,并于9月26日、27日,原鉴定人对铃木教授进行了公开询问。

---

① 最高裁判所第二小法廷2020年3月24日决定,平成16(し)258号,最高裁判所裁判集刑事第293号747頁。

2018年6月11日，东京高等法院作出裁定[①]：以“相信了DNA鉴定结果的地方法院的判断不合理”为由，认可了检方的即时抗告，撤销了静冈地方法院启动再审的裁定，但“根据年龄、生活状况、健康状况等”，对于停止执行死刑和羁押的裁定未予撤销。

2018年6月18日，辩护方向最高法院提起特别抗告。2020年12月22日，最高法院第三小法庭作出裁定[②]：撤销东京高等法院（撤销再审启动）的裁定，发回东京高等法院重新审理，并维持了停止执行死刑和羁押的裁定。

特别需要指出的是：本案的一审法官熊本典道于2007年2月向袴田公开谢罪，自陈当年审判时认定袴田无罪，但未能说服其他二位法官，难以承受良心谴责，故于该案宣判6个月后辞去法官职务。

总体来说，日本死刑的慎重执行给死刑犯申请再审留下了广阔空间，但其再审程序的启动之难又足以让死刑犯望而却步。自从20世纪80年代“死刑再审四案件”后40余年，再未出现过死刑确定后成功进入再审审理阶段的事例，日本各级法院对再审改判无罪表现出踌躇不定的态度，甚至出现了对死刑案件作出再审决定而后又撤销的先例。

公众对死刑犯寻求再审的过度关注，可能是集体无意识的表征。作为仪式的死刑，强烈刺激着民众的想象力，死刑犯每每被民众偶像化，详细记录死刑犯成长经历、犯罪记录、心路历程等内容的出版物相继面世并颇受欢迎。有学者认为过度煽情的描写往往使民众同情死刑犯，反感国家公权力[③]，进而诱导毫无再审可能的死刑犯积极谋求再审。也有律师认为死刑案件再审启动难有深层根源[④]：日本没有专门的“再审法”，虽存在提出再审请求的制度，但其内容基本等同于空白，虽然可以提起再审请求，但完全没有对该权利的保障；检察官可以针对再审开始决定提起即时抗告；难以得到国选辩护人的法律帮助。

---

① 東京高等裁判所第8刑事部2018年6月11日決定，平成26（く）193号，裁判所ウエブサイト。

② 最高裁判所第三小法廷2020年12月22日決定，平成30（し）332号，最高裁判所裁判集刑事第328号67頁。

③ 冨谷至『東アジアの死刑』（京都大学学術出版会，2008年）288頁。

④ 安田好弘「インタヴュー 国家と死刑——オウムという転換点」現代思想32巻3号（2004年）51頁。

第六章 司法改革与日本死刑

日本历来以被评价为“安全的国家”而自豪，号称“世界上最安全的国家”。受泡沫经济的影响，日本以全国经济大倒退、大萧条开启了平成时代。面对治安形势恶化、“安全神话”破灭的时代背景，为了重振司法权威，重获国民信赖，重建国民“安全感、信任感”，重塑司法制度的国民性基础，平成时代的日本开启了一系列刑事司法改革。与死刑控制紧密相关者主要包括三项，即推出“严罚化”刑事政策、创设裁判员制度、拓展国选辩护制度。

一、“严罚化”政策与死刑适用

（一）“严罚化”改革的背景

整体来看，自20世纪90年代初，日本社会的犯罪率上升，犯罪控制形势开始恶化。其可能原因主要有四：其一，受国际经济形势影响，1985年美日签订“广场协议”后，日元迅速升值导致出口受阻，使国内经济呈现萧条态势。但日本政府及银行依旧坚持的“扩张性的财政政策”“宽松的货币政策”，不仅未能刺激经济快速发展，还导致过剩的资金流向房地产行业。最终，平成时代伊始，“泡沫经济”崩溃，日本经济进入长期停滞阶段。① 其二，1995年1月发生的阪神大地震造成了巨大的人员伤亡和经济损失，再次重创本就萧条的日本经济。其三，1995年3月，日本“奥姆真理教”发动恐怖袭击，制造“东京地铁沙林毒气案件”，致12人死亡，5500人受伤。犯罪率的增加，造成公众对政府和司法的信任度普遍下降。其四，

---

① 参见魏加宁、杨坤：《日本的泡沫经济与通货紧缩》，载《开放导报》2016年第4期，第24页。

1997 年发生的"神户儿童连续杀害案件"①,因被害者均为小学生,犯罪手段血腥残忍,且加害者为 14 岁的少年,对日本社会造成巨大的心理冲击。

河合干雄等学者 2014 年 3 月所做的社会调查,也能得出民众认为治安恶化、刑罚过轻的类似结论②:对于"你觉得日本近 10 年来严重犯罪增加了吗?"的问题,回答"增加了"占比 61.7%,"大幅增加了"占比 21.1%,二者合计高达 82.8%;对于"你的日常生活中经常会担心受到犯罪和违法行为侵害吗?"的问题,32.5% 的受访者表示有此担心;对于杀人、强盗、放火、盗窃、酒后驾驶、性犯罪、少年犯罪等犯罪,"你认为日本的刑罚过太重还是太轻?"的回答,呈现出"刑罚太轻"的一边倒结论(见表 51)。

表 51 河合干雄等学者对日本刑罚轻重评价的调查结果

单位:%

犯罪类型	评价					
	太轻	比较来说,太轻	适当	比较来说,太重	太重	不知道
杀人犯罪	39.5	28.4	16.6	0.3	0.3	14.8
强盗犯罪	24.0	31.2	25.3	0.3	0.2	19.0
放火犯罪	31.9	26.6	22.1	0.5	0.4	18.5
性犯罪	41.7	31.7	12.3	0.4	0.2	13.6
酒驾犯罪	32.0	25.5	28.3	2.5	2.2	9.5
盗窃犯罪	20.2	26.0	33.7	0.9	0.2	18.9
少年犯罪	34.8	32.2	16.2	0.9	0.6	15.4
虐待儿童	42.3	32.0	10.1	0.4	0.3	14.8

注:合计不足 100% 的情况,原文如此,系四舍五入后合计所致。

严重天灾、恐怖袭击、恶性犯罪的频发,致使以"安全、安心"著称的日本社会充满不安情绪,民众对刑罚的过于宽和积攒了诸多不满。为了遏制严峻的犯罪形

① "神户儿童连续杀害案","又名"酒鬼蔷薇圣斗事件",1997 年发生于日本神户市须磨区,年仅 14 岁的中学生"少年 A",犯后自称"酒鬼蔷薇圣斗",两个月内残忍杀害 2 人、重伤 3 人,犯罪过程中手段极其凶残,态度嚣张且恶劣,引起日本社会恐慌。2015 年,该中学生以"少年 A"的名义出版书籍《绝歌 神戸连続児童杀伤事件》。详见坂本敏夫『死刑執行命令:死刑はいかに執行されるのか』(日本文芸社,2010 年)45 - 48 頁。

② 「河合等調査」桐蔭法学 22 巻 1 号(2015 年)頁。28 - 29 頁、39 - 42 頁。

势，重拾国民的安心感、信任感，日本推出了“严罚化”刑事政策。

（二）“严罚化”改革的措施

2003年12月18日，日本在“犯罪对策阁僚会议”上，以恢复“世界第一安全的国家”为目标，制订了旨在强化犯罪控制的社会行动计划。政府在认识到治安恶化、国民不安感增大的同时，着手严惩凶恶犯罪，明确了包括提高法定刑、延长有期刑上限等“严罚化”方案。①

“严罚化”体现为立法上的严罚化、司法上的严罚化。

立法上的严罚化，主要体现为2004—2013年对刑法、刑事诉讼法的修改。核心是犯罪化和重罚化：(1)为了将新的危害社会行为迅速犯罪化，增设了集体强奸罪、人身买卖罪、共谋罪等。(2)为了应对以恶性犯罪为中心的严峻犯罪形势，将刑法总则中有期刑的上限从15年提高至20年，对死刑、无期刑处断为有期刑以及数罪并罚刑的上限提高至30年。(3)为了遏制危害生命和身体的凶恶犯罪增加的势头，提高了强制猥亵、强奸（含强奸致死伤）罪法定刑下限和上限；提高了伤害（含伤害致死）、危险驾驶致伤等罪法定刑的上限或下限；提高了杀人罪、有组织杀人罪的刑期下限。(4)为了遏制“体感治安”不断恶化的趋势，延长了追诉时效。可能判处死刑的，时效由15年延长为25年；可能判处无期惩役、禁锢的，时效由10年延长为15年。2010年刑法又进一步修改为：致人死亡的犯罪，废止可能判处死刑的杀人罪、强盗杀人罪的时效；可能判处无期惩役、禁锢的，时效延长至30年；可能判处10年以上惩役、禁锢的，时效延长至20年；可能判处3至10年惩役、禁锢的，时效延长至10年。(5)为了防止再犯，促进犯罪者改过自新，建立了部分缓刑制度，对判处3年以下有期刑的犯罪者，可以将刑期的一部分缓期执行。

司法上的严罚化，主要体现在对凶恶犯罪的严惩化，检察官从严、从重求刑，法院从严、从重量刑，死刑、无期刑的宣判增加，以及司法权行使过程者裁量权的限缩，如假释难度的提高、假释率的降低。

---

① 松宮孝明「法定刑引き上げと刑罰論」立命館法学306号(2006年)28頁。

(三)“严罚化”改革的效果

对于“严罚化”在刑事司法中的体现,浜井浩一教授总结为犯罪对象范围的扩大、犯罪检举率的提高、羁押率提高、羁押的长期化、起诉率提高、量刑的整体重刑化、服刑和保安处分人口增加等几个方面。[①]

笔者查阅日本警察厅《犯罪统计》的1975—2021年的犯罪相关数据,可以清晰感受“严罚化”刑事政策对日本犯罪控制的显著影响。日本将刑法犯(《日本刑法》规定的犯罪)[②]分为凶恶犯、粗暴犯、盗窃犯、知能犯、风俗犯、其他犯。凶恶犯包括杀人、强盗、放火、强奸(强制性交)等四类犯罪;粗暴犯包括准备凶器集合、暴行、伤害、威胁、恐吓等五类犯罪。这两类犯罪尤其是“凶恶犯”的发案数,一定程度上可以看作社会治安的晴雨表。

日本警察厅在犯罪统计中使用“认知件数”“检举件数”“检举率”等概念,“认知件数”指侦查机关确认犯罪发生的件数,类似于中文语境中的“发案数”,和实际发案数大多不一致,二者之差被称为“暗数”(“犯罪黑数”);“检举件数”指侦查机关侦破案件后,将案件移送检察机关或进行微罪处分的件数,类似于中文语境中的“破案数”;“检举率”是“检举件数”和“认知件数”的比值,类似于中文语境中的“破案率”。

观察1975年以来日本“凶恶犯”的犯罪形势[③](见表52)可知:1975—1990年,犯罪形势可控趋好;1991年开始犯罪形势不断恶化,2003年达到峰值;2004年开始,犯罪形势逐渐受到遏制,到2021年,犯罪数量不到1975年的1/2,不到2003年峰值的1/3。

---

① 浜井浩一「厳罰化の犯罪学的評価とPenal Populism」現代思想36巻13号(2008年)225-245頁。

② 对于犯罪,日本有刑法犯和特别刑法犯之分,前者指刑法分则规定的犯罪,后者指特别刑法规定的犯罪。

③ 警察庁「犯罪統計」(1975-2021)による,警察庁ウエブサイト。

表 52　1975—2021 年凶恶犯罪认知件数、检举件数一览表

年份	项　目									
	凶恶犯合计		杀人		强盗		放火		强奸	
	认知件数	检举件数	认知件数	检举件数	认知件数	检举件数	认知件数	检举件数	认知件数	检举件数
1975	9702	8630	2098	2024	2300	1833	1600	1382	3704	3391
1976	9336	8363	2111	2036	2095	1689	1891	1668	3239	2970
1977	9226	8127	2031	1968	2095	1698	2155	1811	2945	2650
1978	8695	7678	1862	1805	1932	1507	2004	1760	2897	2606
1979	8833	7739	1853	1807	2043	1558	2127	1865	2810	2509
1980	8516	7397	1684	1637	2208	1667	2014	1771	2610	2322
1981	8711	7786	1754	1709	2325	1895	1994	1827	2638	2355
1982	8705	7505	1764	1713	2251	1684	2291	1964	2399	2144
1983	8134	7120	1745	1698	2317	1799	2102	1875	1970	1748
1984	7856	6936	1762	1712	2188	1725	1980	1773	1926	1726
1985	7425	6644	1780	1717	1815	1497	2028	1806	1802	1624
1986	7151	6247	1676	1620	1949	1529	1776	1557	1750	1541
1987	7095	6199	1584	1552	1874	1465	1814	1589	1823	1593
1988	6582	5724	1441	1399	1771	1390	1629	1430	1741	1505
1989	5899	4990	1308	1255	1586	1204	1449	1230	1556	1301
1990	5930	4972	1238	1197	1653	1272	1491	1229	1548	1274
1991	6014	4988	1215	1166	1848	1328	1348	1140	1603	1354
1992	6338	5110	1227	1185	2189	1525	1418	1157	1504	1243
1993	7064	6307	1233	1190	2466	1970	1754	1655	1611	1492
1994	7320	6411	1279	1225	2684	2100	1741	1606	1616	1480
1995	6768	6173	1281	1236	2277	1882	1710	1645	1500	1410
1996	7010	6237	1218	1197	2463	1974	1846	1749	1483	1317
1997	7684	6733	1282	1225	2809	2232	1936	1804	1657	1472
1998	8253	6991	1388	1356	3426	2614	1566	1369	1873	1652

续表

年份	项目									
	凶恶犯合计		杀人		强盗		放火		强奸	
	认知件数	检举件数	认知件数	检举件数	认知件数	检举件数	认知件数	检举件数	认知件数	检举件数
1999	9087	6859	1265	1219	4237	2813	1728	1458	1857	1369
2000	10567	7175	1391	1322	5173	2941	1743	1372	2260	1540
2001	11967	7320	1340	1261	6393	3115	2006	1540	2228	1404
2002	12567	7604	1396	1336	6984	3566	1830	1234	2357	1468
2003	13658	8238	1452	1366	7664	3855	2070	1448	2472	1569
2004	13064	7924	1419	1342	7295	3666	2174	1513	2176	1403
2005	11360	7418	1392	1345	5988	3269	1904	1361	2076	1443
2006	10124	7125	1309	1267	5108	3061	1759	1337	1948	1460
2007	9051	6461	1199	1157	4567	2790	1519	1120	1766	1394
2008	8630	6229	1301	1237	4298	2612	1441	1054	1590	1326
2009	8392	6073	1095	1074	4535	2923	1347	913	1415	1163
2010	7624	5503	1068	1029	4051	2516	1212	895	1293	1063
2011	7062	5287	1052	1029	3695	2385	1122	880	1193	993
2012	7070	5368	1032	963	3691	2486	1081	822	1266	1097
2013	6757	5128	938	950	3324	2236	1086	779	1409	1163
2014	6453	5101	1054	1010	3056	2154	1093	837	1250	1100
2015	5618	4777	933	938	2426	1915	1092	810	1167	1114
2016	5130	4435	895	901	2332	1878	914	686	989	970
2017	4840	4193	920	930	1852	1521	959	715	1109	1027
2018	4900	4337	915	886	1787	1559	891	702	1307	1190
2019	4706	4240	950	945	1511	1326	840	658	1405	1311
2020	4444	4268	929	913	1397	1358	786	700	1332	1297
2021	4149	4007	874	883	1138	1130	749	664	1388	1330

注:同一年份同类犯罪出现检举件数大于认知件数的情况,如2021年杀人类犯罪,系办案流程包含有往年积案所致。

观察1975—2021年"凶恶犯"的认知件数、检举件数、检举率走势(见图20),能够更为直观地感受到日本犯罪形势和犯罪控制压力,检举率与犯罪数量呈负相关,在整体侦查力量相对稳定的情况下,随着犯罪数量的增加,犯罪检举率就会降低,犯罪控制压力就会增大,社会公众的不安全感就会加剧,也会招致更多的社会不满。

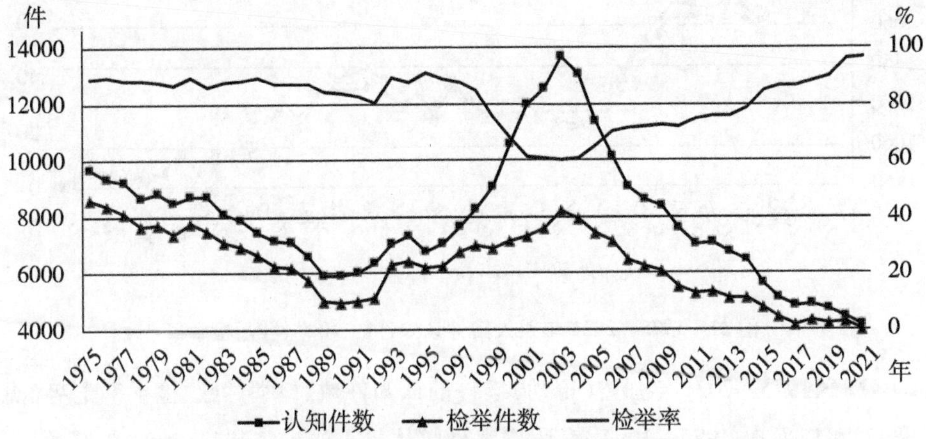

图 20　1975—2021 年凶恶犯罪认知件数、检举件数、检举率

观察 1975—2021 年杀人案件的认知件数、检举件数、检举率走势(见图 21)可以发现:1975—1991 年,杀人案件整体呈下降趋势;1992 年开始,杀人案件缓慢上升;2003 年达到次峰值后,开始稳步下降,整体上保持了稳定的下降趋势。从 47 年的长周期来看,杀人案件下降明显,2021 年杀人案件的发案数量(认知件数)约为 1975 年的 1/3,即便是作为次峰值的 2003 年,杀人案件数量也仅为 1975 年的 2/3 左右。与“凶恶犯”的检举率相比,杀人案件的检举率一直维持在 95% 左右的高位,且呈不断提高的趋势,近些年不断逼近百分之百,延续了“二战后一贯稳定在 90.0%—98.3% 的高水准”[①]。

---

① 法務省法務総合研究所「無差別殺傷事犯に関する研究」法務総合研究所研究部報告 50(2013 年)第 6 頁。

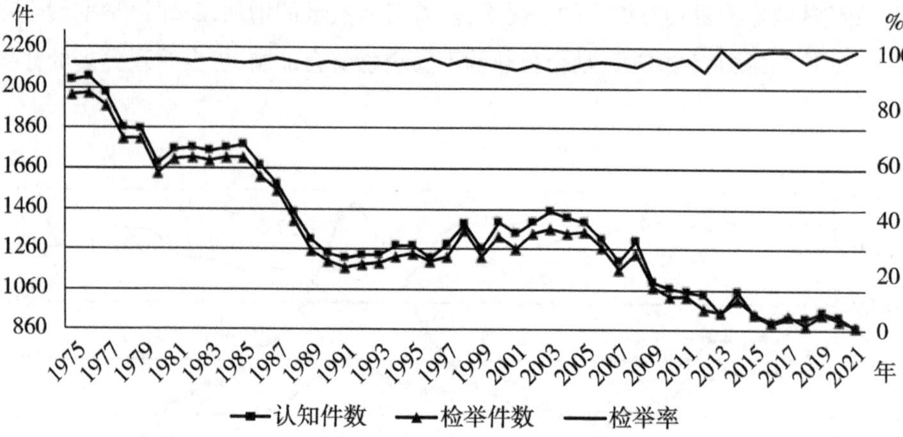

图 21　1975—2021 年杀人案件认知件数、检举件数、检举率

观察 1975—2021 年强盗(抢劫)案件的认知件数、检举件数、检举率走势(见图 22)可以发现:1975—1992 年,强盗案件整体呈小幅下降趋势;1993 年开始,强盗案件大幅飙升,2003 年达到峰值,10 年增长二倍有余;2004 年开始,强盗案件开始大幅下降,近 18 年保持了稳定的下降趋势。从 47 年的长周期来看,强盗案件的认知件数、检举件数整体呈抛物线走势,下降明显,2021 年强盗案件的发案数量(认知件数)约为 1975 年的 1/2,是 2003 年的峰值的 1/7。强盗案件的检举率与"凶恶犯"的整体检举率一致,检举率与犯罪数量呈负相关,随着犯罪数量的增加,犯罪检举率就会降低。在犯罪数量最多的 2003 年,检举率跌近 50%;随着强盗案件数量的下降,检举率稳步上升,2021 年已超过 99.3%。

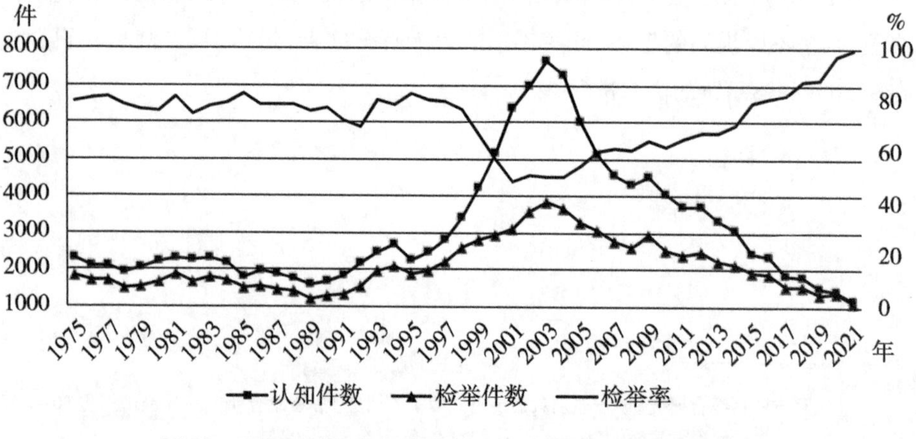

图 22　1975—2021 年强盗案件认知件数、检举件数、检举率

观察1975—2021年放火案件的认知件数、检举件数、检举率走势(见图23)可以发现:1975—2021年,放火案件整体呈波浪线走势下降;1975年、1991年、1999年、2021年等年份为波谷,1982年、1997年、2004年等年份为波峰;2004年达到次峰值后,自2005年开始大幅度下降,近17年保持了稳定的下降趋势。从47年的长周期来看,放火案件数量呈波浪形走势,整体下降,2021年的放火案件数量约为1975年的1/2,约为1982年峰值、2004年次峰值的1/3。放火案件的检举率也呈现出平稳波动走势,在67%—96%间波动,2002年到达波底后,近20年呈整体上升趋势,近两年逼近90%。

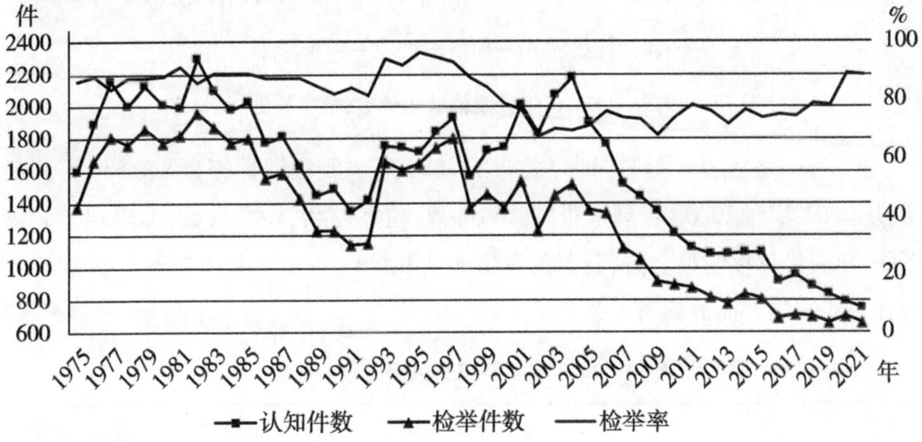

图23　1975—2021年放火案件认知件数、检举件数、检举率

观察1975—2021年强奸案件的认知件数、检举件数、检举率走势(见图24)可以发现:1975—1992年,强奸案件整体呈大幅下降趋势;1993年开始,强奸案件的发案数量(认知件数)出现较大幅度上升,2003年达到次峰值;2004年开始,强奸案件开始较大幅度下降,2016年触底后出现反弹趋势。从47年的长周期来看,强奸案件数量呈波浪形走势,整体下降,2021年的强奸案件数量约为1975年的1/3,是2003年次峰值的1/2。强奸案件的检举率,与放火案件类似,呈现出平稳波动走势,在62%—98%间波动,2002年到达波底后,近20年呈整体上升趋势,近7年均超过90%。

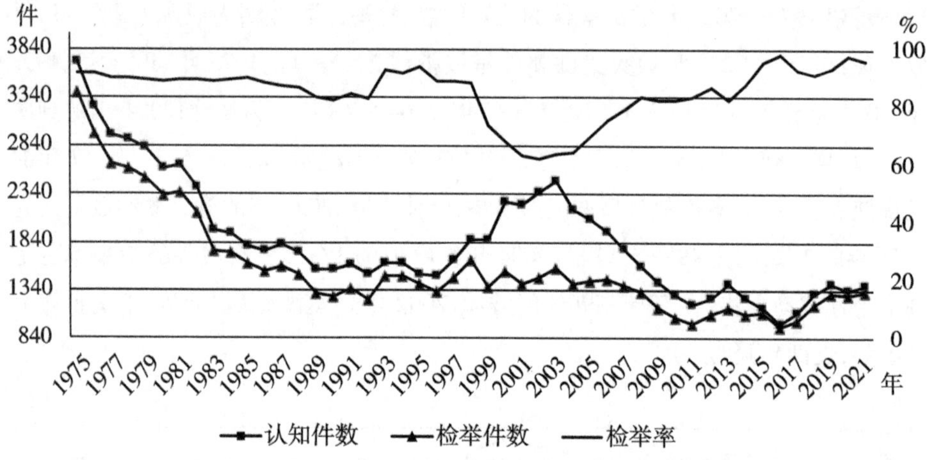

图 24 1975—2021 年强奸案件认知件数、检举件数、检举率

再以日本法务省《犯罪白书》公布的 2020 年主要犯罪数据(见表 53)为例观察:从 2001 年到 2020 年,刑法犯的认知件数、检举件数、检举人数,都出现了大幅下降,犯罪检举率明显上升,犯罪的发生率显著降低,充分彰显了"严罚化"刑事政策在犯罪控制方面的显著效果。

表 53 2020 年主要犯罪数据比较一览表①

		2020 年	比 2019 年	比 2001 年
认知件数	刑法犯	614231	-17.9%	-77.5%
	不含窃盗的刑法犯	196940	-8.8%	-50.2%
检举件数	刑法犯	279185	-5.1%	-48.5%
	不含窃盗的刑法犯	108498	-4.2%	-37.8%
检举人数	刑法犯	182582	-5.2%	-43.9%
	不含窃盗的刑法犯	94118	-4.4%	-39.8%
发生率	刑法犯	486.6	-106.7	-1662.1
	不含窃盗的刑法犯	156.0	-15.2	-154.3

① 法務省「犯罪白書」(2022 年版)の「令和 2 年の主な統計データ(刑法犯)」による。

续表

		2020 年	比 2019 年	比 2001 年
检举率	刑法犯	45.5%	+6.1%	+25.6%
	不含窃盗的刑法犯	55.1%	+2.6%	-10.9%

注："发生率"指每 10 万人口的犯罪认知件数，检举率 = 检举件数/认知件数%。

回到死刑适用的话题，"永山基准"确立后的十数年间，逐渐形成了被害致死人数 3 人适用死刑的惯例，但在"严罚化"推出之初，重罚化态势较为明显，即使被害致死仅为 1 人、没有前科，也有适用死刑的事例。观察 1989—2021 年死刑适用情况（详见第 86 页图 7）可知：作为"严罚化"刑事政策重罚化的典型代表，死刑适用受到了"严罚化"政策的重大影响，因为死刑案件的审判流程更为复杂、审判流程更漫长，与凶恶犯罪的认知件数、检举件数峰值相比，存在滞后 3—5 年的情况，由此造成了 2006—2011 年死刑确定数畸高的现象。2012 年开始，死刑适用重新回到更为慎重的严控之路。观察 1989—2020 年死刑、无期惩役一审判处情况（见图 25）[①]可见：随着犯罪形势的恶化，在 1999—2007 年，一审宣判的死刑、无期惩役数量明显上升，2008 年开始，随着犯罪形势的好转，"严罚化"带给死刑、无期惩役适用的震荡日渐式微，一审适用死刑、无期惩役的数量明显减少，而且保持了稳定下降的趋势。

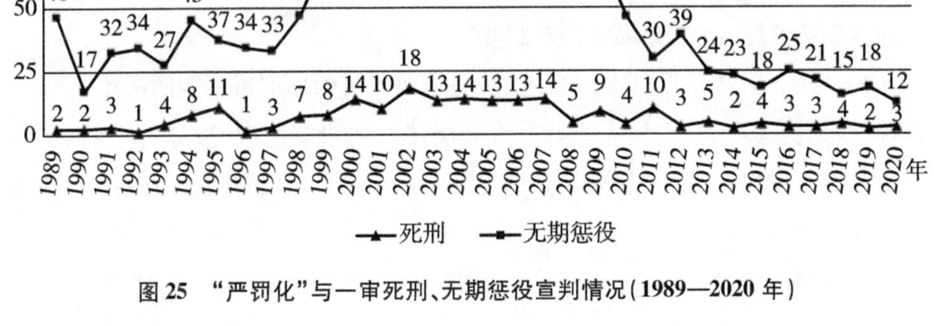

图 25　"严罚化"与一审死刑、无期惩役宣判情况（1989—2020 年）

① 法務省「犯罪白書」（2021 年版）の「科刑状況」による。

总体而言,作为“严罚化”政策的初衷——使日本恢复到“世界第一安全的国家”的目标已经实现,严峻的犯罪形势得到明显遏制,日本国民的安心感、信任感不断增强,民众的对司法的不满,对治安的不安情绪、不安全感正在得到改善,日本社会“安全、安心”的形象得以重塑。

二、裁判员制度与死刑适用

作为平成司法制度改革的重要组成部分,裁判员制度的目的在于通过国民参与刑事审判,吸纳国民的社会常识,使审判更加贴近国民,巩固司法的国民性基础[①],以求增进国民对司法的理解,提高国民对司法的信赖。

(一)裁判员制度的简要介绍

日本曾经建立过英美法系模式的陪审团制度,1923 年颁布、1928 年施行的《陪审法》,设立了陪审团制度,规定了法定陪审、申请陪审两种模式。法定陪审主要适用于涉及皇室的犯罪,申请陪审根据被告人的申请适用。该法颁行后,因为有悖日本国民意识和文化传统,申请陪审需要支付审判费用,被告人不愿申请陪审,国民也态度消极不愿担任陪审员,又值日本走向军国主义道路,该法实施效果不佳,最终名存实亡。1943 年国会通过《关于停止〈陪审法〉的法律》,该法正式退出历史舞台。该法施行的 15 年间,只有 484 件刑事案件适用了陪审团审判,仅占刑事案件的 2%,无罪率高达 17%,造就了一批明显的错案。[②]

2001 年 6 月 12 日,日本“司法制度改革审议会”发布《司法制度改革审议会意见书》,提出建立“由广大国民与职业法官一起协作、共担责任、共同决定裁判内容的实质性参与部分刑事案件的新制度”。

2004 年 5 月 21 日,日本国会通过《关于裁判员参加刑事审判的法律》(以下简称《裁判员法》),日本建立了具有大陆法传统的参审制度,被称为“裁判员制度”,从有选举权的国民中抽选裁判员(英译为 saiban - in)和职业法官共同组成合

---

① 内田亜也子「裁判員裁判の対象事件に関する一考察 ~ 複雑困難事件、少年逆送事件、性犯罪事件の議論を中心に ~ 」立法と調査 298 号(2009 年)3 頁。

② 参见丁相顺:《日本“裁判员”制度建立的背景、过程及其特征》,载《法学家》2007 年第 3 期,第 141 页。

议庭(裁判员法庭)审理案件。经过5年的社会调查和制度准备后,裁判员制度于2009年5月21日正式实施。

裁判员法庭的对象案件包括可能判处死刑或无期刑的重罪案件、法定合议案件[①]中故意犯罪致人死亡的案件等,被告人无权拒绝裁判员审判。但是,即使属于裁判员法庭的对象案件(如死刑案件),如果适用裁判员法庭审判,会威胁到裁判员及其亲属的人身安全,或者裁判员因害怕而不能履行职务时,也可以作为例外由法官合议庭审判。日本最高法院的统计表明:根据裁判员制度实施前的2008年的案件情况,裁判员法庭对象案件约占全国地方法院一审案件的2.5%[②];2020年裁判员法庭受理被告人数,占全国一审案件被告人数的1.5%[③]。具体到死刑适用领域,主要包括杀人、伤害致死、强盗杀人、现住建筑物放火、索要赎金的绑架等重大犯罪案件。

裁判员法庭一般使用6+3模式,即6名裁判员+3名法官;对于庭前整理程序中控辩双方没有争议的案件,可以使用4+1模式,即4名裁判员+1名法官。

裁判员参与审判时,与法官一起进行证据调查、罪行认定、量刑判断。有关法律解释、诉讼程序的判断等由法官负责。裁判员可以向证人、被告人发问。有罪判决的表决规则是:合议庭多数意见,其中至少各有1名裁判员和法官。

《裁判员法》规定了裁判员、候补裁判员的选任程序,整体上分为四个阶段。第一阶段,地方法院于每年10月15日前,从选举权登记名册中抽选,形成裁判员候选人名册,并向候选人发送调查表,根据回收的调查表形成裁判员候选人名单。第二阶段,在确定个案审理日程后,地方法院确定应召集裁判员候选人的人数,从裁判员候选人名单中抽选,并根据第一阶段返回的调查表,审查裁判员辞任申请。第三阶段,向裁判员候选人发出出席选任通知,发送调查表进一步询问是否提出辞任裁判员的申请,审查并确认辞任申请。第四阶段,从出席选任程序的裁判员候选人中,抽选出参加庭审的裁判员、候补裁判员。

法院向裁判员、候补裁判员计发因选任、审判等往返法院的交通费、必要的住

---

① 即法律规定必须由3名职业法官组成合议庭进行审判的案件。

② 最高裁判所「裁判員制度ナビゲーション」(2009年6月)による,,裁判所ウエブサイト。

③ 最高裁判所「裁判員制度ナビゲーション(改訂版)」(2021年10月発行)による,裁判所ウエブサイト。

宿费。交通费按公共交通工具实际费用计发,距离超过100公里可计发特快列车加收的特快费用,轮船按中、下等级舱位票价计发,飞机按经济舱计发票价及各项税费,自驾及步行区间按37日元/公里计发。住宿费按法院所在地标准(8700或7800日元/日)限额支付。并按日发放津贴,裁判员候选人每日8050日元,裁判员、候补裁判员每日10050日元,年补贴低于20万日元的免征所得税。[①]

(二)裁判员制度的运行观察

自裁判员制度实施以来,日本最高法院一直坚持对参加审判的裁判员、候补裁判员进行问卷调查,每年度均发布《对裁判员等经验者的问卷调查结果》[②],并对结果进行统计、分析,力图完善裁判员制度。通过这些总结报告、问卷调查结果公布的数据,可以全面考察日本裁判员制度的运行情况。在裁判员制度运行10周年之际,日本最高法院对裁判员制度进行了全面调查,并于2019年5月发布了《裁判员制度10年总结报告》[③];笔者立足这些数据,对日本裁判员制度的运行情况择要介绍如下。

根据日本最高法院公布的数据[④]:自2009年5月21日裁判员制度施行以来,截至2022年3月末,裁判员法庭受理、判处人数,详见图26。裁判员法庭累计受理15634人,其中2009年为1142人,2010年为1591人,2011年达到1624人,之后一路下滑,2021年仅为772人;裁判员法庭判处14867人,其中2010年为1530人,2011年为1568人,之后一路下滑,2021年仅为928人。裁判员法庭受理案件数量下降的原因,一方面是"严罚化"政策推行后,"凶恶犯罪"本身一直在减少,作为裁判员法庭对象案件的杀人、强盗杀人、强盗致伤、伤害致死等命案数量大幅下降;另一方面是检察厅对一般刑法犯的起诉率也在下降,作为裁判员对象案件的杀人、伤害致死、强盗致伤等案件的不起诉率不断上升,其原因在于警察和检察对

① 最高裁判所「裁判員制度ナビゲーション(改訂版)」(2021年10月発行)による,裁判所ウエブサイト。

② 最高裁判所「裁判員等経験者に対するアンケート 調査結果」(2010—2022年版)による,裁判所ウエブサイト。

③ 最高裁判所事務総局「裁判員制度10年の総括報告書」(2019年5月)による,裁判所ウエブサイト。

④ 如非特别说明,图26—32、表54数据均来自:最高裁判所「裁判員裁判の実施状況について(制度施行~令和4年3月末・速報」による,裁判所ウエブサイト。

待命案的行动逻辑不同:①对警察来说,逮捕命案犯罪嫌疑人即可向社会交代,并不考虑案件的审判结果;而对检察来说,指控失败的无罪判决属于重大失职,基于无罪规避的考虑,检察在起诉上会更加谨慎。

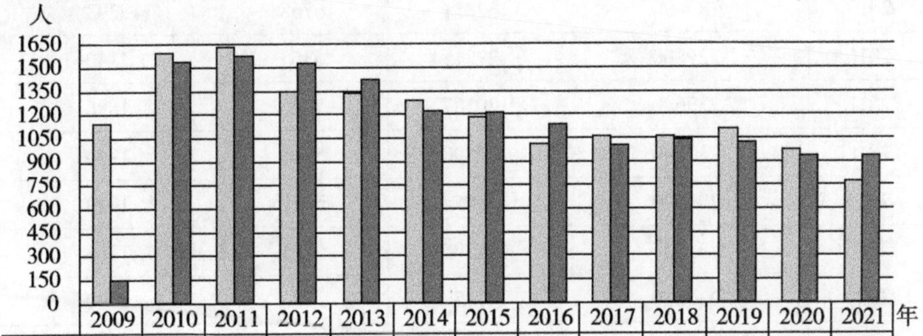

	2009	2010	2011	2012	2013	2014	2015	2016	2017	2018	2019	2020	2021
□受理	1142	1591	1624	1344	1329	1287	1175	1008	1054	1055	1099	969	772
■判处	148	1530	1568	1526	1415	1220	1206	1127	993	1038	1021	933	928

图 26　裁判员法庭受理、判处人数(2009—2021 年)

根据日本最高法院公布的数据:随着裁判员法庭受理案件数量的下滑,裁判员选任相关人数也相应下降,详见表 54。观察近 5 年数据可见:裁判员候选人名册登记人数,基本稳定在每年 2.3 万人;裁判员候选人数,基本稳定在 1 万人出头;被选定裁判员人数,基本稳定在 5000 人以上;被选定候补裁判员人数,不足 2000 人。

表 54　裁判员选任相关人数(2009—2022 年 3 月末)

年份	裁判员候选人名册人数	裁判员候选人数	被选定裁判员数	被选定候补裁判员数
2009	295036	13423	838	346
2010	344900	126465	8673	3067
2011	315940	131880	8816	2988
2012	285530	135535	8633	2906
2013	259200	135207	7937	2622

① 勝田卓也「裁判員制度と殺人罪・死刑判决:日米刑事司法比較研究の試み(2・完)」大阪市立大学法学雑誌 66 巻 3－4 号(2020 年)786－787 頁。

续表

年份	裁判员候选人名册人数	裁判员候选人数	被选定裁判员数	被选定候补裁判员数
2014	236500	123059	6938	2333
2015	233800	132831	6768	2293
2016	229200	127811	6363	2140
2017	233600	120187	5536	1896
2018	230600	127490	5905	1989
2019	233300	118754	5718	1919
2020	232800	104205	5221	1761
2021	236600	101150	5226	1769
2022 年 3 月末	233000	26835	1261	436
总计	3600006	1524832	83833	28465

自裁判员制度实施以来，出现了裁判员、候补裁判员辞任率上升、出席率下降的问题，见图 27。辞任率，指被抽选出的裁判员候选人中，提出辞任申请的比例；出席率，指被通知出席选任程序的裁判员候选人中，实际出席者的比例。对此，日本最高法院进行的专题调查①显示：以预定审理期间为参照时，辞任率与之呈弱的正相关，出席率与之呈弱的负相关；预定审理期间为 30 日以内时，辞任率与之呈中等程度的正相关，出席率与之呈弱的负相关。预定开庭期间（从开庭至宣判）与辞任率、出席率之间几乎没有相关性。以连续开庭时间为参照，时间越长，能够参加的人数越少。辞任理由中，“工作中重要任务”是辞任率上升的重要理由；在缺席理由中，未发现相对集中的理由。主观的繁忙度与辞任率、出席率之间没有发现相关性。老龄化（年龄 70 岁以上）是影响辞任率的最主要因素，但与出席率没有相关性。国民对裁判员审判关心度的降低，也影响了作为裁判员的参与意愿和参与可能性，虽然与最高法院《对裁判员制度运用的意识调查》中“关心度变化不

① 最高裁判所「裁判員候補者の辞退率上昇・出席率低下の原因分析業務報告書」（2017 年 3 月）による，裁判所ウエブサイト。

大、参与意愿上升”的结论[①]存在矛盾，需慎重评价，但也不能否定关心度下降对辞任率、出席率存在可能影响。辞任率、出席率及其理由也存在因法院而异的情况。

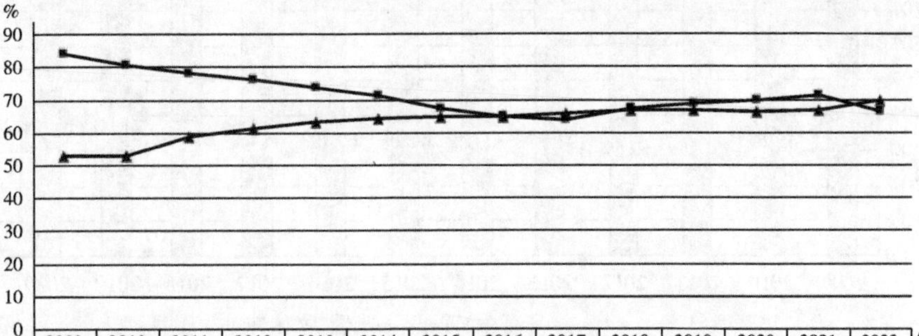

	2009	2010	2011	2012	2013	2014	2015	2016	2017	2018	2019	2020	2021	2022 年
▲辞任率	53.1%	53.0%	59.1%	61.6%	63.3%	64.4%	64.9%	64.7%	66.0%	67.1%	66.7%	66.3%	66.9%	69.8%
■出席率	83.9%	80.6%	78.3%	76.1%	74.0%	71.4%	67.5%	64.8%	63.9%	67.5%	68.6%	69.7%	71.5%	66.2%

图 27　裁判员选任辞任率、出席率（2009—2022 年 3 月末）

裁判员、候补裁判员对审理内容难易度的评价不断向好，国民对司法的认可、理解度不断提高，详见图 28、图 29。裁判员、候补裁判员群体对审理内容易懂性的评价，制度实施之初出现较大幅度的下降，2012 年触底，2013 年开始回调，之后整体保持了不断上升的趋势。2021 年裁判员群体的“易懂”评价达到 72.8%，比 2012 年高出 14.2%，候补裁判员群体的“易懂”评价达到 72.1%，比 2012 年高出 11.5%。

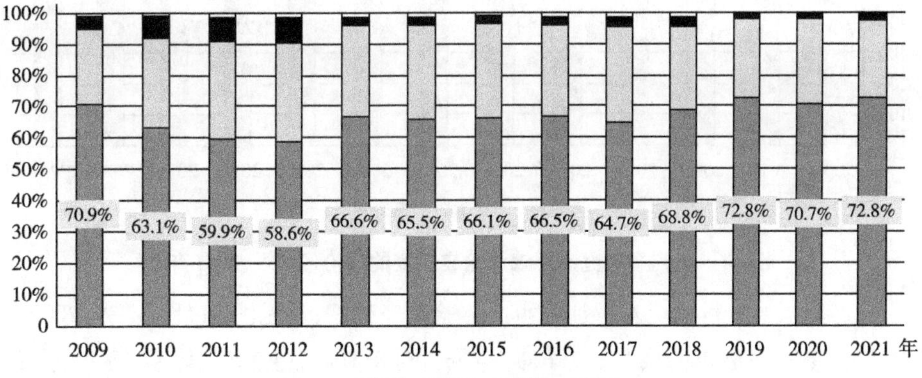

图 28　裁判员对审理内容难易程度的评价（2009—2021 年）

① 最高裁判所「裁判員制度の運用に関する意識調査」（2008—2021 年）による，裁判所ウエブサイト。

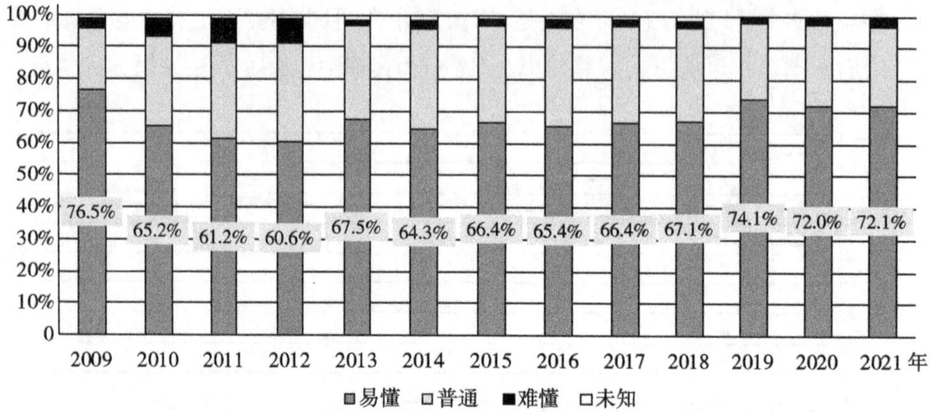

图 29 候补裁判员对审理内容难易程度的评价(2009—2021 年)

裁判员对庭审后评议中讨论充实度的评价稳中向好,详见图 30①。裁判员与法官在评议中能够无顾忌地交换意见,是裁判员制度充分发挥作用的重要保证。参加过庭审的裁判员,对于庭后评议中讨论的充实度,都给予了积极评价,“讨论充分”的评价为一直保持在 70% 以上,“讨论不充分”的评价整体呈降低趋势。

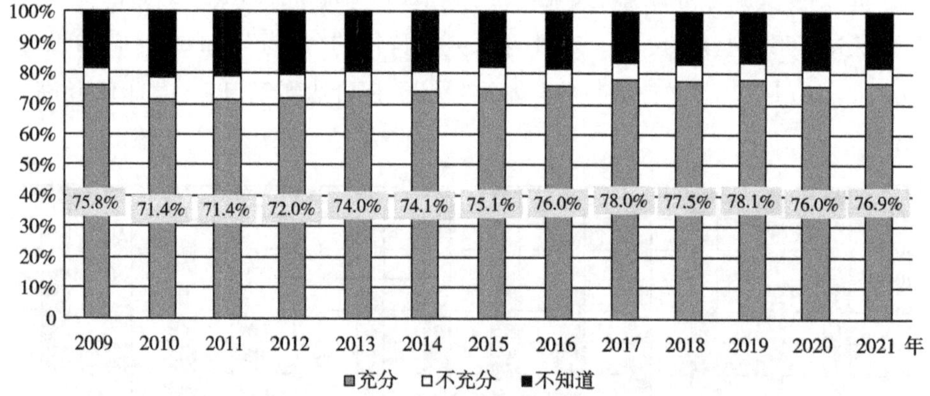

图 30 裁判员对庭审评议讨论充实度的评价(2009—2021 年)

裁判员、候补裁判员对参加庭审的体验越来越好,详见图 31、图 32②。2009—2021 年,参加过庭审的裁判员、候补裁判员,对于其参加庭审的体验,评价为“很好”“好”的比例,所有年份均稳定保持在 95% 以上,整体呈现出前期小幅降低,

---

① 基于图示清晰考虑,将原选项“不知道”“未知”合并为“不知道”。

② 基于图示清晰考虑,原选项“不是很好”“不好”“无特别体验”“不知道”合并为“不好”。

2013 年开始不断上升的趋势。裁判员对参审体验的好评度,高于候补裁判员对参审体验的好评度,这或许因为裁判员、候补裁判员参与庭审的深度和广度不同①。由此可见,作为裁判员、候补裁判员参加法庭审判,绝大多数从中获得了良好体验,也意味着裁判员制度的国民性基础不断提高,裁判员制度赢得了绝大多数国民的好感和支持。对于参加庭审的积极性,据对 2018 年参加过庭审的裁判员、候补裁判员的调查,参加庭审前表示"积极参加"的比例约为 40%,参加庭审后,对参加庭审体验给予好评者超过 97%。

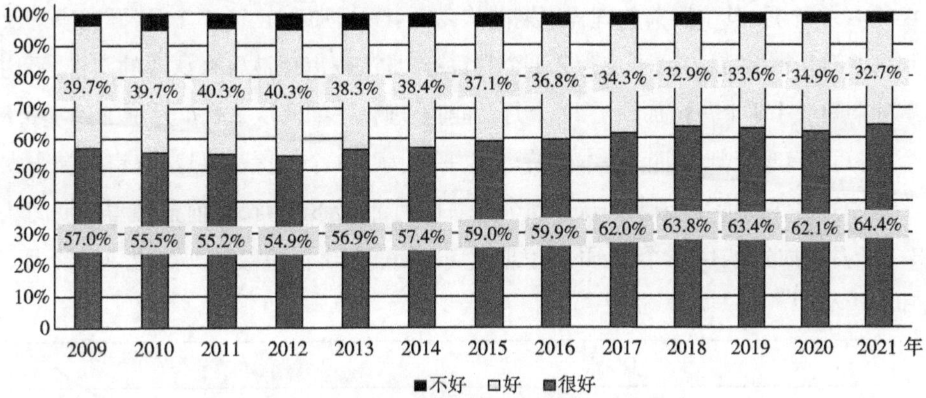

图 31　裁判员对参审体验的评价(2009—2021 年)

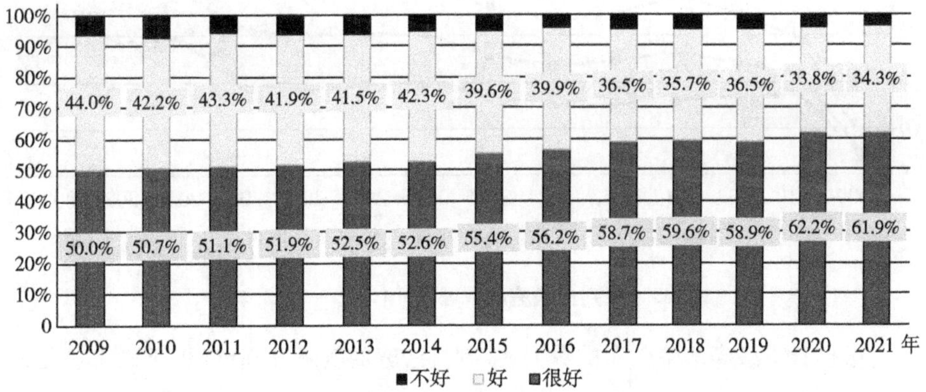

图 32　候补裁判员对参审体验的评价(2009—2021 年)

---

① 庭审过程中,裁判员可以向证人、被告人、被害人等发问,候补裁判员则无此权限;裁判员需要参加庭后评议、表达意见、参加表决,候补裁判员可以列席旁听,但没有表决权,法官可以听取候补裁判员的意见。

裁判员对审理内容难易度、庭审体验、评议充实度等好评率提升，一定程度上与“审判长期化”有关，即裁判员法庭审理期间、开庭时间、评议时间的延长，开庭次数的增多，使裁判员有更充足的时间参与审判，对案件的认知、程序的体验更加全面、深刻。当然，日本最高法院的调查也显示：过长的开庭时间，本身也说明了部分案件更加复杂，裁判员对此类案件的审理内容会倾向于给出“难懂”的评价。

根据日本最高法院公布的数据①：裁判员法庭的审理期间呈不断增加趋势，详见图 33。裁判员法庭审理案件的平均审理期间，从 2009 年的 5 个月，增加到 2022 年的 14.5 个月，其中庭前整理程序期间从 2.8 个月增加到了 12.1 个月，开庭审理及判决期间基本保持稳定，平均为 2.1 个月；裁判员法庭审理被告人认罪的案件，平均审理期间从 4.8 个月增加到了 11 个月，庭前整理程序期间从 2.8 个月增加到了 8.8 个月，开庭审理及判决期间基本保持稳定，平均为 1.9 个月；裁判员法庭审理被告人不认罪的案件，平均审理期间从 5.6 个月增加到了 16.8 个月，庭前整理程序期间从 3.1 个月增加到了 14.3 个月，开庭审理及判决期间基本保持稳定，平均为 2.3 个月。

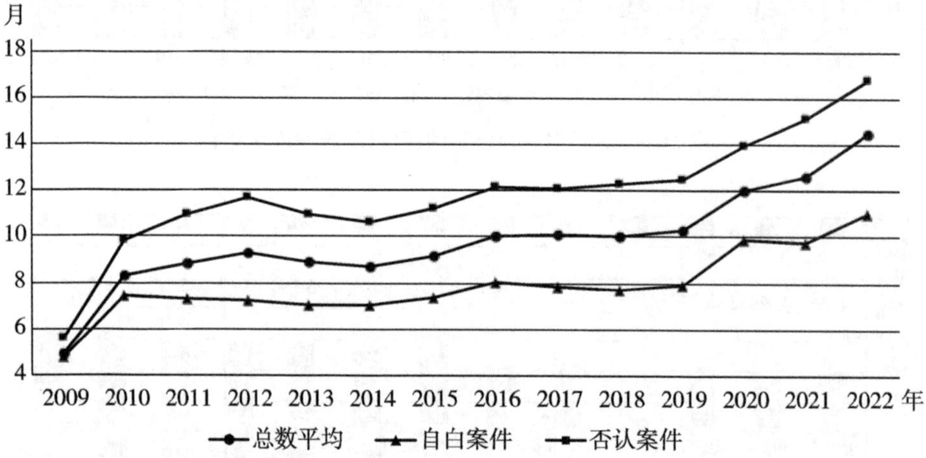

图 33 裁判员法庭的审理期间(2009—2022 年)

根据日本最高法院公布的数据：裁判员法庭的实际开庭审理时间、开庭次数、评议时间虽有小幅回调，但整体呈显著的增加走势，详见图 34、图 35、图 36。实际

① 如非特别说明，图 33—36 数据均来自：最高裁判所事務総局「裁判員制度 10 年の総括報告書」(2019 年 5 月)，最高裁判所「裁判員等経験者に対するアンケート 調査結果」(2020—2022 年版)，裁判所ウエブサイト。

审理时间,指从首次开庭到宣判的期间,亦即从开庭至闭庭的期间,包括休庭、法定节假日在内。实际开庭审理的时间,最长 575 天,最短 2 天。实际开庭审理的平均期间,从 2009 年的3.7 天,增加到 2022 年的 17.7 天。实际开庭审理的平均次数,从 2009 年的 3.3 次,增加到 2022 年的 5.5 次。开庭后平均评议时间,从 2009 年的 397 分钟增加到了 2022 年的 995 分钟。裁判员法庭审理被告人认罪的案件,从 2009 年到 2022 年,平均开庭时间从 3.5 天增加到了 10.4 天;平均开庭次数从 3.2 次增加到了 4.2 次;平均评议时间,从 377 分钟增加到了 664 分钟。裁判员法庭审理被告人不认罪的案件,平均开庭时间从 4.7 天增加到了 22.6 天;平均开庭次数从 3.7 次增加到了 6.4 次;平均评议时间,从 477 分钟增加到了 1218 分钟。

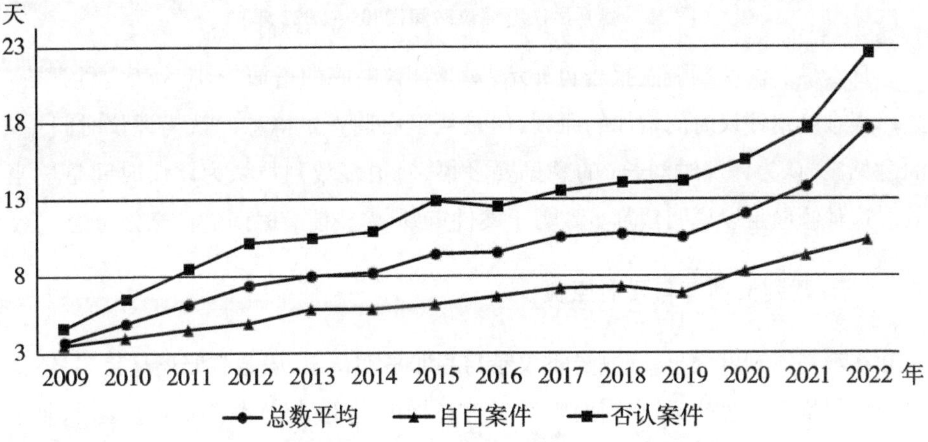

图 34　裁判员法庭实际开庭审理时间(2009—2022 年)

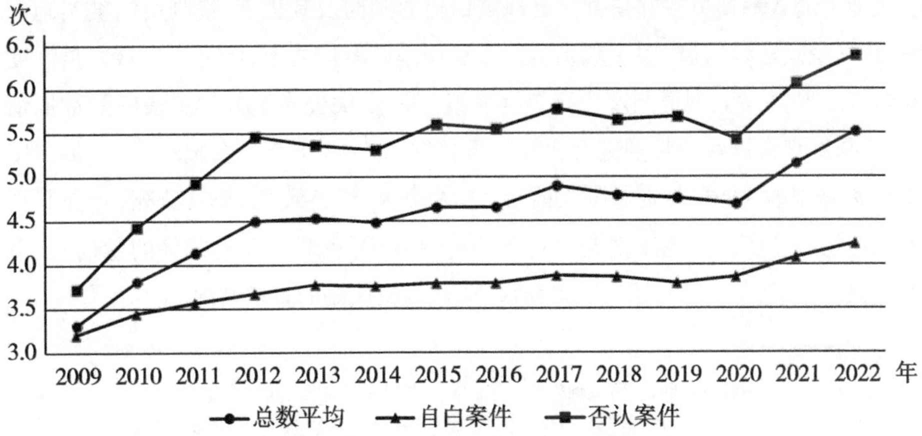

图 35　裁判员法庭实际开庭审理次数(2009—2022 年)

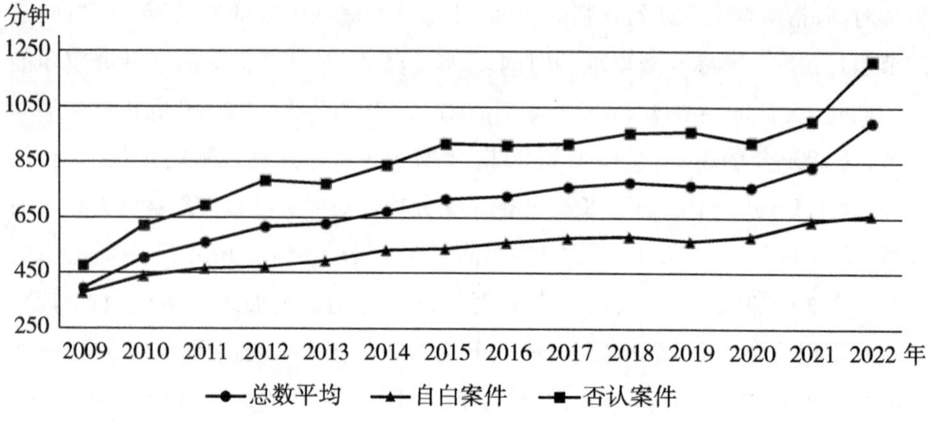

图 36 裁判员法庭评议时间(2009—2022 年)

日本最高法院的调查报告也显示:对于评议时间的增加,不应做否定性评价。虽然很难确定评议时间增加的原因,但是从多次调查中得悉,“认为评议时间短”的意见比“认为评议时间长”的意见要多很多,很多裁判员认为评议时间是适当的。这种倾向足以说明裁判员致力于案件审判,希望能有时间进行充分讨论。

(三)裁判员制度与死刑控制

在裁判员制度之下,裁判员不仅参与犯罪事实认定,确定有罪还是无罪,还要参与刑罚量定。对此,日本国内曾有各种各样的讨论,担忧裁判员法庭与职业法官的量刑相比可能会出现宽刑化或重罚化的倾向。①

为了确认裁判员法庭是否会出现重罚化的倾向及其程度,裁判员制度实施以来,日本最高法院通过“关于裁判员制度运用等的有识之士恳谈会”、《裁判员制度实施年度报告》《裁判员制度施行年度速报》等,多次公布了裁判员法庭的量刑情况,并与法官合议庭的量刑进行比较分析。例如 2019 年 5 月发布的《裁判员制度 10 年总结报告》②中,分别对杀人既遂、杀人未遂、伤害致死、强奸致死伤、强制猥亵致死伤、强盗致伤、现住建筑物放火既遂、兴奋剂犯罪等 8 类案件的量刑,公布了过往十年(2008—2018 年)法官合议庭、裁判员法庭的量刑情况。

---

① 小島透「裁判員裁判による量刑の変化」中京法学 49 巻 3.4 号(2015 年)74 頁。

② 最高裁判所事務総局「裁判員制度 10 年の総括報告書」(2019 年 5 月)による,裁判所ウエブサイト。

根据日本最高法院的统计数据,对于可能判处死刑的杀人案件的有罪率,对比法官合议庭和裁判员法庭的数据,裁判员制度并未带来显著变化:2006—2008年法官合议庭判处的杀人案件无罪率为0.8%(有罪1774,无罪15);截至2012年9月,裁判员法庭判处的杀人案件无罪率为0.5%(有罪853,无罪4);截至2019年8月,裁判员法庭判处的杀人案件无罪率约为0.7%(有罪2778,无罪19,移送家庭法院2)。①

以杀人既遂案件为例,见表55。② 法官合议庭在2008年4月至2012年3月末,共判处杀人罪543人,其中判处死刑8人、无期惩役32人、缓刑27人;裁判员法庭在2009年5月21日至2018年12月末,共判处杀人罪1531人,其中判处死刑16人、无期惩役75人、缓刑127人。

表55　杀人既遂案件的量刑比较(法官合议庭 VS 裁判员法庭)

量刑	法官合议庭(2008年4月—2012年3月)	裁判员法庭(2009年5月—2012年5月)	裁判员法庭(2012年6月—2018年12月)
判决人数合计	543	498	1033
3年以下・缓刑	27	41	86
3年以下・实刑	7	24	44
5年以下	45	37	74
7年以下	47	51	83
9年以下	48	32	92
11年以下	72	46	99
13年以下	73	59	114
15年以下	64	41	134
17年以下	31	52	89

① 勝田卓也「裁判員制度と殺人罪・死刑判決:日米刑事司法比較研究の試み(2・完)」大阪市立大学法学雑誌66巻3－4号(2020年)796頁。

② 最高裁判所事務総局「裁判員制度10年の総括報告書」図表23－1(2019年5月)による,裁判所ウエブサイト。

续表

量刑	法官合议庭（2008 年 4 月—2012 年 3 月）	裁判员法庭（2009 年 5 月—2012 年 5 月）	裁判员法庭（2012 年 6 月—2018 年 12 月）
19 年以下	27	30	50
21 年以下	22	20	36
23 年以下	12	11	21
25 年以下	9	10	14
27 年以下	7	1	12
29 年以下	2	1	9
30 年以下	10	9	18
无期惩役	32	27	48
死刑	8	6	10

观察法官合议庭、裁判员法庭对杀人既遂案件的不同刑罚适用率（见图 37①）可知：在死刑、无期刑适用上，裁判员法庭与法官合议庭的量刑基本一致；裁判员法庭在有期刑低段（缓刑、3 年以下）存在“宽刑化”倾向，在有期刑中段（10 - 17 年）存在“重刑化”倾向；在有期刑的其他量刑幅度（3—9 年、18—30 年），法官合议庭和裁判员法庭不存在显著差别。日本学者通过对法官合议庭（2008 年 4 月—2014 年 5 月）、裁判员法庭（2009 年 5 月—2014 年 5 月）所判案件的量刑分布进行比较研究②后，也得出了相似的结论。

---

① 最高裁判所事務総局「裁判員制度 10 年の総括報告書」図表 23 - 1（2019 年 5 月）による，裁判所ウエブサイト。

② 小島透「裁判員裁判による量刑の変化：統計データから見た裁判員裁判の量刑傾向」中京法学 49 巻 3・4 号（2015 年）178 - 183 頁。

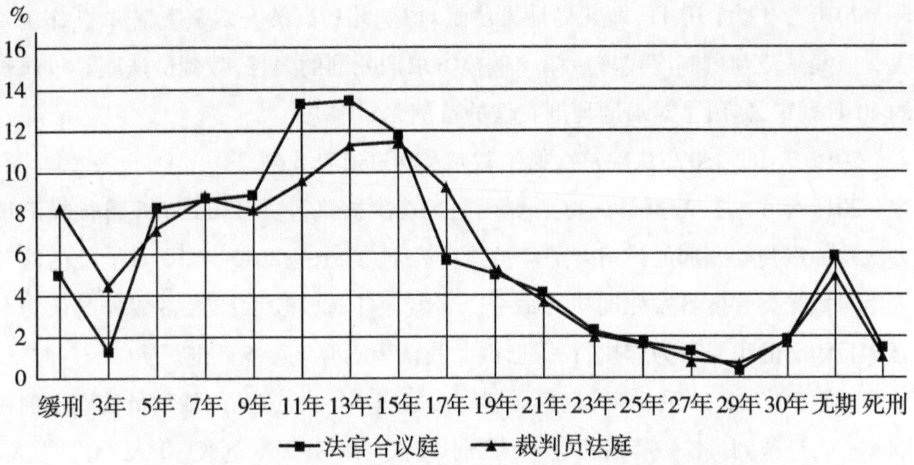

图 37　杀人既遂案件的量刑比较(法官合议庭 VS 裁判员法庭)

裁判员法庭的死刑适用,既有过对被害致死 1 人的杀人案件判处死刑、在控诉审程序中被高等法院撤销的案例;也有过对被害致死 2 人的强盗杀人案件,检方求刑死刑,裁判员法庭判处无罪的案例。正如日本学者的评判,"日本的死刑适用一直是公平的,取决于被告人犯罪行为的恶劣程度和量刑均衡的考量,得益于法官、检察官遵照先例的心理支撑,即使裁判员制度的引入也未改变"。①

裁判员制度成为吸纳死刑民意的有效渠道,死刑确定者数量呈现出总体下降趋势。下面简要梳理裁判员法庭的死刑适用情况:

2009 年 5 月 21 日,裁判员制度开始施行,首年未出现死刑裁判。②

2010 年 11 月 16 日,出现首例死刑判决。③

2011 年 5 月 21 日,在裁判员制度实施两周年之际,《读卖新闻》对过去一年内担当过裁判员的 121 人进行问卷调查显示:57% 的受访者认为"国民赞成死刑判决"④。

---

① 勝田卓也「裁判員制度と殺人罪・死刑判決:日米刑事司法比較研究の試み(2・完)」大阪市立大学法学雑誌 66 巻 3－4 号(2020 年)765 頁。

② 「裁判員制度施行 1 年 死刑、無罪はゼロ」,産経新聞(2010 年 5 月 21 日),2021－12－21 閲覧。

③ 「3 人殺害の被告に死刑判決 裁判員裁判で6 例目」,産経新聞(2011 年 11 月 16 日),2021－12－21 閲覧。

④ 『死刑判決関与 57%「賛成」』読売新聞(2011 年 5 月 20 日),2021－12－21 閲覧。

2010 年 12 月 10 日,鹿儿岛地方法院对"鹿儿岛高龄夫妇杀害案件"①作出判决。该案是裁判员制度实施后第 5 例检方求刑死刑的案件,裁判员法庭经过超长的 40 日庭审,作出了对求刑死刑案件的首例无罪判决。

2015 年 2 月,最高法院首次撤销裁判员法庭所判死刑。②

2015 年 12 月,裁判员法庭所判死刑犯首次被执行。③ 2011 年 6 月被横滨地方法院一审判处死刑的津田寿美年被执行死刑,这也是 2015 年 10 月上任的法务大臣岩城光英首度签发死刑执行命令。岩城上任时曾表示:"大多数公民认为对恶劣且凶恶的犯罪行为应执行死刑,因此我认为不应该废除死刑。"④

截至 2017 年 11 月 7 日,裁判员制度实施满 9 年,检方共向裁判员法庭求刑死刑 44 人,经裁判员法庭审理后,判处死刑 32 人,⑤判处无期惩役 10 人、无罪 1 人,有期惩役 1 人("中国福建姐妹被杀害案"⑥,2018 年 7 月 20 日横滨地方法院判处被告人岩崎龙也有期徒刑 23 年,成为特例)。对比 2005 年 9 月 28 日至 2010 年 5 月 31 日法官合议庭审理的案件:检方死刑求刑共计 69 人,法官合议庭审理后判处死刑 40 人,判处无期惩役 26 人、无罪 3 人。⑦

---

① 2009 年6 月19 日夜,鹿儿岛市下福元町一对老夫妇被铁锹击打头面部致死。6 月29 日,白浜政广作为嫌疑人被逮捕。7 月20 日,检方以抢劫杀人罪起诉,指控白浜政广因经济陷入绝境起意抢劫。辩护方做无罪辩护,否认白浜政广进入现场,认为指纹提取时并无照片记录,存在伪造可能,老夫妇室内现金存放情况、执拗的攻击行为均不符合抢劫罪特征。2010 年 12 月 10 日,鹿儿岛地方法院作出无罪判决,理由有:指纹、DNA 取证过程污染无法排除案发前遗留可能,贵重财物未失窃,攻击行为(铁锹击打数十下)仇杀动机明显、抢劫动机存疑,74 岁的白浜政广的攻击能力存疑。2012 年 3 月 10 日,白浜政广因心力衰竭去世,福冈高等法院驳回检方控诉。本案系裁判员法庭针对死刑求刑的首例无罪判决(1958 年以来第 9 例,目前共 10 例)。详见鹿兒島地方裁判所 2010 年 12 月 10 日判决 平成 21 年(わ)240 号,裁判所ウエブサイト。

② 内田亜也子「施行後 6 年を迎えた裁判員制度の評価と課題」立法と調査 368 号(2015 年)27 頁。

③ 金子元希「裁判員裁判で判決の死刑囚、初の執行」,朝日新聞(2015 年 12 月 18 日),2021-12-21 閲覧。

④ 「法務大臣官邸記者会見の概要」(2015 年 10 月 7 日)による,法務省ウエブサイト。

⑤ 片岡健「裁判員裁判初の少年死刑判決が確定」金曜日 2016 年 24 号 34 頁。「求刑死刑で裁判員裁判が終了した被告の事件一覧」,https://geolog. mydns. jp/www. geocities. jp/masakari5910/citizen_judge_death_penalty0. html,2021-12-21 閲覧。

⑥ 「中国籍姉妹殺害、被告に懲役 23 年の判決　横浜地裁」朝日新聞(2018 年 7 月 20 日),2021-12-21 閲覧。

⑦ 「求刑死刑に対しての判決例」,https://geolog. mydns. jp/www. geocities. jp/masakari5910/satsujinjiken_shikei02. html,2021-12-21 閲覧。

根据日本最高法院统计：①自 2009 年 5 月 21 日裁判员制度施行以来，截至 2022 年 3 月，裁判员法庭受理可能判处死刑的案件。累计受理杀人罪 3744 人、强盗杀人罪 405 人、强盗强奸致死罪 1 人，见图 38。裁判员法庭累计判处死刑 43 人，其中杀人罪 22 人，强盗杀人罪 20 人、集团强奸致死罪 1 人。

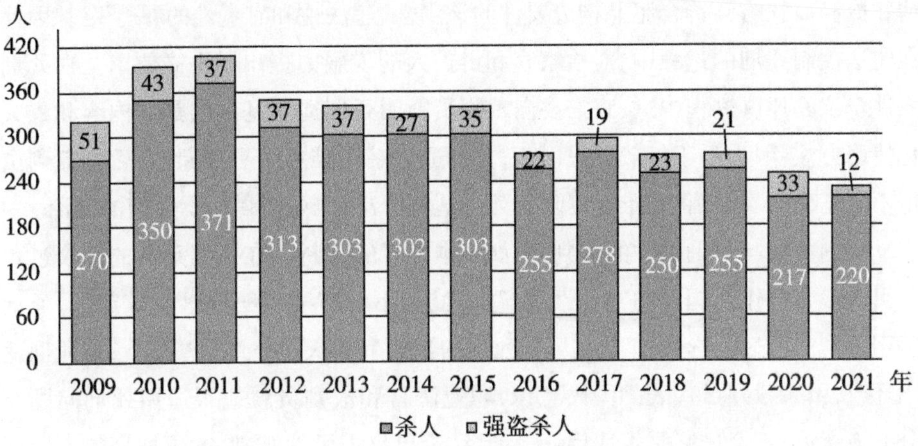

图 38　裁判员法庭受理杀人、强盗杀人案被告人数(2008—2021 年)

裁判员制度实施之前，有日本学者曾担忧②：职业法官对死刑案件具有依职权慎重审理的倾向，确保了日本死刑适用的谦抑性，一般没有必要进行特别的法律规制。但是普通市民参与死刑案件审理，维持死刑适用的谦抑性就不能得到保障，裁判员法庭可能会导致死刑适用慎重性的降低。

裁判员制度已运行 13 年，前述学者所担忧的降低死刑适用慎重性的情况并未出现。在笔者看来，裁判员制度的落地、落实，推动了日本死刑控制的新进展，形成了日本死刑控制的新局面，日本死刑控制的未来或许更值期待。

虽然民意对死刑有超过 80% 的支持率，但考虑到裁判员制度实施后检方在死刑求刑上更为谨慎的实际情况，可以认为：裁判员制度有效吸纳、成功化解了司法控制死刑的民意压力，大大降低了“严罚化”刑事政策对死刑适用的影响。笔者赞同周振杰教授的判断：“虽然自裁判员制度开始实施以来死刑的司法适用有所减

---

① 最高裁判所「裁判員裁判の実施状況について(制度施行～令和 4 年 3 月末・速報」による，裁判所ウエブサイト。

② 本庄武「裁判員時代における死刑事件のデュー・プロセス」刑事弁護 64 号(2010 年)70 頁。

少,但是死刑判决的社会认同反而有所提高。……国民对死刑案件的有序与有效参与使得死刑案件的判决能够最大限度地获得社会认同。"[①]

国民对死刑制度的态度也许是基于更根本的个人价值判断,对死刑的赞成与否有时也可能受到个人情感的影响,"如果任凭裁判员做主,则难免会出现因为同情和怜悯而忽略已符合犯罪构成要件的该当性、违法性和有责性的罪行"[②]。因此在司法控制死刑的过程中,对检察官和辩护人的说服力提出了更高要求。在死刑案件合议庭评议过程中,法官需要向裁判员释明死刑适用基准的具体内容和程式化使用方法,因为对于一般国民而言,死刑适用基准难免会有抽象性,否则裁判员得不到正确的引导,将很难正确理解死刑适用标准,也可能得出不适当的结论。

裁判员参与死刑案件的审判,正如日本学者的判断,"在死刑案件的评议过程中引入裁判员作为国民的常识性理解和判断,不仅有助于案件事实认定,对死刑适用也会产生显著影响"。[③] 在可判死刑的犯罪事实认定一致的基础上,在死刑适用环节,引入裁判员代表的国民意识,职业法官和裁判员就应否适用死刑问题充分交换意见,不论最终是否适用死刑,其结论更具国民性基础,能更加赢得国民认可和支持。

由裁判员法庭审理死刑案件,"职业法官和裁判员分担责任,作为法律专家的法官和非法律专家的裁判员通过相互交流,共享各自的知识和经验",[④]以此为基础,对是否适用死刑作出判断,既能满足国民参与司法的需求,也能促进死刑案件审判的公开化、透明化,有利于从社会、司法两个角度推进死刑控制。

裁判员制度立基于国民的自律性和责任感,通过吸纳一般国民参与刑事案件审判,打破了职业法官与一般国民之间的知识壁垒,加深了国民对司法的理解和支持,使司法获得了牢固的国民基础。在民意支持死刑与国家严控死刑的冲突中,通过裁判员制度吸纳民意,消解死刑控制的民意压力,在民意超八成支持死刑的情况下,并没有因为裁判员制度的引入,使得民意过度影响死刑适用,实现了(高度支持死刑的)民意的平稳落地。从这个意义上来说,裁判员制度的引入,既

---

① 周振杰:《日本死刑司法控制的经验及其借鉴》,载《法学》2017 年第 6 期,第 150 页。

② 周长军、韩林均:《日本裁判员制度的运行效果研究——兼及我国人民陪审员制度的完善》,载《法治现代化研究》2017 年第 3 期,第 79 页。

③ 四宮啓「裁判員制度・刑事弁護・事実認定」刑法雑誌 48 巻 3 号(2009 年)433 頁。

④ 丸田隆「裁判官と裁判員の事実認定方法」法社会学 79 号(2013 年)142 頁。

取得了死刑控制的重大进展,也赢得了死刑控制的广泛社会认同。

三、辩护保障与日本死刑

在死刑案件的辩护保障方面,日本并没有选择类似美国式"有效辩护"的传统路径,而是立足本国实际另辟蹊径,一方面拓展国选辩护范围、强化国选辩护质量,另一方面积极借力律师界的民间法援支持,两方合力,共同确保了死刑辩护的高质量。

(一)律师群体推动反死刑

刑事辩护,被视为对抗国家权力滥用的有效手段,"如果简单地接受刑法的规定,使委托人沦为罪犯,刑事辩护就是失败的,辩护人必须鼓励委托人,努力帮助他们克服社会压力带来的疏离感"①。死刑存在误判可能、死刑一旦执行无法挽回的特征,决定了死刑案件辩护的更高要求,国家也需要对死刑案件给予更多的辩护保障。

日本律师协会官网公布有日本法官、检察官、律师("三法曹")的人数,将其制表可观察其人数增长走势②(见表56、图39)。近三十年,日本律师队伍增长速度较快,2021年律师数量达到43206人,是1991年的3倍有余;检察官队伍小幅增长,基本稳定,2021年检察官人数为1967人,是1991年的1.68倍;法官队伍增长有限,2015年后一度出现负增长,2021年法官人数为2797人,仅是1991年的1.38倍。比较2021年的三法曹人数可见:律师是法官的15倍,是检察官的22倍。

---

① タイガーマイケル=村岡啓一訳「法曹倫理と刑事弁護についての考察」一橋法学16巻1号(2017年)244頁。

② 日本弁護士連合会「弁護士白書」(2021年版)59頁,日本弁護士連合会ウエブサイト。

表 56　法官、检察官、律师人数(1991—2021 年)

职业	年份															
	1991	1993	1995	1997	1999	2001	2003	2005	2007	2009	2011	2013	2015	2017	2019	2021
法官	2022	2036	2058	2093	2143	2243	2333	2460	2610	2760	2850	2880	2944	2775	2774	2797
检察官	1172	1184	1229	1301	1363	1443	1521	1627	1667	1779	1816	1847	1896	1964	1976	1967
律师	14080	14596	15108	15866	16731	18243	19508	21185	23119	26930	30485	33624	36415	38980	41118	43206

注:基于表达简要的考虑,上表隔年列举了“三法曹”人数,图 39 显示了所有年份的人数。

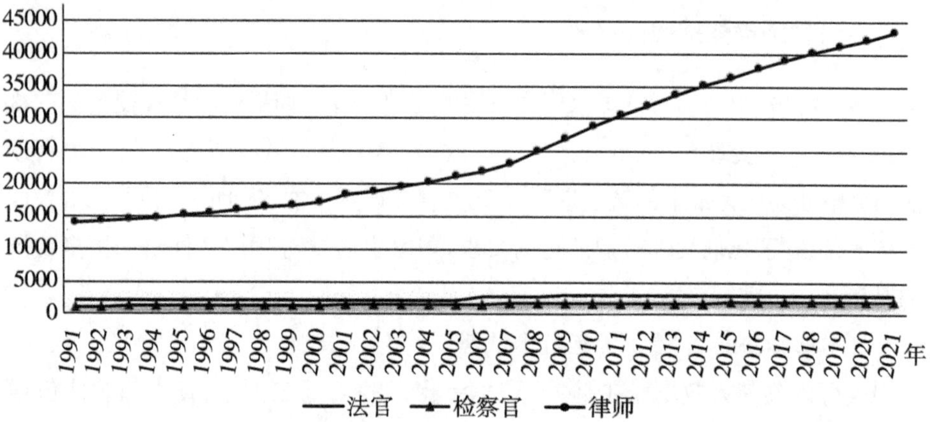

图 39　法官、检察官、律师人数增减示意(1991—2021 年)

日本律师协会是死刑废止的有力推手,设立了“死刑停止执行法制定等建议·决议实现委员会”,积极推动“死刑停止执行法”的制定,努力探索从停止死刑执行到立法废除死刑两步走的死刑废止方案。1993 年以来,但凡有死刑执行,日本律师协会会长必于执行当日发出《关于死刑执行的会长声明》,谴责执行死刑、呼吁停止执行死刑。检索日本律师协会官网,公开的停止死刑执行、废除死刑相关声明、意见书、提案等多达 350 件。笔者择要列举,详见表 57。

表 57　日本律师协会关于死刑制度的意见书、会长声明等

年份	名　称
1993、1995	关于死刑执行的声明
1994	关于死刑执行的谈话
1998—2010	关于死刑执行的会长声明
2001—2003	关于死刑确定者执行死刑的会长声明
2002—2011	关于死刑制度问题的建议
2004	关于制定死刑执行停止法、公开死刑相关信息、立死刑问题调查会的决议
2004—2009	关于停止执行死刑的要求
2008	关于设立死刑制度调查会及停止执行死刑的法律(案)
2010—2011	有关现有死刑制度的讨论及死刑执行停止的请求书
2012	反对重新开始执行死刑,要求对疑似精神障碍适当医疗、停止执行的会长声明
2012—2013	对废除死刑开展全社会讨论、停止执行死刑并预防死刑错案发生的请求书
2013、2018	政府对死刑制度的民意调查的意见书
2014—2015	停止死刑执行的同时,请求立即采取预防死刑措施的意见书
2016	要求改革包括废除死刑制度在内的刑罚制度的宣言
2017—2019	要求 2020 年之前废除死刑制度的请求书
2017—2021	要求废除死刑制度的请求书
2019	关于废除死刑制度、引入替代刑、创设减刑程序的基本方针
2020	关于政府对死刑制度的民意调查结果的会长谈话
2020	请求废止死刑制度的意见书
2021	受美国联邦停止执行死刑的影响,再次要求废除日本死刑制度的会长谈话
2012—2021	强烈抗议死刑执行,要求立法废除死刑、死刑废止前停止死刑执行的声明

日本律师协会对死刑的基本立场,可以 2009 年为界,分为前后两个阶段。

2009 年之前,日本律师协会致力于推动死刑废除前一定期限内的停止死刑执行,并对完善死刑制度提出建议①。例如,第一,基于避免死刑误判的考虑,对既有

① 日本弁護士連合会「死刑制度問題に関する提言」(2002 年)、「死刑執行の停止について(要請)」(2009 年)による,日本弁護士連合会ウエブサイト。

死刑确定者给予申请重新鉴定的机会;第二,全社会开展死刑存废问题的讨论,加强死刑适用、死刑执行的信息公开;第三,将国选辩护制度拓展至死刑确定者的再审申请。

2009年之后,日本律师协会在呼吁停止执行死刑的基础上,对死刑废止提出具体的行动方案①:第一,通过法院官网公开或合集出版裁判员法庭判处的死刑案件判决书,推动国民关注死刑问题,深化死刑问题的讨论。第二,对废除死刑问题开展全社会大讨论,建议法务省、国会设置应对死刑问题的专门研讨机构,因应国际死刑动向,研讨死刑废止方案。第三,在死刑案件中引入法官、裁判员全员一致的表决原则,防止死刑误判,确保死刑适用更加慎重。第四,死刑案件实行彻底的自动上诉制度,建立禁止检察官通过上诉程序求刑死刑的制度。②

(二)国选辩护的改革观察

在日本,可能判处死刑(法定刑含死刑)的案件是必要的辩护案件(强制辩护),无论是一审、二审还是三审,在被告人无律师辩护的情况下,均得在尊重被告人意愿的情况下选任国选辩护人。对于辩护人的人数,根据日本《刑事诉讼法》的规定,除非特殊情况一般不限制委托辩护的人数(35条);国选辩护人有选任人数的限制,一般刑事案件原则上选任1名国选辩护人(单人选任),特殊情况可以选任2人及以上(复数选任):裁判员法庭审判的案件可选任2人以上,极重大案件也可选任3人以上。立法赋予了辩护人几乎与检察官同样的权利,③辩护人依此最大限度地保护被告人的利益。

---

① 日本弁護士連合会「裁判員裁判の全判決書の公開を求める意見書」(2010年)、「死刑制度の在り方についての検討及び死刑の執行停止についての要請書」(2010年)、「死刑制度の廃止について全社会的議論を開始し、死刑の執行を停止するとともに、死刑えん罪事件を未然に防ぐ措置を直ちに講じることを求める要請書」(2012年)、「死刑の量刑判断における評決要件に関する意見書」(2012年)による,日本弁護士連合会ウエブサイト。

② 日本弁護士連合会「裁判員裁判の全判決書の公開を求める意見書」(2010年)、「死刑制度の在り方についての検討及び死刑の執行停止についての要請書」(2010年)、「死刑制度の廃止について全社会的議論を開始し、死刑の執行を停止するとともに、死刑えん罪事件を未然に防ぐ措置を直ちに講じることを求める要請書」(2012年)、「死刑の量刑判断における評決要件に関する意見書」(2012年)による,日本弁護士連合会ウエブサイト。

③ 参见[日]松尾浩也:《日本刑事诉讼法》(上册),丁相顺译,中国人民大学出版社2005年版,第249页。

1. 国选辩护的拓展

根据《日本国宪法》第 37 条第 3 款的规定，刑事被告人在任何场合，都可以委托有律师资格的辩护人为其辩护，被告人不能自行委托辩护人的，国家为其选任辩护人。

在日本司法改革之前，国选辩护对象仅限于被告人，犯罪嫌疑人获得国选辩护的机会非常有限，直到 2004 年修改刑事诉讼法，才将法定合议案件中刑期一年以上、被拘留犯罪嫌疑人纳入国选辩护范围。因为被逮捕的嫌疑人属于值班律师帮助的范围，依然不属于国选辩护的对象。修改后的国选辩护制度于 2006 年 10 月开始实施。

为了协同裁判员制度的落实，日本不断修改刑事诉讼法，进一步拓展了国选辩护的范围。

2009 年将国选辩护的范围扩大到必要辩护案件，将可能判处死刑、无期或者 3 年以上有期刑的犯罪嫌疑人纳入国选辩护的范围。对于此类案件，除犯罪嫌疑人已委托辩护人的以外，须为其选任 1 名国选辩护人。

2018 年进一步拓展国选辩护的对象范围，不再限定案件可能判处的刑罚，只要犯罪嫌疑人被发出拘留令，即属于国选辩护对象案件。至此，处于拘留状态的所有犯罪嫌疑人，都有了选任国选辩护人的机会。未纳入国选辩护的犯罪嫌疑人，可以申请犯罪嫌疑人辩护援助。

国选辩护包括以下三种模式：一是法院依职权必须选任国选辩护人，即“必要辩护”，指可能判处死刑、无期或者 3 年以上有期刑的犯罪嫌疑人、被告人，因贫困（出具“财产申报书”，财产低于 50 万日元）或者其他事由不能委托辩护的；二是法院依职权裁量选任国选辩护人，即“职权选任”，如被告人具有未成年、70 岁以上、聋哑、精神病等情形；三是法院对犯罪嫌疑人、被告人等提出的国选辩护请求，审查认为有必要时，为其选任国选辩护人，即“请求选任”。在申请选任国选辩护的场合，即便达不到国选辩护的条件，如果对提出申请的犯罪嫌疑人等是否具有判断能力存疑，也应当作出“职权选任”决定。犯罪嫌疑人、被告人在押的，只要向羁押机构职员表达请求国选辩护的意向，羁押机构须协助准备、提交所需书面申请材料。

考察2006年以来国选辩护适用案件数量①(见图40)可见:2006年开始,限定法定合议案件的犯罪嫌疑人才有权获得国选辩护,对象案件有限,国选辩护增长较慢,2006年为3436件,到2008年增长至7415件。2009年将国选辩护拓展至必要辩护案件,出现了犯罪嫌疑人国选辩护的井喷式增长,一年之间增长7倍有余,达到61857件。2018年国选辩护范围的再拓展,进一步增加了犯罪嫌疑人国选辩护案件数量,2019年达到峰值80145件,之后略有回调,2021年减少为72308件。为数众多的犯罪嫌疑人在审前阶段业已获得国选辩护,进入审判阶段,如果没有委托辩护人,就会自动转移为被告人的国选辩护人,由此造成审判阶段选任国选辩护人的数量下降,2009年以来一路下降,从7.47万余件下降至2021年的4.66万件。

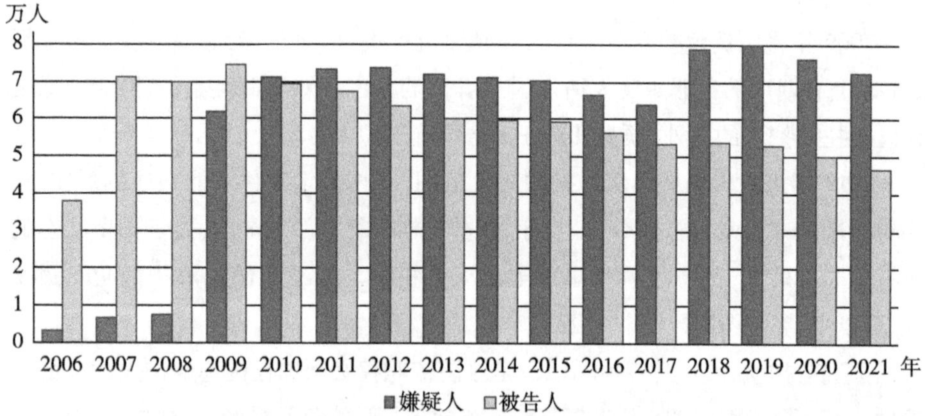

图40 国选辩护适用案件数量(2006—2021年)

通过日本律师协会公布的数据,②可以观察审前阶段辩护人选任情况,详见图41。从2007年开始到2010年,地方法院审前阶段有辩护人的比率从19.8%飙升至64.2%,之后基本稳定在70%左右;国选辩护的比例从4.4%飙升至62.2%,2010年后稳定在50%以上;私选辩护从2007年的14.4%逐渐下滑至2020年的10.2%。

① 日本司法支援センター「業務実務報告書(2006—2021年)」による。

② 日本弁護士連合会「弁護士白書」(2021年版)85頁,日本弁護士連合会ウエブサイト。

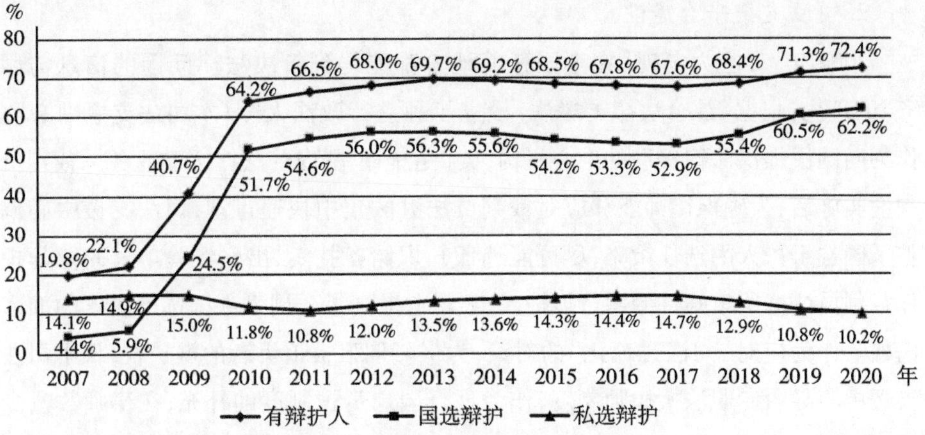

图 41　地方法院审前阶段辩护人选任情况(2007—2020 年)

裁判员对象案件的被告人选任辩护人情况①,详见图 42。自 2009 年以来,为了满足裁判员法庭"审判长期化"和连续开庭的需要,多个辩护人辩护的情况不断增多。裁判员法庭对象案件中,国选辩护率高达 85% 左右,80% 左右的被告人获得了两名及以上国选辩护人(复数国选辩护)的辩护;而私选辩护的比例一直远低于国选辩护,整体呈不断下降的趋势,近十年来一直低于 20%。

图 42　裁判员法庭对象案件辩护人选任情况(2009—2020 年)

---

① 日本弁護士連合会「弁護士白書」(2021 年版)109 頁,日本弁護士連合会ウエブサイト。

2. 司法支援平台建设

2006 年,日本为实现“在全国任何地方都能得到解决法律问题的信息与服务”的理念,根据《综合法律支援法》设立了独立行政法人“日本司法支援中心”,作为向国民提供法律援助的中心机构,负责全国范围内的法律援助业务。裁判员制度实施后,为确保律师能够应对裁判员法庭的集中快速审理,司法支援中心调整了国选辩护人的选任策略,尽可能选任知识储备扎实、出庭经验丰富的律师担任裁判员法庭所审案件的国选辩护人,客观上提高了死刑案件国选辩护人的准入门槛。作为应对“司法过疏化”的对策,为保障刑事被追诉者的辩护权,日本司法支援中心导入专职法援律师制度,作为现行国选辩护制度的补充,在律师数量少的地区设立“事务所”,配备专职法援律师。根据法律支援中心公布的年度“业务实绩报告”等资料[①]:法律支援中心在全国有 47 个都道府县设立了 50 个(北海道设 4 个)地方“事务所”。专职法援律师人数从设立之初的 22 人扩展到 200 人左右,人数最多的 2014 年达到 252 人,近几年因为到龄退休原因,专职法援律师数量有所减少,2021 年在任数为 183 人,法律支援中心已将充实并增加专职法援律师纳入重点工作目标。国选辩护人的薪酬预算充足,2009 年法务省拿出 185 亿日元的预算用以支付国选辩护人的薪酬,比 2008 年的 91 亿日元翻了一倍。[②] 笔者查阅日本司法支援中心近 15 年的年度预决算报告发现:国选辩护人的薪酬支出每年都在 140 亿日元左右,历年皆有结余。

司法支援平台建立之初,案件数量较少,原因是知名度偏低。日本内阁府 2009 年针对法律援助开展的民意调查[③]显示:国民对司法支援中心的熟知度并不高,调查中回答“不知道”的人数比例高达 67.5%,而“知道”的人数仅占 28.1%,且城市区域回答“知道”的比例明显高于偏远地区。为了推进法律援助,司法支援中心大量增加国选辩护人的签约律师人数,从 2006 年的 8427 人,到 2021 年已增

---

① 日本司法支援センター日本司法支援センター「第 1 期中期目標期間 業務実績報告書」(2006—2009 年度)、「第 2 期中期目標期間 業務実績報告書」(2010—2013 年度)、「第 3 期中期目標期間 業務実績報告書」(2014—2017 年度)、「第 4 期中期目標期間 業務実績報告書」(2018—2021 年度)、「各年度の業務実績」報告書(2006—2021 年度)による。

② 「09 年度予算:国選弁護報酬の要求額を倍増」,每日新聞(2008 年 8 月 29 日),2021 - 12 - 21 閲覧。

③ 内閣府「総合法律支援に関する世論調査」(平成 21 年 1 月)による,https://survey. gov - online. go. jp/h20/h20 - houterasu/index. html,2022 - 02 - 26 閲覧。

加至30897人[①],详见图43。

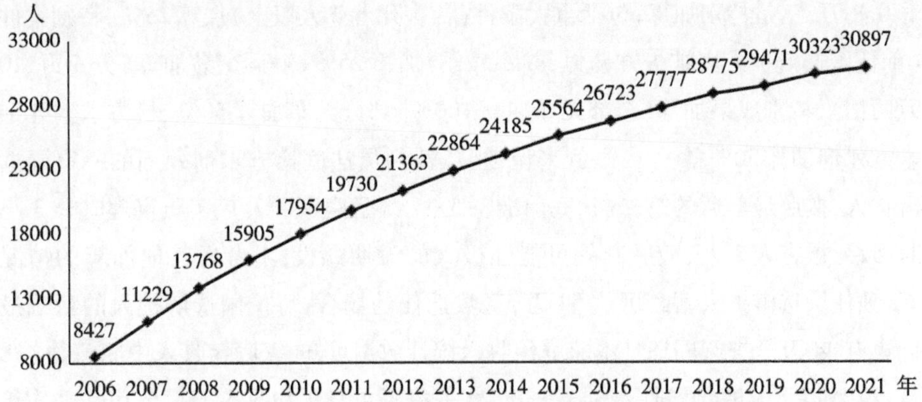

图43　日本司法支援中心签约律师数量(2006—2021年)

3.创新绩效薪酬管理

日本司法支援中心不但逐年上调国选辩护人的薪酬基准,还通过绩效薪酬管理,改革薪酬制度,摒弃过去计件付酬制,代之以关注辩护行为、辩护效果的绩效薪酬制度。查阅2018年6月1日施行的最新版《国选辩护人薪酬、费用基准》可知:辩护产生的资料印刷费、远距离会见交通费和差旅费、诉讼准备费等各项支出除个别项目总额控制外,都能够实报实销。国选辩护人薪酬比较复杂,各阶段、各程序多有不同,可分为基础薪酬和加算薪酬。基础薪酬因案而异,如起诉前辩护的薪酬,因会见次数而异,会见3次6万(日元,本段均略称万)、4次8.64万;裁判员法庭(可能判处死刑、无期惩役及禁锢)一审程序的薪酬,以庭前准备次数和庭审天数为基准分四档计酬,独任辩护(单独选任)情况下,庭前准备4次以下17万(如果是3名法官、6名裁判员的法庭则为24万),庭前准备5—7次且庭审3天以上30万,庭前准备8—10次且庭审3天以上38万,庭前准备11次以上且庭审4天以上可达50万。加算薪酬是以案件的特殊性、辩护行为、辩护效果等为基准支付的补充性、奖励性薪酬。以裁判员法庭一审程序为例,加算薪酬包括三大类:一是庭审加算,包括庭审时长加算(按照实质审理[②]时长分档加算)、补充追诉加算、

① 日本司法支援センター「業務実務報告書(2006—2020年)」による,选取国选辩护律师签约人数,形成图43。

② 包括证据调查和法庭辩论。

证人询问加算等;二是远距离会见加算,25 公里以上加算 0.4 万,50 公里以上加算 0.8 万;三是特别加算,包括重大案件(被害死者 2 人以上)加算 25%,特别案件(前任国选辩护人因被告方暴力、威胁辞任)加算 25%、辩诉交易加算(分 4 万、10 万两档)、特别成果加算(全部无罪加算 100%、部分无罪加算 50%、检方求刑死刑未判死刑加算 30% 等)。[①] 举例来说,担任裁判员法庭检方求刑死刑的一审国选辩护人,按照最普通的第二档(庭前准备 5—7 次且庭审 3 天)、实质审理时长 3 小时、致死被害人 2 人、最后判处可能性极大的无期惩役,不考虑其他加算的情况下,独任国选辩护人薪酬可达 54 万,复数选任的场合,每位国选辩护人的薪酬最低也有 44 万。查阅同期日本家庭年收入统计数据可知:家庭年收入中间值为 428 万、29 岁以下家庭年均收入 343.5 万、29 岁以下单身年均收入 184.6 万;[②]平均年龄 43.2 岁的国家公务员月均收入 41.7 万、平均年龄 42 岁的地方公务员月均收入 41.6 万;[③]大学毕业在东京就业的初任月均收入分别为:一般行政职 18.1 万、中小学教师 19.6 万、初任医师 23.4 万;[④]日本律师税后年均收入的平均值为:入行第 2 年 423 万、入行第 5 年 686 万、入行第 10 年 1024 万,税后年均收入的中间值为:入行第 2 年 391 万、入行第 5 年 572 万、入行第 10 年 739 万。[⑤] 综上可见,日本为国选辩护人提供了有竞争力的薪酬,相对律师业务收入亦算可观,相对于社会其他群体收入而言堪称丰厚。

(三)死刑案件的辩护保障

日本关注死刑案件辩护质量保障问题,虽然也曾有过追究明显懈怠辩护职能

---

① 日本司法支援中心有关国选辩护人薪酬、费用(资料印刷费,远距离会见的交通费、差旅费,翻译费等)的有关规定,详见 http://www.houterasu.or.jp/housenmonka/kokusen/index.html,2021 年 12 月 8 日访问。

② 厚生労働省「平成 28 年国民生活基礎調査の概況所得の分布状況」による,2017 年 6 月 27 日,11 頁。

③ 総務省「平成 29 年地方公務員給与実態調査結果等の概要」による,2017 年 12 月 26 日,7 頁。

④ 総務省「平成 28 年地方公務員給与の実態」による,2016 年 12 月 27 日,209 頁。

⑤ 法務省「法曹の収入・所得,奨学金等調査の集計結果(平成 28 年 7 月)」による,2016 年 7 月 14 日,8－9 頁。

的律师责任的判例，但主要通过民事赔偿责任进行规制①。对于懈怠辩护行为是否影响已确定死刑裁判效力的问题，日本并未引入美国式的"有效辩护"模式。就笔者掌握的资料而言，未发现因辩护人未尽辩护职能而致死刑裁判变更的事例，日本学界对此问题的探讨方向也不在寻求如美国的"无效辩护"制度上。面对日本死刑辩护中存在的辩护技巧拙劣、辩护人不热心，使一些本不该判死刑的案件终被判死刑的现实，日本律师界提出的解决方案是：设立"死刑案件担当律师联合会"，以便为死刑案件尽可能提供最优辩护。② 与美国宣布辩护无效、进而将被告人与辩护人推向直接冲突的做法相比，这种通过完善配套制度、激励律师辩护热情的间接方式更利于被告人与辩护人的"和谐"共处，更有利于保障死刑案件的辩护质量。事实上，美国虽然确立了"无效辩护"制度，但其标准难以认定的现实也使其倍显尴尬。

死刑案件中，辩护律师并非站在国家角度辩护，而是站在被告人的角度与国家对抗，形成了"法官、检察官与辩护律师三者间呈对立结构的日本刑事司法"③，辩护方处于法官、检察官的对立面，从被告人的立场出发，保护其合法权益。自从国选辩护范围大幅拓展、涵盖绝大多数犯罪嫌疑人以后，司法支援中心为国选辩护提供了强有力的支持，国选辩护覆盖了所有可能的死刑案件，可能判处死刑的犯罪嫌疑人从国家追诉的起点，就能获得国选辩护人的法律帮助，辩护人能够尽可能早地介入刑事追究程序，切实保障了可能的死刑被告人的辩护权，从辩护的角度实质性强化了司法对死刑的控制。

除了国家层面的辩护保障之外，死刑辩护很大程度上得益于律师界民间法律援助的强力支持。在日本，很多死刑案件的辩护是通过律师免费"友情辩护"实现的。对于死刑案件的辩护，很多律师乐意为之，实践中常见死刑被告人拒绝国选辩护人，而由多名持死刑废除论立场的律师组成辩护团为其辩护的事例。例如在

---

① 如在一起案件中，被告人因家庭不和先杀害养父母，而后为嫁祸于人两次杀人，一审被判死刑。国选辩护人在上诉审中仅通过阅读相关记录就写了控诉意见书，认为被告人的行为"让人战栗"，应该判处死刑，因此不具备上诉理由。被告人认为该辩护人懈怠了辩护义务，提起损害赔偿诉讼，并得到法院支持。该判决认为，律师应在面见被告人、听取其辩解基础上对制作控诉书提供技术上的援助。参见［日］松尾浩也：《日本刑事诉讼法》（上册），丁相顺译，中国人民大学出版社 2005 年版，第 253 页。

② 安田好弘「インタヴュー 国家と死刑——オウムという転換点」現代思想 32 巻 3 号（2004 年）44 頁；衆議院調査局法務調査室「死刑制度に関する資料」，2008 年 6 月，3 頁。

③ 佐藤博史「わが国の刑事司法の特色と弁護の機能」刑法雑誌 44 巻 3 号（2005 年）376 頁。

前述"名张案件"中,日本律师协会自1977年即为此案组成辩护团一直寻求再审,而在2005年名古屋高等法院作出启动再审决定时,又由25名律师组成辩护团准备再审辩护。再如在"奥姆真理教"的"东京地铁沙林毒气案"中,主犯松本智津夫在一审中先委托有辩护人,后在审判前解除委托,由东京的三个律师协会[①]各派4人组成12人的辩护团为其辩护。[②]"光市案件"中,在检察官将二审无期惩役判决提起上告、被最高法院发回广岛高等法院重新审理时,被告人的辩护律师由原来的2人增加至21人,由专事刑事辩护近30年、日本律师界死刑废止的急先锋安田好弘律师领衔,规模之大,阵容之强,堪称"梦之队"。又如1966年发案、1980年确定死刑的袴田严,近50年一直坚称无辜,2014年被释放出狱候审,再审启动前景向好,有望改判。袴田案件的再审离不开日本律师界的友情法援,日本律师协会在1981年即设立了"袴田案件委员会",致力于帮助其申请再审,四十余年来,前仆后继,屡败屡战,终创奇迹。

---

① 日本的律师协会,原则上按照地方法院的管辖区域设立,东京都作为例外设立有3个律师协会,即东京律师协会、东京第一律师协会、东京第二律师协会,三者之间无地域区分和统属关系,律师须选择其一加入;北海道因为有4个地方法院,故设立有4个律师协会;大阪府、京都府和43县均各设立有1个律师协会。

② 中村治郎「オウム裁判の現状」龍谷法学39巻3号(2006年)514頁。

结语　中国死刑控制的学者使命

经历了长达两个半世纪的死刑存废论争后，死刑的限制和废除已经被越来越多的国家认可，限制死刑适用、废除死刑，早已成为世界性的潮流和趋势。即便是保留死刑的国家，死刑基本只适用于故意杀人、抢劫等严重暴力犯罪，对非暴力犯罪原则上不适用死刑。基于死刑的不可克服的诸多重大缺陷，保留死刑的国家应当按正当程序适用死刑、严格控制死刑适用已成为国际社会共识。[①]“死刑的存废在一定程度上已经成为衡量一个国家文明与进步程度的重要标志。”[②]

第二次世界大战后，人权保障运动勃兴，世界各国逐步形成了限制死刑适用乃至废除死刑的潮流。中国政府于1998年签署了联合国《公民权利和政治权利国际公约》（本段简称公约），公约“不得克减”的第6条规定：“凡未废除死刑之国家，非犯情节最重大之罪，且依照犯罪时有效并与本盟约规定及防止及惩治残害人群罪公约不抵触之法律，不得科处死刑。”联合国大会1989年12月15日第44/128号决议通过并开放给各国签字、批准和加入的《旨在废除死刑的〈公民权利和政治权利国际公约〉第二项任择议定书》[③]强调：公约第6条“提到废除死刑所用的措词强烈暗示废除死刑是可取的，深信废除死刑的所有措施应被视为是在享受生命权方面的进步”。公约及其《第二任择议定书》共同设定了废除死刑的终极目标，并对保留死刑的国家提出了严控死刑的要求。总体来看，中国死刑立法

① 参见赵秉志：《当代中国刑罚制度改革论纲》，载《中国法学》2008年第3期，第179页。

② 武晓雯：《再议死刑之存废与替代》，载《河北法学》2016年第11期，第155—172页。

③ 该议定书1991年7月11日生效，已有89个国家签署，40个国家批准。参见 United Nations Treaty Collection：https://treaties.un.org/pages/ViewDetails.aspx?src=TREATY&mtdsg_no=IV-12&chapter=4，2021年11月21日最后访问。

与公约的死刑立场是基本一致的,但差距仍然明显,许多地方值得反思和改进。[①]中国国家领导人已多次表示将批准该公约,[②]可以说,我国正面临着公约的批准压力。

日本是成功的法治国家之一,中日同属儒家文化圈,都有深厚的"和合"文化传统、同源于欧陆的大陆法传统。20 世纪末以来,日本在治安压力增大、民众死刑支持率居高不下、刑事政策向严调整的背景下,死刑控制不但取得重大进展,还赢得广泛的社会认同。

面对限制、减少乃至废止死刑的国际潮流,最高人民法院宣布收回死刑复核权,因死刑复核权上收肇始了自上而下、声势浩大的死刑司法改革,两个刑法修正案在立法上削减了 22 个死刑罪名,对中国死刑的适用影响深远,极大推动了中国死刑司法的进步。尤其是十八大以来,一系列冤假错案得以纠正,司法公信力极大提高。

经过十余年的死刑控制努力,中国死刑适用情况改观甚巨、早已今非昔比。笔者以为:境外媒体的固有成见、我国死刑信息公开不够、死刑实证研究不足等因素的多重交织,造成了对中国死刑控制的误解、对中国死刑控制进展的漠视。

经过多年努力,中国死刑控制渐入深水区,难度渐增,被寄予厚望的司法控制死刑,近年大动作有限,改革推进乏力;经过两轮死刑罪名的削减,罪名削减空间虽然变小,但现行 46 个死罪中不常用死刑罪名占比很高,死刑罪名削减依然有努力空间;罪名削减和司法控制的合力加持,死刑适用过多的问题虽然有所缓解,但依然严峻,亟待理论界和实务界的认真对待。

对于下一轮的死刑罪名削减、司法控制方案的优化,学界似乎积极性不高,发声不多。或许正如托克维尔所言:"在法学家的心灵深处,隐藏着贵族的部分兴趣和本性。他们和贵族一样,生性就喜欢按部就班,由衷热爱规范。"[③]

对于中国死刑控制的艰难曲折,法学界早有普遍共识和心理准备。我们也深知,推动死刑从严控走向废除,有赖于全社会对死刑弊害的深刻认知,有赖于死刑

---

① 参见张文、刘艳红:《〈公民权利与政治权利国际公约〉对中国死刑立法的影响》,载《中国青年政治学院学报》2000 年第 1 期,第 74 页。

② 参见杨宇冠:《批准〈公民权利和政治权利国际公约〉相关问题研究》,载《甘肃社会科学》2008 年第 4 期,第 205 页。

③ [法]托克维尔:《论美国的民主》,董果良译,商务印书馆 1988 年版,第 303 页。

民意的整体转变,有赖于学界展示中国死刑控制进展、讲好“中国死刑控制故事”,探索更优的死刑控制方案。虽然中国的死刑控制还面临着诸多困难,正如卡多佐所言“期望司法过程现在就完全理性化,无论如何都是一种应被抛弃的无稽之谈”,“但我们不能因此而拒绝竭尽全力”①。可喜的是,中国社会对严控死刑的接受度不断提高,废除死刑也许还需要时间,但可以肯定:通过法学界同仁的共同努力,或游说推动,或引导民意,或探索方案,中国的死刑控制,必然会进步。

① [美]本杰明·N. 卡多佐:《法律的成长:法律科学的悖论》,董炯、彭冰译,中国法制出版社 2002 年版,第 37 页。

参考文献

一、著作

(一)中文著作

[1][法]马丁·莫内斯蒂埃:《人类死刑大观》,袁筱一等译,漓江出版社1999年版。

[2][法]托克维尔:《论美国的民主》,董果良译,商务印书馆1988年版。

[3][美]本杰明·N.卡多佐:《法律的成长:法律科学的悖论》,董炯、彭冰译,中国法制出版社2002年版。

[4][美]德雷斯勒、[美]迈克尔斯:《美国刑事诉讼法精解》,魏晓娜译,北京大学出版社2009年版。

[5][美]富兰克林·E.齐姆林:《美国死刑悖论》,高维俭等译,上海三联书店2008年版。

[6][美]琳达·E.卡特、[美]埃伦·S.克赖斯伯格、[美]斯科特·W.豪尔:《美国死刑法精解》,王秀梅、邱陵、曾赛刚译,北京大学出版社2009年版。

[7][美]约翰·莫纳什、[美]劳伦斯·沃克:《法律中的社会科学》,何美欢、樊志斌、黄博译,法律出版社2007年版。

[8][日]松尾浩也:《日本刑事诉讼法》(上册),丁相顺译,中国人民大学出版社2005年版。

[9][日]松尾浩也:《日本刑事诉讼法》(下册),张凌译,中国人民大学出版社2005年版。

[10][日]田宫裕:《犯罪和死刑》,载陈兴良编:《公法》(第5卷),法律出版社2004年版。

[11][日]田口守一:《刑事诉讼法》(第7版),张凌、于秀峰译,法律出版社2019年版。

[12][日]佐藤博史:《刑事辩护的技术与伦理》,于秀峰、张凌译,法律出版社2012年版。

[13][意]切萨雷·贝卡里亚:《论犯罪与刑罚》,黄风译,北京大学出版社2014年版。

[14]怀效锋、孙本鹏:《人民陪审员制度初探》,光明日报出版社2005年版。

[15]雷敦龢:《台湾反对死刑》,台北,辅仁大学出版社2001年版。

[16]黎宏:《日本刑法精义》,中国检察出版社2004年版。

[17]李立丰:《民意与司法:多元维度下的美国死刑及其适用程序》,中国政法大学出版社

2013 年版。

[18]林维主编:《最高法院如何掌控死刑——美国联邦最高法院死刑判例经典选编》,北京大学出版社 2014 年版。

[19]刘仁文:《死刑的全球视野与中国语境》,中国社会科学出版社 2013 年版。

[20]莫洪宪主编:《中国当代死刑制度改革的探索与展望》,中国人民公安大学出版社 2012 年版。

[21]瞿同祖:《中国法律与中国社会》,中华书局 1981 年版。

[22]温金柯:《佛教反对死刑——经证汇编》,台北,辅仁大学出版社 2006 年版。

[23]吴志光主编:《生活在一个没有死刑的社会》,台北,辅仁大学出版社 2005 年版。

[24]杨宇冠:《死刑案件的程序控制》,中国人民公安大学出版社 2010 年版。

[25]张栋:《美国死刑程序研究》,中国人民公安大学出版社 2007 年版。

[26]张娟芬:《无彩青春——苏建和案十四年》,台北,商周出版股份有限公司 2004 年版。

[27]张凌、于秀峰编译:《日本刑法及特别刑法总览》,人民法院出版社 2017 年版。

[28]赵秉志主编:《中韩死刑制度比较研究——"第五届中韩刑法学术研讨会"学术文集》,中国人民公安大学出版社 2008 年版。

[29]郑延谱:《中美死刑制度比较研究》,中国人民公安大学出版社 2010 年版。

[30]中国社会科学院法学研究所译:《日本刑法、日本刑事诉讼法、日本律师法》,中国社会科学出版社 1981 年版。

(二)外文著作

[1]井上薫『死刑の理由:裁判資料』(作品社,1999 年)。

[2]永山則夫『死刑確定直前獄中日記』(河出書房新社,1998 年)。

[3]永田憲史『死刑選択基準の研究』(関西大学出版部,2010 年)。

[4]王雲海「文化としての犯罪、刑罰、死刑:日本と中国の比較を通じて」高塩博編『刑罰をめぐる法文化』(国際書院,2018 年)。

[5]王雲海『死刑の比較研究:中国、米国、日本』(成文堂,2005 年)。

[6]葛野尋之『刑事司法改革と刑事弁護』(現代人文社,2016 年)。

[7]鎌田慧『狭山事件:石川一雄、四十一年目の真実』(草思社,2004 年)。

[8]鎌田慧『死刑台からの生還:無実! 財田川事件の三十三年』(立風書房,1983 年)。

[9]鎌田慧『死刑台からの生還』(岩波書店,2007 年)。

[10]岩田太『陪審と死刑:アメリカ陪審制度の現代的役割』(信山社,2009 年)。

[11]宮沢浩一先生古稀祝賀論文集編集委員会編『宮沢浩一先生古稀論集第 2 巻』(成文

堂,2000 年)。

[12]古川泰龍『叫びたし寒満月の割れるほど』(法藏館,1991 年)。

[13]戸谷喜一『死刑執行の現場から一元看守長の苦悩と死刑存続の可否』(恒友出版,1997 年)。

[14]袴田事件弁護団編『はけないズボンで死刑判決:検証・袴田事件』(現代人文社,2003 年)。

[15]向井武子「藤波芳夫さんの処刑 いま初めて明かす 二〇〇六年クリスマスの日に起きたこと」年報・死刑廃止編集委員会編『年報・死刑廃止 2020』(インパクト出版会,2020 年)。

[16]高塩博編『刑罰をめぐる法文化』(国際書院,2018 年)。

[17]高杉晋吾『袴田事件・冤罪の構造:死刑囚に再審無罪へのゴングが鳴った』(合同出版,2014 年)。

[18]佐久間哲『死刑に処す:現代死刑囚ファイル』(自由国民社,2005 年)。

[19]佐伯千仭 = 団藤重光 = 平場安治『死刑廃止を求める』(日本評論社,1994 年)。

[20]佐木隆三『死刑囚永山則夫』(講談社,1994 年)

[21]斎藤充功『恩赦と死刑囚』(洋泉社,2018 年)。

[22]斎藤静敬『死刑再考論』(第 2 版)(成文堂,1999 年)。

[23]坂本敏夫『死刑執行人の記録:知られざる現代刑務所史』(光人社,2006 年)。

[24]坂本敏夫『死刑執行命令:死刑はいかに執行されるのか』(日本文芸社,2010 年)。

[25]三原憲三『誤判と死刑廃止論』(成文堂,2011 年)。

[26]司法研修所編『裁判員裁判における量刑評議の在り方について』(法曹会,2012 年)。

[27]事件犯罪研究会編『明治・大正・昭和・平成 事件・犯罪大事典』(東京法経学院出版,2002 年)。

[28]小早川義則『裁判員裁判と死刑判決』増補版(成文堂,2012 年)。

[29]小田中聰樹『誤判救済の課題と再審の理論』(日本評論社,2008 年)。

[30]森川哲郎『日本残酷死刑史:生埋め・火あぶり・磔・獄門・絞首刑』(日本文芸社,2001 年)。

[31]清水克行『喧嘩両成敗の誕生』(講談社,2006 年)。

[32]川出敏弘 = 金光旭『刑事政策(第 2 版)』(成文堂,2018 年)。

[33]村野薫『死刑はこうして執行される』(講談社,2006 年)。

[34]村野薫『日本の死刑』(柘植書房,1990 年)。

[35]大塚公子『「その日」はいつなのか。——死刑囚 長谷川敏彦の叫び』(角川文庫,2001年)。

[36]大野健『宗春躍如　下巻　翔破篇』(株式会社ボーノプランニング Kindle 电子书 2018)。

[37]池田浩士『死刑の「昭和」史』(インパクト出版会,1992年)。

[38]池田修、前田雅英『刑事訴訟法講義』(東京大学出版会,2004年)。

[39]中川智正弁護団＝ヴァルルラブル編著『絞首刑は残虐な刑罰ではないのか——新聞と法医学が語る真実』(現代人文社,2011年)。

[40]長谷部恭男など編『憲法判例百選Ⅱ』(第7版)(有斐閣,2019年)。

[41]土本武司「死刑存置論と廃止論の接近」芝原邦爾＝西田典之＝井上正仁編『松尾浩也先生古希記念論文集』上巻(有斐閣,1998年)。

[42]東海テレビ取材班著『名張毒ぶどう酒事件死刑囚の半世紀』(岩波書店,2013年)。

[43]藤井誠二『殺された側の論理:犯罪被害者遺族が望む「罰」と「権利」』(講談社,2007年)。

[44]読売新聞社会部『死刑』(中央公論新社,2009年)。

[45]尾形誠規『袴田事件を裁いた男:無罪を確信しながら死刑判決文を書いた元判事の転落と再生の四十六年』(朝日新聞出版,2014年)。

[46]冨谷至『東アジアの死刑』(京都大学学術出版会,2008年)。

[47]布施弥平治『日本死刑史』(修訂)(巌南堂書店,1983年)。

[48]文化庁編『宗教年鑑 令和2年版』(株式会社ブルーホップ,2020年)。

[49]北原みのり『木嶋佳苗100日裁判傍聴記』(講談社,2017年)。

[50]堀川惠子『死刑の基準——「永山裁判」が遺したもの』(日本評論社,2009年)。

[51]櫻井悟史『死刑の戦後史』(中央公論新社,2018年)。

[52]櫻井悟史『死刑執行人の日本史——歴史社会学からの接近』(青弓社,2011年)。

二、论文

(一)中文论文

[1][德]约阿希姆·赫尔曼:《日本死刑若干问题思考》,颜九红译,载《中国刑事法杂志》2003年第5期。

[2][美]大卫·约翰逊:《在国家秘密处决之处:日本的死刑》,江溯译,载《刑事法评论》2006年第2期。

[3][美]克莱·S.康拉德:《死刑、陪审与偏见》,徐小平编译,载《国外社会科学文摘》2002

年第6期。
[4][日]内田幸隆:《日本死刑适用中公共舆论的影响》,郑军男译,载《吉林大学社会科学学报》2012年第5期。
[5][日]田口守一:《日本裁判员制度的意义与课题》,付玉明译,载《法律科学》2012年第1期。
[6]曾尔恕、赵立新:《面向21世纪的日本司法制度改革》,载《比较法研究》2009年第3期。
[7]陈光中、魏伊慧:《论我国法律援助辩护之完善》,载《浙江工商大学学报》2020年第1期。
[8]陈海平:《日本〈监狱法〉的新发展——〈刑事收容设施及被收入者处遇法〉评介》,载《中国监狱学刊》2008年第6期
[9]陈鹏、臧雷振:《日本公众政治信任的变迁及其成因探析——基于1981—2011年调查数据的实证研究》,载《日本学刊》2016年第3期。
[10]陈兴良:《故意杀人罪的手段残忍及其死刑裁量——以刑事指导案例为对象的研究》,载《法学研究》2013年第4期。
[11]陈永生:《死刑与误判——以美国68%的死刑误判率为出发点》,载《政法论坛》2007年第1期。
[12]储槐植:《死刑改革:立法和司法两路并进》,载《中外法学》2015年第3期。
[13]丁相顺:《日本"裁判员"制度建立的背景、过程及其特征》,载《法学家》2007年第3期。
[14]冯涛:《日本裁判员制度及对我国陪审制度的借鉴意义》,载《郑州大学学报(哲学社会科学版)》2008年第5期。
[15]高通:《最高人民法院死刑复核全面审查原则再检视》,载《法学家》2017年第3期。
[16]高一飞、张金霞:《日本的死刑执行公开制度——兼论死刑执行信息公开的限度》,载《日本问题研究》2013年第1期。
[17]顾永忠、薛峰、张朝霞:《日本近期刑事诉讼法的修改与刑事司法制度的改革——中国政法大学刑事法律中心赴日考察报告》,载《比较法研究》2005年第2期。
[18]韩景芳:《日本犯罪新闻报道的特点及其不良影响》,载《当代传播》2012年第5期。
[19]胡云红:《日本裁判员法的立法过程及其实施效果评析》,载《河北法学》2012年第9期。
[20]胡云腾、刘晓虎:《通过司法程序限制死刑》,载《人民司法》2007年第1期。
[21]季卫东:《世纪之交日本司法改革的述评》,载《环球法律评论》2002年第1期。
[22]冀祥德:《刑事辩护准入制度与有效辩护及普遍辩护》,载《清华法学》2012年第4期。
[23]贾秀芬:《日本死刑制度探析》,载《日本研究》2008年第4期。
[24]江立华、谷玉良:《试论问卷调查中高拒访率与调查员积极性问题》,载《统计与信息论

坛》2013 年第 4 期。

[25]李奋飞:《最高人民法院死刑复核程序新探》,载《国家检察官学院学报》2014 年第 5 期。

[26]李贵鑫、于文沛:《论日本的死刑制度》,载《学术交流》2010 年第 6 期。

[27]李贵鑫:《文化视角下的日本死刑问题研究》,载《黑龙江社会科学》2013 年第 2 期。

[28]李建明:《犯罪嫌疑人辩护权的立法保障:兼论刑事错案的审前预防》,载《中外法学》2007 年第 2 期。

[29]李立丰:《青少年保护主义的刑事司法实现路径——以日本裁判员制度下青少年死刑适用经验为视角》,载《青少年犯罪问题》2015 年第 4 期。

[30]李立丰:《政治民主与司法"独裁"悖论的制度破解:以日本裁判员制度为视角》,载《比较法研究》2015 年第 3 期。

[31]李武清:《从死刑状况看中国人权》,载《今日中国论坛》2008 年第 8 期。

[32]梁根林:《公众认同、政治抉择与死刑控制》,载《法学研究》2004 年第 4 期。

[33]林维:《死刑的误判与废除》,载《东北师大学报(哲学社会科学版)》2017 年第 3 期。

[34]林欣怡:《从数字中,我们看见不同的答案! 民意赞成替代死刑方案》,载《司法改革杂志》2003 年第 47 期。

[35]刘明祥:《日本死刑制度的现状与我国死刑制度的展望》,载《江海学刊》2004 年第 5 期。

[36]刘仁文、陈妍茹:《死刑改革的重要进展以〈刑法修正案(九)〉为视角》,载《法学杂志》2017 年第 2 期。

[37]刘奕君:《强制辩护制度之法解释学分析与本土化改革》,载《中国刑事法杂志》2021 年第 3 期。

[38]卢建平:《"一国两制三法系四法域"语境下中国死刑废止前景展望》,载《法学杂志》2009 年第 10 期。

[39]卢建平:《宽严相济与刑法修正》,载《清华法学》2017 年第 1 期。

[40]鲁冰婉:《日本终身刑替代死刑制度研究》,载《中国应用法学》2019 年第 3 期。

[41]满涛:《论死刑司法控制的体系化展开》,载《北京社会科学》2017 年第 6 期。

[42]潘金贵:《刑事法律援助制度的发展与完善——兼评〈法律援助法〉相关条文》,载《法学杂志》2022 年第 2 期。

[43]秦宗文:《中国控制死刑的博弈论分析——以最高人民法院行使死刑复核权为背景》,载《法商研究》2009 年第 1 期。

[44]时延安:《死刑立即执行替代措施的实践与反思》,载《法律科学》2017 年第 2 期。

[45]宋英辉、刘兰秋:《日本 1999 年至 2005 年刑事诉讼改革介评》,载《比较法研究》2007 年

第 4 期。

[46]宋志军:《恻隐与宽恕:死刑司法控制的伦理路径》,载《理论与改革》2016 年第 5 期。

[47]孙万怀:《宽严相济刑事政策应回归为司法政策》,载《法学研究》2014 年第 4 期。

[48]孙长永:《通过正当的法律程序控制死刑——从公正审判权的国际标准谈我国死刑司法程序的完善》,载《南京大学法律评论》2008 年春秋合卷。

[49]陶建国、武丹:《日本刑事裁判中的裁判员制度》,载《中国刑事法杂志》2005 年第 4 期。

[50]王敏远、胡铭、陶加培:《我国近年来刑事辩护制度实施报告》,载《法律适用》2022 年第 1 期。

[51]王勇:《不杀止于杀——死刑司法控制中的公众舆论引导研究》,载《法学杂志》2017 年第 3 期。

[52]王勇:《中国死刑立法改革的过程叙事及其突围》,载《吉林大学社会科学学报》2017 年第 4 期。

[53]王云海:《日本司法改革的深层》,载《环球法律评论》2002 年第 1 期。

[54]魏加宁、杨坤:《日本的泡沫经济与通货紧缩》,载《开放导报》2016 年第 4 期。

[55]徐岱:《美国死刑走向废除的障碍及启示》,载《吉林大学社会科学学报》2014 年第 6 期。

[56]杨宇冠:《批准〈公民权利和政治权利国际公约〉相关问题研究》,载《甘肃社会科学》2008 年第 4 期。

[57]叶青:《以审判为中心的诉讼制度改革之若干思考》,载《法学》2015 年第 7 期。

[58]尹琳:《日本裁判员制度的实践与启示》,载《政治与法律》2012 年第 1 期。

[59]张朝霞:《日本刑事司法制度改革研究》,载《人民检察》2005 年第 11 期。

[60]张继文:《试论日本死刑制度废除与存续的争点》,载《云南大学学报(法学版)》2004 年第 4 期。

[61]张晶:《日本死刑基准及其逻辑构造——“永山事件”的展开》,载《法律适用(司法案例)》2018 年第 24 期。

[62]张明楷:《日本刑法的发展及其启示》,载《当代法学》2006 年第 1 期。

[63]张明楷:《日本刑法的修改及其重要问题》,载《国外社会科学》2019 年第 4 期。

[64]张文、刘艳红:《〈公民权利与政治权利国际公约〉对中国死刑立法的影响》,载《中国青年政治学院学报》2000 年第 1 期。

[65]赵秉志、袁彬:《我国死刑司法改革的回顾与前瞻》,载《社会科学》2017 年第 2 期。

[66]赵秉志:《论中国贪污受贿犯罪死刑的立法控制及其废止——以〈刑法修正案(九)〉为视角》,载《现代法学》2016 年第 1 期。

[67]赵刚:《平成时代日本死刑制度的变化——以奥姆真理教罪犯死刑处决为例》,载《东北亚学刊》2020年第5期。

[68]周玉华:《刑事辩护全覆盖制度应然状态及其实现途径》,载《中国刑事法杂志》2021年第6期。

[69]周长军、韩林均:《日本裁判员制度的运行效果研究——兼及我国人民陪审员制度的完善》,载《法治现代化研究》2017年第3期。

[70]周振杰:《日本死刑司法控制的经验及其借鉴》,载《法学》2017年第6期。

[71]朱桐辉:《辩护权的扩展与侦查辩护的独立价值》,载《中国刑事法杂志》2009年第12期。

(二)外文论文

[1]Andreescu Viviana & Hughes Tom "Tad", *Public opinion and the death penalty in Japan*, Punishment & Society, Vol. 38:5, (2020).

[2]Byung - Sun Cho, *The Death Penalty in South Korea and Japan: 'Asian Values' and the debate about Capital Punishment*. In Peter Hodgkinson and W. A. Schaba Eds. Capital Punishment: Strategies for Abolition, Cambridge University Press, 2004.

[3]David T. Johnson, Japan's Secretive Death Penalty Policy. Asian - Pacific Law & Policy Journal; Vol. 7:2 (2006).

[4]Leah Ambler, *The People Decide: The Effect of the Introduction of the Quasi - Jury System (Saiban - In Seido) on the Death Penalty in Japan*. Northwestern Journal of International Human Rights Vol. 6:1, (2007).

[5]Philip L. Reichel & Yumi E. Suzuki, *Japan's Lay Judge System*. International Criminal Justice Review, Vol. 25:3, (2015).

[6]Roger Hood, *Review of Mai Sato, The Death Penalty in Japan. Will the Public Tolerate Abolition?* Asian Criminology Vol. 10, (2015).

[7]Shanhe Jiang & Eric G. Lambert & Jin Wang, et al. *Death penalty views in China, Japan and the U. S.: An empirical comparison*. Journal of Criminal Justice, Vol. 38:5, (2010).

[8]櫛清隆「死刑制度に関する内閣府の世論調査について」判例タイムズ66巻11号(2015年)。

[9]田康夫「平安期の死刑停止について」法制史研究:法制史學會年報66巻(2016年)。

[10]「ロー・フォーラム 裁判と争点 被害者1人、異例の死刑判決 闇サイト殺人で名古屋地裁」法学セミナー第54巻第6号(2009年6月)。

[11]「古屋栄雄 埼玉・失恋人違いバラバラ殺人——鬼畜が出した恐るべき手紙」新潮45第25巻10号(2006年)。

[12]安田好弘「インタヴュー 国家と死刑——オウムという転換点」現代思想32巻3号(2004年)。

[13]安田好弘「光市事件裁判について:弁護人の立場から事件の再発防止を考える」現代法学2018年16号。

[14]井田良「わが国における量刑法改革の動向」慶應法学7号(2007年)。

[15]永田憲史「永山基準の定立に向けた道程:最高裁において昭和五□年代に確定した死刑判決の動向」關西大學法學論集64巻3・4号(2014年)。

[16]永田憲史「死刑選択基準:最高裁は死刑の正統性を亡きものにしたのか」龍谷法学47巻4号(2015年)。

[17]永田憲史「死刑選択基準は変化したのか——光市事件を素材に」關西大學法學論集58巻6号(2009年)。

[18]永田憲史「明治初期の死刑宣告の動向:京都府史登載の全死刑宣告事件を素材に(1)」關西大學法學論集71巻1号(2021)。

[19]榎本福寿『「古事記」と風猷・典教:序文・本文のかかわりと唐律』文学部論集78号(1994)。

[20]岡慎一「取調べ(被疑者・参考人)の在り方」刑法雑誌52巻3号(2013年)。

[21]岡田悦典「被疑者国選弁護と司法支援センター」刑法雑誌48巻2号(2009年)。

[22]下向井龍彦『捕亡令「臨時発兵」規定の適用からみた国衙軍制の形成過程:戦術革命と「武勇輩」の形成』内海文化研究紀要22号(1994年)。

[23]加藤克佳「裁判員事件と分かりやすい審理」刑法雑誌51巻3号(2012年)。

[24]加藤克佳「死刑確定者の再審手続」龍谷法学39巻3号(2006年)。

[25]加茂直樹「死刑制度と国家」京都教育大學紀要A人文・社会92号(1998年)。

[26]河合幹雄=葛野尋之=木下麻奈子=平山真理=久保秀夫=木村正人「刑罰とりわけ死刑に関する全国意識調査基本報告書:2014年3月調査」桐蔭法学22巻1号(2015年)。

[27]葛野尋之「裁判員制度と刑事司法改革」法社会学79号(2013年)。

[28]間柴泰治「死刑をめぐる論点—死刑存置論と死刑廃止論」調査と情報651号(2009年)。

[29]丸田隆「裁判官と裁判員の事実認定方法」法社会学79号(2013年)。

[30]岩井宜子＝渡邊一弘「死刑の適用基準——永山判決以降の数量化基準」現代刑事法4巻3号(2002年)。

[31]吉岡すずか「弁護士と他士業の協働」法社会学76号(2012年)。

[32]原田國男「いわゆる光市母子殺害事件第一次上告審判決」慶應法学17号(2010年)。

[33]原田國男「わが国の死刑適用基準について」法學研究:法律・政治・社会86巻6号(2013年)。

[34]原田國男「裁判員裁判と死刑適用基準」刑事法ジャーナル18号(2009年)。

[35]原田國男「裁判員裁判における量刑傾向:見えてきた新しい姿」慶應法学27号(2013年)。

[36]戸川点「平安時代の死刑と現代」本郷119号(2015年)。

[37]高橋則夫「刑事司法における犯罪被害者施策の課題と展望」犯罪と非行164号(2010年)。

[38]高橋則夫「死刑存廃論における一つの視点:応報的正義から修復的正義へ」法学研究86巻6号(2013年)。

[39]高橋則夫「犯罪被害者(遺族)と死刑制度」自由と正義66巻8号(2015年)。

[40]佐藤博史「わが国の刑事司法の特色と弁護の機能」刑法雑誌44巻3号(2005年)。

[41]佐藤舞「日本の世論は死刑を支持しているのか」法律時報87巻2号(2015年)。

[42]斎藤信治「袴田事件:死刑判決(有罪認定)は今や維持し難い!」法学新報122巻1・2号(2015年)。

[43]坂上香『ふたつの「死刑」制度——日米の「殺す」文化を考え直す』世界9月号(2008年)。

[44]三枝有「死刑選択の基準:永山事件判決より」中京法学21巻2号(1987年)。

[45]山田浩二「控訴取り下げ直後の最後の獄中手記! 私が控訴を取り下げた理由とその夜に起きた一部始終」創48巻6号(2019)。

[46]山田浩二「寝屋川中学生殺害事件被告手記 死刑を宣告された瞬間は現実を受け止められなかった」創48巻4号(2019)。

[47]山内敏弘「生命権と死刑制度についての再論」龍谷法学49巻4号(2017年)。

[48]四宮啓「裁判員制度・刑事弁護・事実認定」刑法雑誌48巻3号(2009年)。

[49]指宿信『取調べ「可視化」論』法社会学79号(2013年)。

[50]篠田博之「控訴取り下げ無効の申し立てはどうなる 寝屋川事件・山田元被告の死刑をめぐる異例展開の行方」創48巻8号(2019)。

[51]篠田博之「今は確定死刑囚の処遇に 自ら控訴を取り下げた寝屋川事件・山田死刑囚の近況」創48巻7号(2019)。

[52]柴嵜雅子「死刑論議の諸前提」国際研究論叢22巻1号(2008年)。

[53]手塚豊「明治六年太政官布告第六十五号の効力:最高裁判所判決に対する一異見」法學研究:法律・政治・社会1964(1)。

[54]勝田卓也「裁判員制度と殺人罪・死刑判決:日米刑事司法比較研究の試み(2・完)」大阪市立大学法学雑誌66巻3－4号(2020年)。

[55]小島透「裁判員裁判による量刑の変化:統計データから見た裁判員裁判の量刑傾向」中京法学49巻3・4号(2015年)

[56]小林修「名張事件の再審開始決定」龍谷法学39巻3号(2006年)

[57]松宮孝明「裁判員制度の改善提言について」法社会学79号(2013年)。

[58]松宮孝明「法定刑引き上げと刑罰論」立命館法学306号(2006年)。

[59]松竹秀雄「寛永17年(1640)ポルトガル使節団長崎受難事件(2)」経営と経済第68巻第4号(1989年)。

[60]上市秀雄、楠見孝「裁判員参加意向を規定する要因および意思決定プロセスの差異——制度施行前後の比較」認知科学22巻3号(2015年)。

[61]上田信太郎「取調べの録音・録画」刑法雑誌52巻3号(2013年)。

[62]新井勉「明治日本における絞首刑の選択——日本死刑史の最終幕の開幕」日本法學75巻2号(2009)。

[63]新倉修「国連と死刑問題(1)」青山法務研究論集15号(2018年)。

[64]神山敏雄「死刑選択基準——死刑か無期懲役か」法学教室233号(2000年)。

[65]水谷規男「名張事件——自白神話に科学の目でいどむ」法学セミナー9号(2010年)。

[66]水谷規男「名張事件の再審開始決定」阪大法学55巻2号(2005年)。

[67]水野正男「日本死刑史夜話」法律のひろば8巻9号(1955)。

[68]菅原由香「死刑は存置すべきか」第7回総合人間学会研究報告(2013年)。

[69]菅原由香「年長少年に対する死刑」総合人間学9号(2015年)。

[70]青木孝之「裁判員裁判初の少年に対する死刑判決」駿河台法学25巻2号(2012年)。

[71]石塚伸一「刑事裁判における被害者の役割:裁判員、被害者参加そして死刑」現代思想36巻13号(2008年)。

[72]石塚伸一「日本における死刑:国際社会における良心の呵責」龍谷法学39巻9号(2006年)。

[73]石塚伸一「日本における死刑をめぐる現在の状況と議論」龍谷法学 47 巻 4 号(2015 年)。

[74]石塚伸一「法務大臣の職責　死刑執行を命じることは､法務大臣の職責か」龍谷法学 45 巻 2 号(2012 年)。

[75]倉橋基「裁判員制度導入後の量刑判断についての一考察:量刑判断の再構築」龍谷大学大学院法学研究 9 巻(2007 年)。

[76]孫璐 = 吉中信人「死刑存廃に関する一考察唐と日本における法制史的検討」広島法学 43 巻 2 号(2019 年)。

[77]村岡啓一「共犯事件の死刑適用基準:最高裁決定 1999 年 12 月 16 日を分析する」刑事弁護 37 号(2004 年)。

[78]村岡啓一「死刑求刑事件の上告審弁論期日の欠席問題」刑事弁護 50 号(2007 年)。

[79]大野真義「死刑制度の歴史」阪大法学 52 巻(1964 年)。

[80]大野正博「裁判員制度の現状と課題:刑事訴訟法の視点から」法政論叢 47 巻 1 号(2010 年)。

[81]但木敬一 = 山田秀雄「裁判員裁判第 1 号判決と今後の課題」商事法務 912 号(2009 年)。

[82]丹羽巌「日本国憲法と死刑」国際関係学部紀要 23 巻(1999)。

[83]中川孝博「袴田事件第 2 次請求特別抗告審決定の意義:最決令 2・12・20 判例評釈」刑事弁護 106 号(2021 年)。

[84]中村治郎「オウム裁判の現状」龍谷法学 39 巻 3 号(2006 年)。

[85]鳥毛美範 = 水谷規男「名張事件・画期的なしかし不十分な最高裁破棄差戻決定」刑事弁護 63 号(2010 年)。

[86]椎橋隆幸「日本の死刑制度について」現代刑事 25 号(2001 年)。

[87]椎橋隆幸「日本の死刑制度について考える」中央ロー・ジャーナル10 巻 3 号(2013 年)。

[88]辻本典央「死刑判決に対する上訴取下の有効性」近畿大學法學 55 巻 1 号(2007 年)。

[89]辻本典央「上訴放棄及び取下の諸問題」近畿大學法學 55 巻 1 号(2007 年)。

[90]庭山英雄「狭山事件 3・16 棄却決定の批判的考察」刑事弁護 43 号(2005 年)。

[91]庭山英雄「狭山事件確定判決についての一考察」専修法学論集 96 号(2006 年)。

[92]庭山英雄「狭山事件と再審」専修大学法学研究所紀要 30 号(2005 年)。

[93]庭山英雄「狭山事件と部落差別」専修大学法学研究所紀要 33 号(2008 年)。

[94]庭山英雄「狭山事件における法医学鑑定に関する一考察」専修法学論集 100 号(2007 年)。

[95]庭山英雄「狭山事件の再審を求めて」専修大学法学研究所紀要 36 号(2011 年)。

[96]庭山英雄「再審請求狭山事件と証拠開示問題」専修大学法学研究所紀要 34 号(2009 年)。

[97]田中輝和「袴田事件と間接事実のみによる犯人性の証明」東北学院大学法学政治学研究所紀要 30 号(2022 年)。

[98]田中宏幸「死刑制度及び公訴時効制度に関する世論調査の結果について」研修 741 号(2010 年)。

[99]渡辺修「裁判員裁判制度実施を前にした諸課題」刑法雑誌 48 巻 3 号(2009 年)。

[100]渡邊一弘 = 岩井宜子「近年の死刑判決の量刑基準:数量化による検討」犯罪学雑誌 72 巻 6 号(2006 年)。

[101]土本武司「死刑をめぐる諸問題」白鴎大学法科大学院紀要 2 号(2018 年)。

[102]藤岡一郎「日本行刑史の中の死刑廃止の思想と闘い」法学セミナー – 増刊 総合特集シリ – ズ46 巻(1990 年)。

[103]内田亜也子「裁判員裁判の対象事件に関する一考察 ~ 複雑困難事件、少年逆送事件、性犯罪事件の議論を中心に ~ 」立法と調査 298 号(2009 年)。

[104]内田亜也子「施行後 6 年を迎えた裁判員制度の評価と課題」立法と調査 368 号(2015 年)。

[105]柏木宏子 = 山下真吾 = 平林直次「責任能力が争点となった死刑求刑事件(大量殺人のケース)の判決文調査—重大事件における精神鑑定と責任能力判断の変遷」精神神経学雑誌第 122 巻第 2 号(2020 年)。

[106]白取祐司「裁判員裁判の健全な定着化のために」法社会学 72 号(2010 年)。

[107]鳩山邦夫 = 上杉隆 = 山口一臣「鳩山邦夫 現職の法務大臣がここまで語った 私が死刑を執行する理由」週刊朝日 112 巻 52 号(2007 年)。

[108]浜井浩一「厳罰化の犯罪学的評価とPenal Populism」現代思想 36 巻 13 号(2008 年)。

[109]武内謙治「光市母子殺害事件 最高裁判決をどうみるか」法学セミナー 53 巻 10 号(2008 年)。

[110]平岡秀夫「法務大臣としての経験から見た死刑存廃問題」CrimeInfo 論文・エッセイ集 2 号(2018 年)。

[111]平川宗信「死刑存廃論の法的理論枠組みについて」現代刑事法 3 巻 5 号(2001 年)。

[112]片岡健「裁判員裁判初の少年死刑判決が確定」金曜日 32 巻 24 号(2016 年)。

[113]牧野淳史「死刑の制度と実態」人間文化学部学生論集 5 号(2007 年)。

[114]堀和幸「誤判と死刑:袴田事件の教訓」龍谷法学 47 巻 4 号(2015 年)。

[115]本庄武「光市事件第二次上告審判決 死刑の理由は説明されたのか」世界 830 号(2012 年)。

[116]本庄武「裁判員時代における死刑事件のデュー・プロセス」刑事弁護 64 号(2010 年)。

[117]毛利甚八「福岡事件　その2・国家の保身のための生贄」刑事弁護 40 号(2004 年)。

[118]木村正人「無知にもとづく懲罰意識? ——死刑をめぐる知識と世論」高千穂論叢 50 巻 2 号(2015 年)。

[119]木村朗「裁判員制度における人権侵害の落とし穴——鹿児島高齢者夫婦殺害事件を題材に」立命館法学 333・334 号(2010 年)。

[120]李茂生「台湾刑事政策の近年の動向:二極化の狭間で」一橋法学 13 巻 11 号(2014 年)。

三、日文判例

以下[1]—[25]“最高裁判所刑事判例集”简称刑集,“最高裁判所裁判集刑事”简称集刑。

[1]最高裁判所大法廷 1948 年 3 月 12 日判決　昭和 22 年(れ)119 号,刑集第 2 巻 3 号。

[2]最高裁判所大法廷 1948 年 6 月 23 日判決　昭和 22 年(れ)323 号,刑集第 2 巻 7 号。

[3]最高裁判所大法廷 1955 年 4 月 6 日判決　昭和 26 年(れ)2518 号,刑集第 9 巻 4 号。

[4]最高裁判所大法廷 1961 年 7 月 19 日判決　昭和 32(あ)2247 号,刑集第 15 巻 7 号。

[5]最高裁判所第一小法廷 2004 年 6 月 14 日決定　平成 15(し)360 号,集刑第 285 号。

[6]最高裁判所第一小法廷 2012 年 2 月 20 日判決　平成 20(あ)1136 号,集刑第 307 号。

[7]最高裁判所第三小法廷 1993 年 9 月 21 日判決　昭和 62 年(あ)562 号,集刑第 262 号。

[8]最高裁判所第三小法廷 2006 年 6 月 20 日判決　平成 14(あ)730 号,集刑第 289 号。

[9]最高裁判所第三小法廷 2016 年 2 月 23 日判決　平成 25(あ)1329 号,集刑第 319 号。

[10]最高裁判所第三小法廷 2020 年 12 月 22 日決定　平成 30(し)332 号,集刑第 328 号。

[11]最高裁判所第三小法廷 2020 年 2 月 25 日決定　令和 1(し)807 号,集刑第 74 巻 2 号。

[12]最高裁判所第二小法廷 1961 年 9 月 25 日判決　昭和 38(あ)2809 号,集刑 152 号。

[13]最高裁判所第二小法廷 1964 年 9 月 25 日判決　昭和 38(あ)2809 号,集刑 152 号。

[14]最高裁判所第二小法廷 1983 年 7 月 8 日判決　昭和 56(あ)1505 号,刑集第 37 巻 6 号。

[15]最高裁判所第二小法廷 1988 年 4 月 15 日判決　昭和 59(あ)512 号,集刑第 249 号。

[16]最高裁判所第二小法廷1995年6月28日決定　平成6(し)173号,刑集第49巻6号。

[17]最高裁判所第二小法廷1999年12月10日判決　平成9(あ)479号,刑集第53巻9号。

[18]最高裁判所第二小法廷2004年11月13日判決　平成12(あ)425号,集刑第286号。

[19]最高裁判所第二小法廷2015年2月3日決定　平成25(あ)1127号,集刑第69巻1号。

[20]最高裁判所第二小法廷2020年3月24日決定　平成16(し)258号,集刑第293号。

[21]鹿児島地方裁判所2010年12月10日判決　平成21年(わ)240号,裁判所ウエブサイト。

[22]大阪地方裁判所2011年10月31日判決　平成21(わ)6154号,裁判所ウエブサイト。

[23]東京高等裁判所2018年6月11日決定　平成26(く)193号,裁判所ウエブサイト。

[24]広島高等裁判所2008年4月22日判決　平成18(う)161号。

[25]奈良地方裁判所2006年9月26日判決　判例タイムズ第1257号。

四、网络资料

[1]Abolitionist and Retentionist Countries, http://www.deathpenaltyinfo.org.

[2]Amnesty International, https://www.amnesty.org.

[3]Gallup uses, http://news.gallup.com.

[4]The National Registry of Exonerations, http://www.law.umich.edu/special/exoneration.

[5]「09年度予算:国選弁護報酬の要求額を倍増」毎日新聞(2008年8月29日)。

[6]「3人殺害の被告に死刑判決裁判員裁判で6例目」産経新聞(2011年11月16日)。

[7]「オウム真理教・松本智津夫死刑囚ら7人の死刑執行」日本経済新聞(2018年7月6日)。

[8]「控訴取り下げ無効を取り消し、差し戻し　寝屋川中1殺害」朝日新聞(2020年3月16日)。

[9]「再審請求中の死刑、是非は?　法務省、慣例破り次々執行」朝日新聞デジタル(2018年9月24日)。

[10]「裁判員制度施行1年死刑、無罪はゼロ」産経新聞(2010年5月21日)。

[11]「中国籍姉妹殺害、被告に懲役23年の判決　横浜地裁」朝日新聞(2018年7月20日)。

[12]「白石被告の死刑確定へ　弁護人の控訴取り下げ」東京新聞(2021年1月5日)。

[13]「片岡清死刑囚が死亡　広島・岡山で2人殺害」,日本経済新聞(2016年2月15日)。

[14]「名張毒ぶどう酒事件、名古屋高裁が再審認めず　元死刑囚側の異議棄却」毎日新聞(2022年3月3日)。

[15]「連続幼女誘拐殺人、宮崎死刑囚の刑執行」,日本経済新聞(2008 年 6 月 17 日)。

[16]『「絞首刑は合憲」パチンコ店放火で死刑判決』,日本経済新聞(2011 年 10 月 31 日)。

[17]『「即位の礼」の恩赦 10 月にも、軽微犯罪限定・規模縮小か』産経新聞(2019 年 5 月 2 日)。

[18]『「即位恩赦」閣議決定　政府　交通違反など55 万人』日本経済新聞(2019 年 10 月 18 日)。

[19]『裁判員の「死刑」覆し確定 6 件目　熊谷 6 人殺害事件』産経新聞(2020 年 9 月 10 日)。

[20]『死刑判決関与 57%「賛成」』読売新聞(2011 年 5 月 20 日)。

[21]『初公判で弁護側も罪状認める「絞首刑では頭部切断も」と死刑の違憲主張』,日本経済新聞(2011 年 9 月 6 日)。

[22]『新幹線殺傷「死刑になりたくない」適用基準を「逆手」無期求刑に批判も』,産経新聞(2019 年 12 月 18 日)。

[23]金子元希「裁判員裁判で判決の死刑囚、初の執行」朝日新聞(2015 年 12 月 18 日)。

[24]高倉友彰「無期懲役被告 上告中に病死」毎日新聞(2007 年 6 月 22 日)。

[25]黒川明紘『死刑執行はどう決められる?』NHK 政治マガジン(2017 年 12 月 27 日)。

[26]小松隆次郎「死刑囚の執行、選んだ理由は黒塗り　法務省の公開文書」朝日新聞(2017 年 12 月 30 日)。

[27]青沼陽一郎『6 人殺害で死刑回避、「心神耗弱者は減刑」の難題』東洋経済オンライン(2020 年 11 月 8 日)。

[28]村松洋、遠藤浩二『突然の幕切れに関係者困惑「真相解明の道閉ざされた」寝屋川中 1 殺害』毎日新聞(2019 年 5 月 21 日)

[29]籏智広太『死刑執行数、上川法相は「歴代最多」ではない　23 人同時サインの法相も』,BuzzFeed News(2018 年 7 月 26 日)。

以下[30]—[32]均出自:CrimeInfoウエブサイト,https://www.crimeinfo.jp。

[30]CrimeInfo「死刑確定者　全リスト」。

[31]CrimeInfo「死刑執行数」「死刑確定者 年末収容人員・入出所人員」。

[32]「平成 28 年国民生活基礎調査の概況所得の分布状況」(2017 年 6 月)厚生労働省ウエブサイト。

以下[33]—[41]均出自:衆議院ウエブサイト,https://www.shugiin.go.jp。

[33]衆議院調査局法務調査室「死刑制度に関する資料」(2008 年 6 月),衆議院ウエブサイ

トhttps://www.shugiin.go.jp。

[34]衆議院「衆議院議員鈴木宗男君提出死刑制度を取り巻く状況と死刑制度に対する政府の認識に関する質問に対する答弁書」(2007年10月23日,内閣衆質一六八第一一九号)。

[35]衆議院「衆議院議員鈴木宗男君提出死刑制度を取り巻く国際的趨勢と死刑制度に対する政府の認識に関する質問に対する答弁書」(2008年2月12日,内閣衆質一六九第四九号)。

[36]衆議院「会議録」(第47回国会　法務委員会　第16号,2000年4月26日)。

[37]衆議院「会議録」(第169回国会　法務委員会　第1号,2008年2月22日)。

[38]衆議院「会議録」(第198回国会　法務委員会　第14号,2019年5月8日)。

[39]衆議院「会議録」(第198回国会　法務委員会　第16号,2019年5月15日)。

[40]衆議院「会議録」(第208回国会　法務委員会　第2号,2022年3月1日)。

[41]衆議院「江田五月法務大臣の死刑執行命令書への署名拒否に関する質問主意書」(河井克行,2011年8月22日,質問第四一三号)。

以下[42]—[44]均出自:総務省ウエブサイト,https://www.soumu.go.jp。

[42]総務省「平成28年地方公務員給与の実態」による,2016年12月27日,209頁。

[43]総務省「平成29年地方公務員給与実態調査結果等の概要」。

[44]総務省『法務大臣答申書[平成30年度(行情)316]「特定個人に係る死刑執行上申書等の一部開示決定に関する件」』(2018年11月13日)。

以下[45]—[57]均出自:裁判所ウエブサイト,http://www.courts.go/。

[45]裁判所「司法統計年報」(刑事2020年度)。

[46]最高裁判所「裁判員候補者の辞退率上昇・出席率低下の原因分析業務報告書」(2017年3月)。

[47]最高裁判所「裁判員制度の実施状況等に関する資料」(2017年)。

[48]最高裁判所「裁判員等経験者に対するアンケート 調査結果報告書」(2009—2018年)。

[49]最高裁判所『「裁判員制度に関する意識調査」調査結果報告書』。

[50]最高裁判所事務総局「裁判員制度10年の総括報告書」(2019年5月)。

[51]最高裁判所「裁判員裁判の実施状況について(制度施行~令和4年3月末・速報」。

[52]最高裁判所「裁判員制度ナビゲーション(改訂版)」(2021年10月)。

[53]最高裁判所「裁判員制度ナビゲーション」(2009年6月)。

[54]最高裁判所「裁判員制度の運用に関する意識調査」(2008—2021年)。

[55]東京高等裁判所第8刑事部2018年6月11日決定 平成26(く)193号。

[56]大阪高等裁判所2019年12月17日決定 平成31(う)126号。

[57]大阪地方裁判所第2刑事部平成23年10月31日判決 平成21(わ)6154号。

以下[58]—[69]均出自:内閣府「世論調査(全調査)」,https://survey. gov - online. go. jp/index - all. html。

[58]内閣府「基本的法制度に関する世論調査(平成11年9月)」。

[59]内閣府「基本的法制度に関する世論調査(平成16年12月)」。

[60]内閣府「基本的法制度に関する世論調査(平成21年12月)」。

[61]内閣府「基本的法制度に関する世論調査(平成26年11月)」。

[62]内閣府「基本的法制度に関する世論調査(平成6年9月)」。

[63]内閣府「基本的法制度に関する世論調査(令和元年11月)」。

[64]内閣府「死刑に関する世論調査(昭和42年6月)」。

[65]内閣府「死刑問題に関する世論調査(昭和31年4月)」。

[66]内閣府「総合法律支援に関する世論調査(平成21年1月)」。

[67]内閣府「犯罪と処罰に関する世論調査(平成元年6月)」。

[68]内閣府「犯罪と処罰等(死刑制度・性の表現・覚せい剤)に関する世論調査(昭和55年6月)」。

[69]内閣府「犯罪と処罰等に関する世論調査(昭和50年5月)」。

以下[70]—[77]均出自:日本弁護士連合会ウエブサイト,http://www. nichibenren. or. jp。

[70]日本弁護士連合会「基礎的な統計情報(2021年)」。

[71]日本弁護士連合会「弁護士白書」(2021年)。

[72]日本弁護士連合会「裁判員裁判の全判決書の公開を求める意見書」(2010年)。

[73]日本弁護士連合会「死刑の量刑判断における評決要件に関する意見書」(2012年)。

[74]日本弁護士連合会「死刑制度の在り方についての検討及び死刑の執行停止についての要請書」(2010年)。

[75]日本弁護士連合会「死刑制度の廃止について全社会的議論を開始し、死刑の執行を停止するとともに、死刑えん罪事件を未然に防ぐ措置を緊急に講じることを求める要請書」(2012—2015年)。

[76]日本弁護士連合会「死刑制度問題に関する提言」(2002年)、「死刑執行の停止について(要請)」(2009年)。

[77]日本弁護士連合会「死刑制度に関する政府世論調査に対する意見書」(2013 年、2018 年)。

以下[78]—[83]均出自:日本司法支援センター ウエブサイト, https://www. houterasu. or. jp。

[78]日本司法支援センター「第 1 期中期目標期間 業務実績報告書」(2006—2009 年度)。

[79]日本司法支援センター「第 2 期中期目標期間 業務実績報告書」(2010—2013 年度)。

[80]日本司法支援センター「第 3 期中期目標期間 業務実績報告書」(2014—2017 年度)。

[81]日本司法支援センター「第 4 期中期目標期間 業務実績報告書」(2018—2021 年度)。

[82]日本司法支援センター「業務実績等報告書」(2006—2021 年)。

[83]第一東京弁護士会「オウム真理教事件に関連する死刑執行に関する会長声明」(2018 年 7 月 25 日),第一東京弁護士会ウエブサイト https://www. ichiben. or. jp/。

以下[84]—[93]均出自:法務省ウエブサイト, http://www. moj. go. jp

[84]法務省「犯罪白書」(1960—2021 年)。

[85]法務省「執行事務規程」(2019 年 7 月 1 日施行)。

[86]法務省「法曹の収入・所得,奨学金等調査の集計結果(平成 28 年 7 月)」。

[87]法務省『「死刑の在り方についての勉強会」取りまとめ報告書』(2012 年 3 月)。

[88]法務省「法務大臣閣議後記者会見の概要」(2020 年 12 月 8 日)。

[89]法務省「法務大臣官邸記者会見の概要」(2015 年 10 月 7 日)。

[90]法務省「法務大臣臨時記者会見の概要」(2017 年 12 月 19 日)。

[91]法務省「法務大臣臨時記者会見の概要」(2017 年 7 月 13 日)。

[92]法務省「法務大臣臨時記者会見の概要」(2018 年 7 月 6 日)。

[93]法務省「法務大臣臨時記者会見の概要」(2021 年 12 月 21 日)。

以下[94]—[95]均出自:警察庁ウエブサイト, https://www. npa. go. jp

[94]警察庁「犯罪統計」(1975—2021 年)。

[95]警察庁「令和元年の刑法犯に関する統計資料」「既遂・未遂、被疑者と被害者の関係別殺人検挙件数 H22 – R 元の推移」(2020 年 8 月)。

后　记

行文至后记，本想循常规惯例，简要回顾著书历程，致谢当谢之人即可，又觉千言万语，不吐不快。回顾当年，因为喜欢考入历史系，后来机缘巧合由史入法，迄今已逾23年。法律硕士毕业就业时，一门心思只寻教职，如今从事法学教育已有18年。

从教以来，虽然一直以教学、科研为志业，但人到中年，各方面都算不上成功。在博士毕业12年后，年过不惑，个人的首部学术专著才与读者见面，虽非“大器”，但确实“晚成”。

有意借此机会，反思过往之事，记述所遇之人，简要记录于此，分享于读者。

1997年，我搭上了高考招生并轨改革的最后一班车，成为“低价”上大学的最后一批幸运儿。为了实现儿时即有的教师理想，基于对史学故事特质的强烈钟爱，高考志愿中填满了“师范”“历史”，并如愿进入了西北师范大学历史系学习。遥想当年，大学生活是那样鲜活，在没有网络的当年，读书是最基本的娱乐方式，央视《今日说法》成为每天午饭最好的佐餐小菜。在那个法治不断进步的时代，法治事件逐渐成为热点话题的氛围，校园内张贴的死刑执行公告带来的震撼，使我在史学的日常学习中开始更多地关注历史事件中的法治问题。我本科的学年论文和毕业论文均依此种思路进行了选题，后来也成为平生最早变成铅字的论文。正当迷茫于毕业后未来的选择之时，央视《新闻30分》专题报道了培养“复合型、应用型、高层次人才”的法律硕士专业。法律硕士专业被称为中国法学教育的未来模式，于2000年开始试点全国联考。和很多渴望改变人生轨迹的大学生一样，我也投入了对法律硕士的热烈追求中。

2001年，我如愿实现了法律硕士之梦，非常幸运地考入西南政法大学，成为国内首届联考招生的法律硕士研究生的一分子。然而我们很快发现，作为法律硕士研究生，我们读了一个在内行看来很尴尬的专业。法律硕士专业在当年被称为“大法学”，法学硕士研究生被称为“小法学”，各类招聘信息往往限定本科学法。我们一边抗拒着各方面的歧视，一边积极旁听法学研究生的课程，研读指定给法学研究生的必读书，学着过法学研究生们的研究生活，试着撰写、发表学术论文。在研二的那个“非典”时节，我终于盼来了在法学研究生看起来理所当然的导师，师从高一飞老师撰写学位论文，插队成为“大师兄”。在高老师耐心点拨与鼓励下，我完成了以刑事审前程序司法审查为主题的学位论文，与诉讼法学的同学一起通过了号称西政“死亡之组”的论文答辩，渐入刑事诉讼法学门径。

2004 年，我研究生毕业，基于对学术理想的追求和对教师职业的热爱，几经周折，如愿进入了一所重点大学刚刚起步的法学院——燕山大学法学系从教。平生第一次领到在我看来还算不错的国家工资，有了一个完全可以独处的物质空间，职业上的努力受到很多的赞许，所有的这些，对我而言是从未有过的满足与幸福。在那个海边小城的校园里，我实现了从农民到市民的角色转换，终于完成了儿时步入城市的梦想。渺小如我尚能惬意地生活在城市，自从走出农村以来一直盘踞不去的自卑感被慢慢地涤荡，怕受伤害的敏感与羞怯逐渐让位于安全感，自信与阳光开始写在脸上。正是基于此，我一直对那个海边小城的校园抱有谢意，也一直为之努力过 16 年，并且从未后悔。

2007 年，蒙西南政法大学孙长永教授恩遇，拜入孙长永教授门下，攻读诉讼法学博士学位。在人生最华丽的学生时代，得遇良师是何其幸运之事，孙老师给予了我太多的人生启迪、学业教导、学术提携及生活关照，不只是知识上的传道与解惑，更是人生经验的交流和传承。我的博士学位论文以死刑案件审判程序为选题，20 余万字，其间得到了徐静村教授、龙宗智教授、陈瑞华教授、高一飞教授、李昌林教授，以及李昌盛、张吉喜二位师兄的指导。毕业后，我多次起意出版，基于追加实证资料、论文发表等“借口”的重度拖延症，身陷“舒适区”难自拔，延宕至今尚未出版，实在有违诸多师友的厚望。所幸一直未放弃在中国死刑问题上的努力，以实证研究为基本方法的《中国死刑控制实证研究》正在顺利推进，笔者将全力以赴，尽早出版，以求弥补这一缺憾。

2017 年，我受国家留学基金资助，赴日本一桥大学访学一年，西政 78 级著名校友、一桥大学王云海教授给予了太多的关照。访学一年间，得机会近距离观察王老师为人、为师、为学:王老师对学生特别关心,“亚撒西”形象深入人心,在号称“魔鬼八月”的漫长暑假,时不时约在校学生共进午餐,聊聊近况,让人感动;对育人、学问心存敬畏,孜孜以求,除了每天的例行乒乓球时间,几乎常驻研究室,令人佩服。在日访学期间,我也得到一桥大学葛野寻之教授、青木孝之教授、本庄武教授、绿大辅教授等的指导和帮助;与东京都立大学的星周一郎教授、天津师范大学张晶教授、上海政法学院赵新新博士、常州大学闫冬博士、浙江大学城市学院唐春杨博士等结下了深厚的友谊,使我的访学生活充满了快乐的回忆。

2019 年,我妻罗杰博士在牛津大学访学,暑期我去探望,偶然得到甘培忠教授加盟兰州大学法学院的消息,因为一直关注家乡法学教育,起意共襄盛举,西迁之念顿起。2020 年年初,新冠疫情肆虐全球,与年迈父母天各一方,有心无力,深刻体会了时空之艰,回乡之心更切。向燕大提出调动申请后,所幸燕大领导深明大义,不足一月即办妥了离职手续,顺利入职兰大法学院。在燕山大学任教的 16 年,不管是事业发展、学业进展、职业成长,还是家庭建设、秉性锤炼,都是我平生最深刻的记忆。回望来路,求学教学、安家立业,一路风雨兼程,虽然也曾有过挫折与失意、苦涩与无奈,但沉淀下来的多是美好,我非常感谢在燕大的岁月。在美丽的渤海之滨,有我最美好的青春岁月,在燕大法学的发展史中,有过我的努力和担当,有一帮亲如兄弟姐妹的同事,尤其是司景辉、陈胜、伦海波老师,我们四人被学院时任书记刘叶涛教授戏称为“法学四大护法”,我们一起为燕大法学努力的过往,值得我永远铭记。

2022 年,在进入华东政法大学博士后流动站六年之际,在即将满期遭遇清退前夕,博士后生涯终于顺利结束。博士后报告,即本书的基础,在与重度拖延症不断搏斗的过程中,平地起高楼。半年之间,我撰写了二十万字,其间艰难,难以尽述,也曾几次起意放弃,好在坚持到了最后。感谢合作导师叶青教授的悉心指导和不断督促,感谢博士后报告答辩中李翔教授、张栋教授、王戬教授、林喜芬教授给予的肯定和指导,在答辩后的修改中,对诸位老师修改建议之切中要害有了更深的体会。感谢师弟程衍博士的精心操持,在上海疫情最严重的五月,使我能够顺利答辩出站。也感谢浙江工商大学的唐玉富教授、上海高院的潘庸鲁法官,我们一起进站,一起出站,因为有他们的一路同行,博士后出站之路虽然紧张,但也不乏轻松与欢乐。

对日本死刑问题研究，于我而言可谓十年磨剑。2008年，在孙长永教授的推动下，翻译了日本行刑法《刑事收容设施及被收入者处遇法》，撰写了论文《日本〈监狱法〉的新发展——〈刑事收容设施及被收入者处遇法〉评介》，被《人大复印报刊资料》全文转载，给了我进一步开展日本法相关研究的信心。2009年，博士论文选题时，我也有意开展“日本死刑程序研究”，受制于日文水平不足而遗憾搁置。博士毕业后，我一直持续关注着日本死刑问题。2016年，我申请进入华东政法大学法学博士后流动站时，选定日本死刑问题作为博士后研究课题，使我在本研究上踏出了坚实的第一步。2017—2018年，我在一桥大学的访学期间，近距离观察了日本刑事司法，收集、研读了日本死刑相关的大量资料，为本研究的开展准备了充分条件。

为期半年的集中写作，虽然殚精竭虑、不懈努力，依然留下了不少遗憾：一直有意系统梳理的日本死刑存废论争，面对极为丰富、深入的既有研究成果，随着阅读的深入，深感学养不足，恐差之毫厘、谬以千里，未予涉及，只能留待日后继续努力；也曾有意开展日本死刑确定者行刑前处遇、死刑执行人、死刑文化等方面的研究，但思虑再三，深觉问题巨大，故将“日本行刑制度研究”选定为下次赴日访学的研究主题。

特别感谢我的工作单位——兰州大学法学院的领导和同事们，正是他们的宽容与支持，我才能在将近半年的时间里，只需要完成最低限度的工作任务，能够全身心投入本书的写作和修改之中。

感谢在家辛劳的父母和弟弟，感谢帮我们抚育幼女的岳父岳母，正是他们多年来对我生活、学业的无私支持和默默奉献，我才能走到今天。父恩博博、母爱绵绵，难以为报，特别希望把眼前这个成果与他们分享。

压轴的致谢，一定要给我的爱妻罗杰博士。我们相识相知21年，追求学业的同时，共同孕育了两个女儿，她承受了沉重的压力，始终任劳任怨，几乎包揽了子女教育和全部家务，支持我全身心地投入工作。即便我把兼职的系主任等职务干成“896坐班”的专职，将大量精力投放于学科、学院公共事务，耽误科研进展，导致人到中年职称上依然未能去“副”，她也没有给我太多的压力。当我潜心撰写本书时，她更是准许我夜不归宿，能够“闭关”研究室黑白颠倒地率性写作。我要对她说：“军功章有你的一半，以后的人生路上，愿我们互敬互爱、相互扶持、共同努力、并肩前行!”我们的两个女儿,陈思颐、罗思和,作为父亲,我对她们的陪伴严重不足,她们的懂事、坚强,和给予我的支持,让我觉得亏欠她们更多,祈愿她们健康成长、快乐生活。

本书的顺利出版,获得了兰州大学法学院的出版经费资助;我指导的燕山大学研究生王雨琦同学,在我的建议下完成了硕士学位论文《平成以来日本死刑控制及其借鉴》,也成功申请到了日本政府(文部科学省)博士生奖学金,即将赴日本攻读法学博士学位,于我而言,实为教学相长,雨琦同学也对本书的文献整理提供了诸多帮助;我指导的兰州大学研究生李卓澄、才特草、王皎月、吴毛瑞、张新、杨婉镕、郭杰、陈慕彤、侯琬靖同学,多次校对书稿;法律出版社的李群、陈熙等各位老师,为本书的出版付出了非常多的努力,尤其是本书多达100幅的图表,给他们的编辑带来了额外的艰辛,特致谢忱。

本书能与读者见面实属不易。除了自己对于学术的执着外,如果没有诸多师友的支持和帮助,我无法接近博士学位,无法博士后出站,无法完成本书的写作与出版。对于未能具名的师友,我会把这份谢意深藏心底,永远感念!

陈海平

2022年6月22日

于兰州大学齐云楼